Difference and Sameness as Modes of Integration. Anthropological
Perspectives on Ethnicity and Religion. Edited by Günther Schlee
and Alexander Horstmann
New York/Oxford: Berghahn, 2018.

再造异同

人类学视域下的
整合模式

Anthropological Perspectives

〔德〕李峻石
（Günther Schlee）

〔德〕郝时亚
（Alexander Horstmann）

主编

吴秀杰 译

DIFFERENCE

and

SAMENESS

as

MODES

of

INTEGRATION

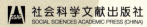

社会科学文献出版社

SOCIAL SCIENCES ACADEMIC PRESS (CHINA)

作者简介

李峻石（**Günther Schlee**） 德国著名民族学家，德国马普社会人类学研究所创始人之一，自 1999 年起担任所长，主持"融合与冲突"研究项目，在肯尼亚、埃塞俄比亚、苏丹从事人类学田野调查。此前他曾任德国比勒费尔德大学社会学系教授。已发表的著作包括 *Identities on the Move: Clanship and Pastoralism in Northern Kenya*（1989）；*How Enemies Are Made: Towards a Theory of Ethnic and Religious Conflict*（2007）（该书中文版《何故为敌：族群与宗教冲突论纲》，社会科学文献出版社，2017）；*Pastoralism and Politics*（with Abdullahi A. Shongolo, 2012）等。

朱安娜·法弗-扎尔内卡（**Joanna Pfaff-Czarnecka**） 德国比勒费尔德大学的社会人类学教授，并担任该校跨学科研究中心（ZiF）主任。她主要从事政治人类学与法律人类学研究，族群性、不平等与异质性的关联、政治沟通与民主化进程、全球化语境中的归属感等话题是她的关注焦点，她在南亚和喜马拉雅地区从事田野调查。她参与主持的出版物包括 *Nationalism and Ethnicity in Nepul*（2008）；*Facing Globalization in the Himalayas: Belonging and the Politics of the Self*（2014）等。

乌尔斯·彼得·鲁夫（Urs Peter Ruf） 曾经在德国比勒费尔德大学研读社会学，聚焦于实证分析等方法，以及现代毛里塔尼亚的社会变迁进程。他的博士学位论文（1999）详细探讨过去以及当前摩尔人各阶层中存在的人身依附情形。目前他在德国北威州政府技术咨询处工作，主要从事数据保护、人口结构变化以及弹性工作时间管理体系方面的咨询业务。关于应对人口结构变迁与企业责任等问题，曾发表多部（篇）相关著作和论文。

尤素甫·迪阿罗（Youssouf Diallo） 是德国联邦部队行动沟通中心的文化顾问，中校军衔。他曾经在马普社会人类学研究所从事研究工作。他的主要研究领域包括伊斯兰教、安全政策、跨文化沟通以及发展援助。已经发表的著作包括 *Nomades des espaces interstitiels*（2008）等。此外，在非洲的安全政策以及军事社会学方面，他也有众多著述。

蒂勒·格拉茨（Tilo Grätz） 曾经就读于柏林自由大学和洪堡大学，主修社会人类学、历史学以及非洲研究，在德国比勒费尔德大学获博士学位，并于 2008 年完成社会人类学教授论文。他有在不同大学和研究中心从事教学和研究的经验，目前任职于柏林自由大学社会/文化人类学研究所。

克劳斯·贝西·汉森（Claus Bech Hansen） 目前在波恩大学发展研究中心担任高级研究员，是 Crossroads Asia 学术研究网络的项目协调人。他毕业于佛罗伦萨的欧洲大学，获得"历史与文明"专业的博士学位，博士学位论文探讨的是苏联在中亚边缘地区的权力形式。他曾经在伊斯坦布尔、柏林以及布达佩斯多所大学和研究机构做访问学者。最近发表的论文包括 Power and Purification：Violence in the Late-Stalinist Uzbek SSR ［刊于 *Central Asian Survey* 35 （3），2016］ 等。

马库斯·凯泽（Markus Kaiser） 系位于阿拉木图的哈萨克斯坦－德国大学的校长。2015 年，他曾担任联邦德国教育部资助的 Crossroads Asia 学术研究网络的项目协调人、波恩大学发展研究中心的高级研究员。2001～2004 年，他曾经在圣彼得堡国立大学担任德国与欧洲研究中心（该中心由德国学术交流中心资助）主任，此后在俄罗斯和多所中业国家的大学和研究机构任职。新近发表的研究成果包括论文 Stay or Return？Gendered Family Negotiations and Transnational Projects of Remigration of （Late） Resettlers to Russia （与人合作）［刊于 *Transnational Social Review* 6 （1），2016］ 等。

郝时亚（Alexander Horstmann） 爱沙尼亚塔林大学人文学院东南亚研究专业的副教授，日本东京大学、泰国玛希隆大学以及巴黎法国社会科学高等学院访问学者。他发表了大量关于泰国和缅甸克伦人的生活以及社会支持网络的研究成果，其中包括 *Building Noah's Ark for Migrants, Refugees and Religious Communities* （与 Jin-Heon Jung 合著，2015）。他也出任学术期刊 *Conflict and Society：Advances in Research* 的合作主编，该期刊聚焦关于社会性有组织暴力的质化研究。

艾德森（John Eidson） 德国马普社会人类学研究所"融合与冲突"项目团队的高级研究员。他毕业于康奈尔大学社会人类学专业，获博士学位，曾经在德国莱茵河中段河谷地区进行田野调查，聚焦那里的地方政治、民间组织、地方节日以及历史记忆的地方形式。自 1994 年，他的研究重点转到两德统一后东德地区的社会、政治、经济生活。近期发表的论文（与李峻石等人合作）有 From Identification to Framing and Alignment: A New Approach to the Comparative Analysis of Collective Identities ［刊于 *Current Anthropology* 58（3），June 2017：340－359］。

目　录

图表目录

导言
论差异性与共同性作为社会整合的方式

李峻石（Günther Schlee）

若干研究问题

来自战乱地区的难民，迫于经济原因、环境灾难、生产链和金融与贸易的全球化不得已而搬迁的移民，由此导致的现象在大城市往往司空见惯，已经不再被称为"多元性"（diversity），则被"超级多元性"（superdiversity）取而代之（Vertovec, 2007）。人们对此的政治反应各不相同：有人为多元性而欢欣鼓舞，有人不无恐惧地予以回击，也有人借此为那些暴力攻击移民的行为正名。中间立场最为常见。移民以及由此而来的多元性，被一些模棱两可的词语描述且被当成忧心的理由。一个"东道主"社会能应对多少多元性？

非洲和亚洲的许多国家都没有经历均质化过程（homogenization processes），它们有着诸如"多元一体"（unity in diversity）这类口号——（不同程度上的）均质化进程是西欧民族国家历史发展中的典型特征。为了实现这一目标，他们在实验各种不同样式的联邦制。这些做法也能让人看到，社会整合在何时以何种方式出现有赖于共同性或者差异性；也许在某些时候，也需要有二者的组合。这些问题亦对很多暴力冲突起作用，因此，这个问题不光关乎学术兴趣，而是关乎生死存亡。

我们通过讨论不同大洲以及不同历史时期的社会整合模式，

来描写那些基于多样性的社会秩序，而不仅仅是（人们如何）容忍或者应对多样性。然而，一些整合形式则要求同化，其结果应该能在社会身份认同核心领域形成共同性，或者整合的支持者们主张应该如此。

涉及多样性的话题，大多见于日常政治的话语（比如，关于难民融入问题的争论、"并行文化"、世俗化和政治化的宗教）。但这里也有一个哲学上的维度，或者我们在那些关于人之为人、关于要完全实现人之潜能所要求的条件等问题上的理念。存在某种与生俱来的机制，让我们能识别外来者，从而拒绝或者不信任他们吗？单一的语言、持久的价值体系，以及文化上的同质性，是我们的智识和情感发展的最佳条件吗？或者，我们人类这一物种，从发展之初就已经适应了多元性？按照勒文森（Stephen Levinson）的说法，我们有一种"互动引擎"（interaction engine）（Levinson，2006）。当我们遇到使用另外一种语言的人，或者不用说话而是其他信号来进行交流的人（比如听力障碍者），我们会马上寻找线索来化解并建立沟通行为。如果没能找到现成的代码，我们会通过互动临时发展出一种代码。当我们从一个更大的历史尺度入手时就会发现，几乎没有那种全民只有一种语言的大型国家。在非洲的乡村，即便不识字的人也能讲多种语言，甚至是一些彼此毫无关联的语言，也许这更接近于人类的常规状态。不然的话，为什么我们都具备学会不止一种语言的能力呢？造成人类拥有这些语言习得能力的外在环境，一定是使用多语言的。迄今为止，人们是怎样来处理这一问题的呢？

说来有些吊诡的是，差异性和共同性都经常被拿来解释社会凝聚以及政治整合的形式。关于那些发端于欧洲、使现代民族国家得以形成、经常充满暴力的同质化进程，已经有很多著述。在法国这一经典性个案中，像阿尔比派教徒（Albigensians）和胡格诺派教徒（Huguenots）这些宗教少数群体都曾经遭到屠杀或者驱逐，因为他们有碍于经由宗教标准来形成同质性国家的尝试。甚至在 19 世纪，"把农民转变成法国人"（Weber，1976）的做法还在进行；20 世纪的"同质化大屠杀"（homogenization massacres）①，与近代早期对那些被疑为异端者而施行的强行改宗和火刑相比，甚至有过之而无不及。某些现代民族国家经由统一而形成，也就是说，把小型单元整合进一个更大的整体；而另外一些国家，则经由大型实体的分崩离析而形成民族国家。然而，不管历史上有着怎样的差异，现代民族国家要比包括人类早期的任何其他政体都要求有更高度的文化同一性。

实行同质化的机构，因时因地而异。当然，对宗教上的"异端邪说者"的迫害，在欧洲和其他地区都由来已久。再往后，让语言统一是"民族"国家计划的一个重要部分。我们当中的一些人，也许还记得自己祖父母辈讲述过的童年故事：他们在学校里因为讲布列塔尼语、低地德语或者其他非官方语言而挨打。不过，对某些特征的同质化，与对其他特征的差异化很容易组合在一起。比如，那些认为一国公民都应该有同样的宗教信仰、说同样语言的人，很可能还会主张性别角色要有明确区分。事实上，在保守的思想形态中，这些信条经常会组合在一起。然而，无论其主张的内容是什么，同质化政策似乎都

---

① 我采用"同质化大屠杀"这一说法来合指"种族灭绝"、"族群清洗"、屠杀宗教异见者的行为，以及所有那些目的在于依照身份认同中的族群或者宗教分界线来形成更为同质的社会环境的行为，后者与大规模施暴者往往非常相似。

持这一总体上的观点：若要整合成功，那些被整合的对象在重要范畴上的标准，则必须与当地人保持相同。

必须提到的一点是：本书采用的"整合"概念——尤其是当这一概念与形容词"成功的"组合使用时（"成功的"一词带有某种规范式色彩，即一个人应该被整合，一个人自己应该致力于整合）——是社会中心式的（sociocentric）。这里采用的是政治性话语和社会学视角（来追问"是什么让社会得以凝聚？"）。我们不应该忘记的是，对于许多人来说，在他人看来没能很好地融入社会的情形，对其自身而言根本就不是问题。某些人喜欢独自坐在花园里，某些人宁愿与狗相伴，而另外一些人则热衷于不分白昼黑夜地坐在电脑屏幕前进行交流——但是，在跟谁交流呢？是血肉之躯的人、虚拟的人，或者是机器？在本书，我们的聚焦点不是个体的心理形态，我们也没有从规范性视角来审视整合。如果舍此之道会让当事人感到高兴的话，融入本地社区或者其他共同体的做法就并非是"必行之举"，甚至这也不是不可或缺的快乐前提。尽管我们明确知道，也可以从社会中心式以及社会学视角之外的角度来看待人类，但是我们采用的是关于整合的政治和社会学话语；我们所讨论的问题，都是社会领域中一直固有的问题。

若干年前，我和郝时亚（Alexander Horstmann）曾经从比较分析角度提出一种与同化（assimilation）和同质化（homogenization）大相径庭的理论，即"经由差异达成整合"（intergration through difference），指出这种做法优势明显，比如能减少竞争（Horstmann & Schlee，2001）。这似乎是能够让那些族群上异质的社会和政治单元长期保持内部和平以及相对稳定的条件。

各种不同情形都大量存在：在近年民族国家模式风行全球的过程当中，一些民族国家做到了很大程度上的族群异质性，而另外一些国家则一直保持着族群同质的状态；或者，还有一些民族国家当中的后来者，他们还在努力去实现就文化路线上的民族一体性。

族群异质性程度在民族国家各不相同，而帝国的族群总是异质的。事实上，族群异质性是帝国固有的特征，这与民族国家形成反差。至少在统治者与被统治者之间，没有哪个帝国不存在族群差异或者被族群化的差异。很常见的情况是，帝国包含着很大的族群多元性，并被用于行政管理目的。通常而言，考察人们关于共同性（或者说身份认同）和差异性的看法，是研究社会与政治整合之不同形式的关键所在，这一进路似乎特别适于帝国的比较研究。

那些强调差异性对于社会凝聚（social cohesion）以及系统性整合（systemic integration）① 至关重要的理论，都明确或者不明确地持有这一设定：共同性会带来摧毁性的效果；而那些

---

① 凝聚（cohesion）（这让人想到团结和聚合）与整合（integration）并不相同。在这里，我们对"整合"一词的使用是在系统理论意义上的，与政客或者社会工作者的用法并不相同。他们想达成某些结果，对他们来说，该词蕴含着正面的价值评判。在系统理论意义上，当某物成为系统中的一个因素时，它就整合到该系统当中了。关于人的融入（aggregate）问题，我们的许多研究都聚焦于身份认同和联盟（比如，Schlee，2008a；Eidson et al.，2017），都关注动因性（agency）和选择（choice）。人们之所以接受、凸显或者拒绝这个或者那个集体身份认同，是对激励所做出的反应。换言之，我们过去的经常做法是，将个体的人作为分析的起始点。本书，我们更为经常地从更大的整合来入手。比如，与民族国家形成反差的帝国，是如何容纳其属下的各部分并使之联结在一起的？这一做法与我们是否信奉或者忠心于某种思想学派无关。我们并没有从行动理论转向系统论，只是寄希望于通过改变视角以及视角的组合，能提供新洞见。有时候，选择以个体、某一体系或者更大型的聚合作为出发点，有赖于我们的资料。历史资料或者民族志资料经常无法让我们了解到很多关于个人的情况，尤其是那些普通人的情况。

认为共同性能带来整合价值的理论也一样会认为：差异性会带来摧毁性的效果。因此，我们可以把各种看法归类到一个有着四个区域的表格当中，把"共同性"和"差异性"放在一条轴线上，将它们的整合价值（integrative value）（"有利于整合"或者"不利于整合"）放在另外一条轴线上。

表1　四个区域

	有利于整合	不利于整合
共同性	A	D
差异性	B	C

表格中的四个大写字母按照逆时针顺序出现，这并无其他更深含义，无非是下文内容的标记而已，即它们展示了以下各节的顺序。在使用这个表格时，我们需要注意的是：正如上文所言，有些类型搭配并非彼此排斥。A 和 C 可能会融而为一，因为那些认为共同性有利于整合的人也倾向于认为差异性不利于整合；对于 B 和 D，可亦作如是观。毕竟，许多通行的看法，仅强调其中的这个或者那个层面而已（也就是说，他们强调差异性是多么糟糕，却没有提出要寻求共同性）。因此，就目前的分析目的而言，在理论上将这四种类型予以区分是有意义的。

在下文，我会以同样方式对待通行论点和学术理论。在提及那些提出社会学理论的学者时，我会简化他们的立场，这可能会存在有失公允的风险。比如，涂尔干著有大量富有启发性的重量级开山之作，也有很多人研究他的思想和理论并撰文著书。如果我在这里只提到他区分了"机械团结"（mechanical solidarity）和"机能团结"（organic solidarity）（Durkheim, 1998/

1893），并非要标榜自己的原创性，也无意于对他的理论做出公正的评判。我的做法与大多数作者在提及涂尔干时的做法一样：我只引用他著作中那些似乎对我的论点有助益的看法。我的目标不在于对社会学史或者社会人类学史有所贡献。我想做的，无非是将各种观点进行类型化。能够被包括进这一类型归纳当中的内容，可以是大范围读者对学术理论的感知（即这些理论的庸俗化），也可以是人们关于共同性或者差异性的任何想法以及这些想法在社会整合中的作用，无关乎其源自何处。在对这些观点做过综述之后，我们会向自己提出该如何以此为起点继续向前。

共同性作为整合方式（A）

符合 A 类型的例子比比皆是。那些要想归属于我们的外来人，需要变得和我们一样：这一想法广为流行，俯拾皆是的例子可以让人毫不费力地下笔成书。那些关涉"同化"（assimilation）和"涵化"（acculturation）的问题，在社会学理论当中也占有一席之地（Park，1930；Redfeld & Linton & Herskovits，1936）。与此类似，关于社会化的理论也试图去解释年轻人如何去学习一种文化，即他们的长辈和同辈所拥有的规则和价值观，他们要让自己与之相像。"文化"这一概念本身，所指的是内在同质性以及外在区分性；而那些文化概念质疑者的批评，恰好剑指此处。在一个定义里，"文化"是一个人需要学会的东西之总和，如果人想进入某一特定群体并成为其得力成员，便成为该"文化"的拥有者。需要注意的是，"文化"这一用语两次出现在这一表述中时，其用法是略有差异的。第一次出现时，"文化"指的是一种能力，即所获取的知识与技能，这与那些与生俱来的（或者并非先天所得，而是后天习得的复杂行为方式中的因素）有所区别；在第二次出现时，"文化"是限定人群（"某一"文化）的定义式标准。既然存在一个文化（单数），也就存在多个文化（复数），这也是"文化"遭到诟病之处。许多人不喜欢使用复数形式的"文化"这一概念，即把文化当成区分性的、量化的单元，这种批评性的立场不乏充分的理由。尽管如此，对复数"文化"概念这一用法的许多批评者也发现，他们几乎无法回避这个词。

无可争议的是，共有一种"文化"预设了人们拥有某种形式的共同性，包括他们处理差异性的方式（就差异管理方面的共同性而言，一个简单例子是：叔侄间是有差异的，甚至二者的结构性定位也有差异，但是二者在管理其差异方面有着同样的方式，即他们关于叔侄该如何彼此相待的理念是一致的）。一个人经由习得而获取文化，[①] 至此没有问题；而后，当该人变成像该文化拥有者一样时，问题就出现了：作为特定的单数即某一特定文化包含着捆绑在一起的、被认为是文化因素的多个单元，而那些捆绑在一起的诸多单元（文化因素）在真实世界中是难以确定下来的。

[①] 一些人类学家感觉自己正在这样做。他们学会流利地说另外一种语言，学会了周围人的习惯，能够被另外一个群体接受为其中的一员。人们会很费力地解释这一问题，为什么人类学家仍然看起来有所不同，在肤色上或者在其他方面。作为一位曾经的外来人，人类学者也许不得不去更多地思考"文化"，而不是去习得它；也许能以某些方式来解释"文化"：那些方式是在其中长大或者通过早年的惯习得来这一文化的人从来不曾考虑、但是感觉兴趣盎然的东西。另外一些人类学家更愿意将他们研究和展示的"文化"神秘化为某种除非在其中长大，否则永远也不能真正穿透进去的东西。这些不同的态度可能与语言技能或者其他类型的智识表演有关。

极端形式的文化相对主义①所设想的世界，由彼此间无法理解（"非共约性的"），但各自具有内部同质性的诸多"文化（复数）"组成（这也许是其批评者勾勒的讽刺画面）。如果对这一设想较真的话，那么一个完整的人就必得经由成功的社会化进路而进入这一文化，变成其中的完整成员，这反过来又意味着该人无法理解其他文化。与此针锋相对的论点也能成立，那就是：一个人得克服这类文化对自身的制约（如果存在着这类无法彼此理喻的文化的话），以便让自己在更为普遍意义上成为一个完整的人——这也是可能的。

如果我们观察媒体上关于（后）工业社会移民整合问题的讨论，我们能看到那些拒绝移民和接受移民的论点。主张应该拒绝移民的观点，强调真实的或者想象中的宗教或者文化差异性。认可接受移民的观点，经常会接受一定程度的多元性，有时候甚至认为那会潜在地丰富当地社会。不过，通常的情况是，那些青睐接受移民的观点包含了这类要求：移民要在许多方面变得如同"东道主"的社会成员一样。学会该国的官方语言是这类要求之一，另外的要求则包括接受核心价值观（最低共识），诸如民主以及对其他群体的宽容；或者，在此之外还要求人们必须认同超越特定群体之文化和宗教的宪法秩序并引以为自豪（宪法爱国主义，constitutional patriotism），这是这类要求中的另一项。在所有这些观点之下隐含的设想是：一定程度上的共同性，是社会整合的前提。德国关于"引导文化"（德语词为 Leitkultur）②的讨论，便属于这一类（对此的批评性综述，参见 Pautz，2005）。

———————————

① 对文化相对主义的批判，请参见 Jarvie（1984）。
② Leitkultur 是在移民整合讨论中新造的合成词，英语中没有对应的词。译者按。

差异性作为一种整合方式（B）

对差异性及其在社会中的角色进行讨论，最显而易见的出发点是涂尔干提出的"机能团结"。他将裂变社会（segmentary society）社会中"机械"团结与"高级"社会中"机能"团结予以并置。前者立足于相似性或共同性，而后者立足于差异性。"机械式"这一比喻可以很容易追溯到物理学和技术上的含义，"裂变"和"机能"这两个词都是生物学比喻。如果将一条蚯蚓从中间斩断，前后两节可能会爬向不同方向，伤口有愈合的可能性。实际上，不同地方的两处伤口愈合后带来的结果是，从痛苦的分裂中，起死回生的是两条不相干的蚯蚓。这之所以可能发生，是因为蚯蚓的身体由非常相似的分节组成。它们当中的每一分节都有对于"蚯蚓特质"而言最为重要的东西。[①]如果同样情形发生在哺乳动物身上，心脏和肺在一边，肝和肠肚在另一边，那么这两个部分就都会死亡。其原因在于，器官不能彼此取代；相反，它们有所不同，彼此处于互补关系。在描述国家和社会时，人体是最为古老的比喻之一（另外一个是船）。我们一直在使用这一比喻。人类学家提到群组时用"体"（corporate）这个词。[②] Corporations（企业或者公司，源自拉丁语 corpus，身体）、corporate America（指美国的大公司）、organs of the state（国家机关）以及 body politic（政治体）等这

---

① 本文的评议人当中有一位钓鱼业余好者，曾经多次切断蚯蚓做鱼饵。她告诫我不要用"蚯蚓特质"（wormishness）一词，因为并非所有被切断的蚯蚓都能从受伤中恢复过来，因为不同品种的蚯蚓有差异。人类学家总能发现例外情形，这位评议人亦如此。不管怎样，蚯蚓的这些特性还是堪为举隅的对象，用来形象地说明裂变原则。

② Zitelmann（1999）探讨了这一概念中负载的某些意识形态上的内容。

些说法都成为常用英语中的一部分。在涂尔干之前，这些比喻就早已存在，涂尔干的贡献在于将它们说出来并透彻地予以思考。

重要器官的有效运行是有机体整体存活的一项条件。单个的有机体是天择单元（尽管必须承认，并非仅此一项），以众器官"井然有序"地交互作用为特征的健康有机体，会比那些内在交互作用并不那么顺畅的有机体存活得更长久，后代更多。从生物演化的角度看，有机体尽管有其复杂性，但是能良好运行，这并不令人感到意外。当然，谦卑之心会要求我们马上承认，生物界中的许多事情远非人类的改造能力所能企及；面对和我们人类一样的生物有机体，赞叹和好奇才是合适的态度。我想说的是，复杂形式的出现并不会给演化论范式带来问题。（当然，只要复杂形式在生存和繁殖方面有某些优势。对同时生存的生物有机体进行比较的结果表明，简单形式的生物有机体也能做得相当好，有时候它们能存留下去，而复杂的生物有机体则走向灭绝。）当有机体整体成为天择单元时，整体背景下每一单一器官的功能性则成为可调整的特征，能增强其生存力（在生物学意义上可存活后代的数量）。在这里，天择更看重功效性。不过，当我们将"部分""整体"和"功能"等概念转用到分析社会时，我们很快就会发现这是很成问题的。什么是整体？什么是部分？为什么部分应该考虑对整体有功效？假如这里不存在意图的话，那么这一结果是经由哪些机制来达到的？在社会（单数或者复数）的演化当中，什么是选择单元？

涂尔干的立场可以被称为"原型功能主义"或者"功能主义的先锋派"。这是对"是什么让社会保持一体？"这一问题给出的答案。这似乎是个棘手的难题，[①] 但是跟另一问题相比，还是小巫见大巫。更为困难的问题是"那些让社会保持在一起的力量，是如何出现的？"不管什么导致了社会凝聚力，它总得生发出来。那些有着更大凝聚力的社会存留下来，而那些有着更多内耗动力的社会已经不复存在了吗？凝聚力——无论其机制如何——是在不同社会当中经由变异和选择而发展起来的吗？抛开不得不去定义"社会"是什么，以及哪些"社会"展示了不同个案以及选择单元等负载，我们也还有其他理由不在这类问题上穷追不舍。

从整个社会体系出发去考虑问题，迄今为止的全部答案都不尽如人意。基于体系选择而谈文化的演化模式，这难以令人信服，因为需要非常久的时间才能看清其进程。

20 世纪 70 年代，有着生态学取向的新功能主义者（Harris，1974）试图通过系统选择来解释内在于"文化"和"社会"的功能性相互作用。他们的理论所言如下：那些运行不佳的社会秩序已经消失。在存留下来的社会当中，其成员没有意识到信仰和实践的功能层面。如果他们有所意识的话，这甚至可能是有害的。立足于宗教的道德，只有在人们信奉宗教而非仅相信其工具性或功能性时，才能很好地发挥作用。那些认为如果人们信奉宗教对社会有利，并以此来解释宗教的人，可能不会坚定地信仰并追随以道德为根基的宗教。对那些理论家来说，体系的运行要求其组成部分不自觉地运行。有意识的进程，比如社会工程（或者干脆坐在一起来安排事情，以便能运行得更

---

① 其困难包括：去定义要让什么保持在一起（社会，在哪些限定下的某一特定的社会？）；对于这一实体的凝聚或者不可解体的（理想）状态的定义；对凝聚﹣解体力量以及凝聚﹣解体尺度（该力量的效果）的认定。

好）在这类理论当中扮演着不重要的角色。但是，演化的代价会非常高。整个系统得消亡，而后新体系才得以出现。这一进程需要多久，这些理论家们没有给出答案。我无从知晓，他们是不是干脆就没提出过这一问题。

为了能更好地解释社会变迁，包括"凝聚"或者"整合"的出现，我们需要一种适用于若干年、十年、世纪这类历史时间框架的理论。这样的理论不要求有生物演化所需的数量级时间单位作为合适的历史时间框架。我们需要看到生命周期更短、范围更小的选择单元。

我认为个人做出的决定是这一类别中的合适单元。如果我们怀疑自己做出了错误的决定，并意识到能有其他选项，我们可能会拒绝某一决定，并在一秒钟或一天内用另一决定取而代之。如何从诸多个人决定中发现社会系统的改变，那是另外一个问题，即人们所知的微观/宏观问题。我并没声称自己已经解决了这一问题。我只想说，我们无法绕过它。我们既不能仅停留在系统层面，也不能仅停留在个人行动层面。关于社会进程（凝聚力、整合、冲突或社会变迁之出现）的任何理论，都要求我们将行动者视角与系统视角连在一起。

关于差异性之出现，以及补充性关系在更高的聚合与组织层面上的演化，行动者视角能提供某些洞见。事实上，行动者至少部分地让彼此有所不同，有时候是有意而为。[①]他们会积极地努力去避免竞争或者要求将所获财物进行重新分配。在这一语境下，一个重要的法则是"交易者困境"（trader's dilemma）。这一理论是在对那些远离国家控制的乡村地区的经商者的实证个

---

① 某些学者把自我反观（self-reflection）视为使使人之为人的专有特征。实际上，某些人对自身动机的认识比另外一些人更清楚、更明确。

案基础上发展出来的。这里所涉及的是，在缺少第三方（国家可能被视为遥不可及或者被当作敌意方）调停的情况下，商人与自己的顾客达成的协商。

"交易者困境"（Evers & Schrader，1994）是这样的：如果商人太把自己当成外人，那么他就有生命危险；如果他太把自己当本地人，他就无利可求。非本地后裔的商人，一直生活在这两种错误的边缘上。他们必须保持一定程度上的生疏，让自己免遭不得已给别人提供借贷的情形。世界上许多地方的乡村社会，都以具有平等和再分配精神为特征。多子女家庭会派出劳动力去老年人居多的地方干活儿。每个工作的人，都要有饭可吃；不能工作的人，也得有饭吃。如果对单个家庭之生产力的测算用图表来展示的话，其结果是锯齿形的线条；但是，如果对消费进行测算的话，我们会发现那是平缓的波浪线，趋向平直线，因为对消费品的重新分配让生产上的波动被抹平了。诸如疾病、虫灾和冰雹这类风险，都是以这种方式来应对的。尽管有再分配，如果某些人仍然太富，他们必定不能暴露财富。否则，他们就会被怀疑有巫术或者邪恶魔法：据说他们让受害者的灵魂于夜间在田地里给自己干活儿，或者诸如此类。他们被说成能获取其他人的生命力；后者的情况正好相反，他们会在早上醒来之时感到疲惫，甚至会生病或者死亡。乡村社会保证任何人都不会无着无落。如果本地农民中有一人开了一家小商店，他/她就不能逃避整体团结的要求以及再分配的约束；他/她必须借钱给当地人，至少得等到下一轮庄稼收获才会还钱，不过收成可能会很糟糕（那么就会还钱无望）。离店铺倒闭只是几个月的事情。我在肯尼亚一家乡村小卖部墙上看到的诗句，很好地总结了当地人开乡村小卖部会反复遭遇的境遇：

神造了人。

人造了钱。

钱让好多人发了疯。

为了让自己避开这些义务，商人就得把自己与当地居民分开；或者，至少把经商作为单独领域，与日常的社会生活区别开来〔有些人会说这是"脱嵌"（disembedded）〕，并将其从规范中解脱出来。如果商人自身与当地居民太相似的话，有时候他们就会改宗皈依其他宗教或教派，以制造这一差异。

外来的经商者，或者那些有机会将自己定义为属于不同类别、再分配规则不能应用到他们身上的人，就可以不受再分配的制约，不去倾听那些遭遇霉运的故事："你自己的事儿。"在东非，印度人开的商店里经常能看到墙上贴着印制的画，用来表达店主的经商哲学。一张画上是一位肥胖的英国人，身穿显得紧绷绷的旧式礼服。他坐在一个装得满满的钱箱上，腰带以上的腹部鼓胀起来，头上戴着礼帽，脸上露出一丝笑容。画的标题是："我卖东西得了现金。"旁边的那幅画是一位羸弱不堪、穿着破衣烂衫的人，画的标题是："我卖东西记了欠账。"同一面墙上还挂着一幅镶在镜框中的警句："不要把友谊和买卖混为一谈。"

但是，没有归属以及作为"外人"也潜藏着风险。伊迪·阿明（Idi Amin）当政时，印度人从乌干达被驱逐出去。对于国家经济来说，这一行动是灾难性的，但是当地人对此举非常欢迎，怒火中烧的大众支持这一做法。以暴力来对付身为少数群体的商人，类似事件在世界各地都有，其行为从谋杀到灭绝，从抢劫到纵火等不一而足。经商者让自己脱离多数人社会

的程度，也就是他们被排除在大型共同体的团结和保护之外的
程度。

如果不想让这种外人身份引发敌意，那么商人就必须通过
一定程度的慈善来予以平衡。这就是为什么在商业上取得成功
的少数人往往会非同寻常地慷慨大度。例如，阿迦汗（Aga
Khan）医院和其他社会机构，可能有助于世界许多地区接受伊
斯玛仪派（Isam 'illiyya）的成员。[①]经由这种方式，族群间的
关系需要去不断地重新平衡社会距离。

也许我们经常需要从社会群体（这不仅仅限于商人与顾
客）之间距离管理这一角度，来理解族群之间、宗教之间的关
系。保持适当的距离，往往是族群间关系的一个重要方面。再
举一个做买卖能起作用的例子（但是不涉及专门的商贩）。在
今天的肯尼亚，即便在战争期间，马赛伊人（Maasai）的武士
对那些带着贸易物品来到他们这里的基库尤人（Kikuyu）农妇
都会网开一面。

贸易往往是邻近族群之间职业分化的结果和原因（两者之
间可能存在反馈循环），这有助于更大区域系统的整合。因此，
让我们来看一些跨族群贸易的例子。

在前殖民地时期的肯尼亚，马赛伊人和基库尤人的职业
区分是不完备的。游牧的马赛伊人（确切地说，马赛伊人当
中只有某些群体生活在靠近基库尤人居住区的地方）在东非
大裂谷的平原上饲养牲畜。基库尤人已经撤离到树木繁茂的
高地，并在那里开荒种地。因此，作为农民和牧民的基库尤
人和马赛伊人分别在生态和经济上占据了独自领域。不过，

---

① 参见阿迦汗发展网络上的信息。信息来源：www.akdn.org，最后核对日期
为 2013 年 4 月 24 日。

基库尤人却继续饲养牲畜，尽管马赛伊人认为，神把一切牲畜都交给他们。这样一来，他们就有同样或者类似的经济领域，他们彼此竞争。但是，在经济领域有所不同的地方，他们彼此交换物品。

基库尤人和马赛伊人之间的关系，以潜在的战争以及并存的贸易为特征。基库尤人实行的年龄组体系（age-group system），部分复制了马赛伊人的做法；而马赛伊人的体系，可能是在讲东库希特语族群的影响下形成的。年龄组体系遍布的原因，在于它们允许社区扩展，能占据连在一起的地区。这是招募所有单元中的青年男子来袭击相邻族群的有效工具。受袭者则被迫发展出同样的组织形式，或者为了自卫，或者为在抢劫与被抢之间取得平衡。（顺便一提的是，这也是早期国家进行扩展的方式。）马赛伊人和基库尤人的年龄组突袭对方的牲畜群，不遗余力地利用任何机会杀死敌人的男人和男孩，俘获女孩。与此同时，妇女之间则存在着某种市场和平（Muriuki，1974：86；Middleton，1979：20）。基库尤人妇女可以来到河谷低地，不受干扰，她们把装着粮食的篮子顶在头上，用它们来换取动物产品；马赛伊人的妇女则从相反方向前来，不受干扰，带着盛奶制品的罐子。

让我们总结一下关于经商领域中共同性和差异性的思考：基库尤人和马赛伊人之间的贸易是生产者之间交换产品。其他形式的种族关系涉及职业化商人，即专门从事买与卖的人，他们自己不是生产者。许多经商者都是外来者的后裔，其数量之大让人吃惊（Stichweh，1992）。这并非普遍现象，但是外来血统的经商者比裁缝或警察更多，更不用说农民了。这可能与"交易者困境"有关。古代地中海的腓尼基人、欧洲中世纪的犹太人、东南亚的华人、西非的豪萨人和黎巴嫩人（Peleikis，2003）、苏丹的希腊人、肯尼亚和坦桑尼亚的也门人和索马里人，都是经商者与其大多数顾客在族群上有别的例子。在这些个案当中，促使他们成为经商者的历史环境都各不相同。不过，似乎有一些普遍适用的因素，倾向于导致经商者与他们的顾客属于不同族群，因为这种模式是频繁出现的一种模式，并且经常能长期存在。交易者困境再生了差异性、市场和平以及保护贸易的各种规则和规范，在一定程度上（可悲的是，并非在各种时代的各种情况下）保证了买卖者之间的和平——这些人即便不是专门的商人，至少在他们生产不同物品这一程度上，他们倾向于是不一样的人。

差异性作为整合的障碍（C）

在近期关于冲突理论的著作中，"基于身份认同的冲突"已经变成了流行的热词。通常情况下，它与"基于资源争夺的冲突"形成鲜明反差，与之相伴的说法是：后者比前者更为激烈，也倾向于更为暴力，而前者则可以通过协商以及和平分享资源而得到化解。[①] 这种思路有一个基本的错误。对"身份认同"（identity）的定义，或者对"确立身份"（identification）的研究，目标在于去回答那些以"谁"（who）开头的问题，而资源问题谈及的是"关于什么"（about what）的问题。"谁—问题"（谁与谁站在一起反对谁，沿循着哪些身份、宗教、族群或者其他什么线路）是在任何冲突分析中都要加以追问的，关

---

① Rothman（2000）提出了区分"基于身份认同的冲突"与"基于资源争夺的冲突"的理论，并倡导以不同策略来处理每种冲突。对于这类理由的批评，参见 Schlee（2009）。

于"什么—问题"（水源、石油、工作、政治代理，等等）亦如此。"身份认同"和"资源"并非不同类别冲突的原因，而是所有冲突当中都包含的不同层面（Schlee，2009：572）。

在将差异视为整合障碍这类理论的语境下，我们可以说，那些谈论"基于身份认同的冲突"的人倾向于把差异当作障碍。① "差异"一词的通俗用法表明，存在一个非常普遍的明确信念，即差异是冲突的原因之一。在类似"人们找出他们的差异所在"的表述中，"差异"就如同"争吵"或者"争议"的委婉说法一样。

现代化理论倾向于去表明，随着现代民族国家的形成，族群、方言和文化的差异都会消失。自格雷泽（Nathan Glazer）和莫伊尼汉（Daniel Patrick Moynihan）始，一直有较新的研究著作表明，在许多情况下，族群差异并没有像现代化理论家们所期待的那样简单地消失。"熔炉"没能产出同质性的合金（Glazer & Moynihan，1963）。20 世纪 70 年代，人们注意到族群政治在西方社会的复兴，而人们原本以为族群政治在这里已经消失了（Esman，1977）。对这一题目的文献，Brass（1985）给出了宏观上的述评。这些取向不同的文献都有一个共同因素：多元性或者说文化差异，被认为是一种与共有的国家身份以及和平整合背道而驰的力量。不同分析的区别仅在于，分析者把哪些重要性归结到这些在社会与政治格局中持续存在的或者重新出现的因素上。这意味着他们有着共同的理论设定，只是在对实际状况的感知上有所不同。"阶级"（class）得到充分讨论，

---

① 需要注意的是，此处使用的"各种理论"（theories）一词是不加入价值评判的。我们不去讨论所涉论点是否需要达到一定学术水准才配称为"理论"。

作者们在追问，是否族群性干脆就是"虚假意识"，而"阶级"则是真问题；或者，族群性是否为某种现实的、能加剧阶级冲突的东西（Brass，1985：20）。在这两种情况下，文化差异都是妨碍社会进步的因素。一些作者将一种潜在的、非常具有消解性的特征归结在这些差异上，早在苏联以及南斯拉夫的解体真正发生之前就已经做出了这种预言（Brass，1985：85）。

这就把我们引向了关于"世仇"（ancient hatreds）的著作（Kaplan，1996；对此的批评见 Bringa，2005；Besteman，2005）。当然，将族群暴力简单地归结为原生性的情愫以及历史持续性（其建构经常跨越了显示出非连续性的年代）的做法，忽略了所有的当代因素，诸如政治与经济上的激励以及外来干预（Schlee，2008a：6f.）。本节简要评述的"C 类型"进路中的所有案例，关于"世仇"的研究著作认为差异性和分化与暴力之间有最为直接的关联。

共同性作为整合的障碍（D）

认为共同性是社会整合之障碍的 D 类型理论，是 B 类型理论的镜像——它强调差异的整合性方面。不过仍然有些理论，将其重点放在接近性与共同性的消解功效上，而不是放在经由差异带来的整合，尽管对问题的这两种表述方式会得出同样的结论。

在我们对自身的定义当中，没有哪个分类中的人比同胞兄弟姐妹跟我们自身有更多的共同之处。我们与他们的共有基因，一如跟亲生父母和子女一样多；我们是同一代人——在孪生情形下，甚至年龄相同；大约有 50% 的概率是同一性别。然而"同胞竞争"（sibling rivalry）这一说法广为流行，因为它指的是一种常见的现象。研究动物行为的人和人类学学者常使用这一说法。当母猪产下的小猪多于母猪的奶头时，同胞竞争的形式是致同胞于死地。我们当中许多人都能在自己的家庭中观察到其温和的形式，那是孩子之间的嘲笑和吹嘘。同胞们倾向于去竞争同样的资源，不管是物质资源或者非物质资源，诸如父母之爱。在地球上很大一部分人口当中，基本的营养供给仍然不足，较近的出生间隔可能会显著减少单个儿童的生存机会。对食物的竞争，其根本所在是生存。当人们在填饱肚子之余能够有更高的需求时，同胞竞争的对象是父母的关注和支持，在同伴群体中的排名和地位，财产继承或者继嗣次序。自《创世纪》以降，世界文学中的此类事例比比皆是。

我们经常能观察到，在对他人予以负面评判时，尤其是在有或明或暗的敌意情形下，微小的差异经常被强调。中产阶级里的中层会诋毁中产阶级里的下层，而后者又会去诋毁下层阶级中的上层群体，诸如此类。歧视总是直接针对相邻阶级的成员（Fox，2004：119）。由于在这种语境下所谈之事很少能反映出良好品位，许多人会认为，以贬低的方式来谈论那些以普遍认可的社会标尺来衡量远低于自己的人，要比以同样方式谈论与自身社会地位接近的人更为不堪。一个处于上层而有保障的社会位置上的人，可能不会觉得有必要吹毛求疵去责怪那些体力劳动者缺少品位或者举止粗鲁。如果他/她这样做了，则会被认为是傲慢甚至粗俗。

最小差异原则不仅适用于阶级，也适用于社会身份认定的各个方面。一种我们以前从来没有听到过，与我们自己不相干的语言听起来如何，也许除了友好的好奇之外不太可能会干扰我们的情绪。如果该声音与动物的声音相比，也可能被认为是完全不熟悉的，甚至是非人类的。恰好是邻近的方言——通常与我们自己的方言非常接近，我们能听懂——我们才会给予评价。这些方言经常遭到带有强烈价值的评判，甚至道德意义上的阐释，可能被认为那方言听起来傲慢、装腔作势、苛刻、没表现力、草率或粗野。或者，以宗教为例。新教教徒倾向于直言不讳地怀疑天主教徒的偶像崇拜以及潜在的多神论（以圣徒崇拜为幌子）。同样类型的批评也可以用于印度教徒身上，但是他们在新教周围的教区并不常见，故而，更为强烈的拒绝、更为严重的后果，都指向近在咫尺的他者，而不是身在远方的他者。①

　　在一个语言共同体当中，阶级和方言的区别是重要的（Labov，2006），讲其他语言的人，几乎没法理解这些最小差异具有哪些意义。在几乎同样低的差异水准上，我们在致力于对自己的宗教遗产做正确的阐释。宽容，更容易被应用在其他宗教的信奉者身上，而不是那些对我们自身宗教进行"错误"解释的人。有时候，关于语言的讨论的确是关于语言的，正如关于宗教的讨论可能确是关于宗教的一样。然而，在很多情形下，当我们在考察社会语境时，我们发现这些讨论关乎那些在很多方面都与我们太近的人，他们离我们如此之近，可能被认为是职位或者其他资源的竞争者。对最小差异的强调表达了竞争就"在其内"（within）：在一个政治体系之内，在劳务市场的某一

---

①　为了让这一画面保持平衡，我们也要提到相反的因素：天主教徒有多么不喜欢新教教徒。多年前，一位来自德国天主教地区的女性曾经告诉我，她想告诉父亲她有意与现在的丈夫、一位阿拉伯人结婚。她父亲用了些时间才接受自己未来的女婿会是一位阿拉伯人，他竭力使自己不失态。他以为这位阿拉伯人是穆斯林，虽说不情愿，也做好了接受的打算。当父亲得知那位年轻人是路德派教徒时，终于按捺不住而大发雷霆之怒："你胆敢！"

领域内，在一个学术共同体内，等等。这与共同性和差异性都大有关联。

社会整合进程中差异性与共同性的交互作用

上节就共同性与差异性对社会整合之重要性这一问题，我们将现有的社会理论与人们的通俗想法大体予以分类，归为四个类型。为了超越这四个类型，我们需要关注现实生活中的情形。在真实生活中，对于社会整合而言，共同性和差异性并非简单的"好"与"坏"；更多的是，整合的进程以共同性与差异性的复杂交互作用为特征。人们会谈及差异，它们可能是风平浪静的劳务分工中的一个因素，但同时它们潜在的消解性力量也必须被消除。对差异与这种潜在消解力量进行处理时，在某些语境下（比如在市场上）会促进互动，在其他情况下则回避互动。

我们能从那些真正的和自诩的和平缔造者口中听到两类正好相反的建议。他们可能会鼓励或者不鼓励互动。一对关系紧张的夫妇可能会得到这样的建议，"把什么都摆到台面上"，"每件事儿都讨论"，以及"一起多做事"。另一方面，在那些男性与女性领域之间有明确区分、夫妻间互动不多且都有各自明确角色定义的社会里，婚姻哪怕并不和谐，然而可能会很和平。在群体的层面上，包括族群和国家，人们可以看到同样的矛盾。

要想让那些被感知为互不相同的大群体之间和平共处，它们之间应该有多少互动，这是一个由来已久的问题。提出经典政治学理论的思想家们生活于好战的民族国家崛起之时，他们讨论的是如何能在不同群体或者政体之间达成和平。卢梭建议经济上的自给自足和孤立。互动越少，出错就越少，发生战争的概率就会降低（Joas，2000：55）。其他人所持的看法正好相反，主张要加强潜在对手和敌人之间的关联。康德提出了宪制和契约，这是欧盟在18世纪的前身；亚当·斯密则把贸易视为和平整合的一种手段（同上：56）。

如果我们今天想采取这种推论思路，就不再能简单地认为，国家或者群体之间的差异是自然形成的。我们必须去讨论文化差异的建构，它与我们的研究对象即互动的各种形式紧密交织在一起，其形式为和平的也好，为充满敌意的也好。

更富有成效的做法是，不要去考虑是将差异最大化或者最小化，而是考虑如何将互动最优化。人们如何才能在互动中尽可能多地获得益处，而不会造成太多的成本和风险呢？

看待同样问题的另一种方式是，考虑如何处理社会距离。要实施统治，至少需要一定的社会距离，这与人们设定的差异有关。在完全熟悉和平等的情形下，不可能有一个人对其他人的统治。另一方面，统治者与被统治者之间有一定的认同感和亲密感，这会减少监督、控制和暴力压迫的必要性，从而降低统治成本。所以，这就如同生活中的情形一样，我们会发现，最佳解决方案在某个折中点上。如果我们要以马基雅维利的风格教人如何来进行统治（这不是我主要关心的问题），那么我们可以告诉那些想统治的人，与他们想要统治的对象保持适度距离，既不要太近也不要太远，介于两者之间的社会距离是最优的。

然而，在新近出版的一本论文集的导论篇里，展示了研究殖民主义的某些新视角，三位作者对于同样的基本问题采取了另外一种进路（Kraft & Lüdtke & Martschukat，2010：

10ff.）。他们把人们对于殖民者与被殖民者之间明确分界线的感知予以并置，以完全他性（total otherness）为前提，采用的是关于日常生活的故事——在日常生活中，这些界线被模糊了。在那些有明显矛盾之处的复杂情形下，比如在特定关系中剥削与家长式慈爱并存，或者殖民者声称殖民对象是低等种族却能够通过文明教化而获得提升，差异总是不断被重新协商。

关于本书：差异性和共同性作为社会整合之模式

在下文的概述中，我并非仅总结各篇文章的内容，而是依照它们论及的大题目，从我的视角出发将这些文章归类到两三个大版块，冒着可能会把原本属于背景的内容凸显出来的风险，或者也会有正好相反的情形。各章作者的着重点可能与我所强调的内容不同，只有当读者回到各篇文章时，这一点才会显示得清楚明白。我也会避开一本论文集主编的常见做法，即不时地提及在其他地方已经发表的著作，给本书的内容做述评。

跨族群沟通与社会距离

本书的第一章，即法弗－扎尔内卡（Joanna Pfaff-Czarnecka）关于尼泊尔的研究，讨论了种姓（caste）问题；第二章，即鲁夫（Ruf）对毛里塔尼亚的研究，讨论的是武士阶层（hassân）或者学者阶层（zwaya）与那些带着与生俱来的、作为奴隶后裔之污名的人之间的区分，这种区分与种姓之间的区分相似。种姓制度在本书中的突出地位并非偶然。种姓制度的典型个案，即印度的种姓制度，可以被视为一例特殊种类的元族群体系

（meta-ethnic system）。① 如我们所知，种姓制度的出现基于这样的情形：原本横向联结的族群，依照仪式标准被整合进种姓的纵向等级序列当中。在本书中，法弗－扎尔内卡让我们看到，尼泊尔的印度教徒的种姓制度作为一种有收纳能力的垂直结构是如何运行的，甚至能够将非印度教信徒群体纳入中等地位群体。

对于社会整合进程中的差异性和共同性理论而言，种姓制度是一个饶有兴味的个案；在政治道德以及诸如"世界主义"（cosmopolitanism）这样的"人类学项目"（anthropological projects）中也同样令人兴趣盎然。② 这是那些令人难以保持分析距离的社会现象中的一种。它与西方自由平等的观念相抵触，并且与某些被认为或者应该被认为普世有效的人权诉求不相容。③ 读者可能期望我们会谴责种姓制度并说出这样的话：社会科学家不同于那些给植物分类的生物学家，他们不能简单地给社会形式分类，而不去反对那些不符合我们作为公民的核心价值观的内容。毕竟，社会科学的学者也是人类社会的一员。

---

① 对于"元族群的"（meta-ethnic）这一概念的解释，参见李峻石《何故为敌：族群与宗教冲突论纲》第 10 章。

② 奈杰尔·拉波特（Nigel Rapport）在一本与本书题目相关的著作（Rapport, 2012）（该书也在探讨窄范围与宽范围内的身份认同）提到政治和学术中的"世界主义项目"（cosmopolitan project），他毫不讳言"世界主义"也是他的项目。拉波特对政治的热衷，也是本书的作者们所共有的，但是本书没有他所谓的"项目"取向。这本书只想描写世界的既成情形，并不想在每个联结点上拿出一种道德立场。这份态度也不会让我们的希望化为乌有：更好地理解事物如何关联在一起，可能也会有助于去改变事物。拉波特的著作中那些规范式因素自有其理由，在设定政治目标与做道德评判方面，人类学有其自身的角色。不过，这些都不是我们要在这里凸显的。在这里，我们想要做的，是对那些实证内容进行解释而不是批判。

③ "印度种姓基于从根本上与个人主义的西方哲学不同的预设，在西方眼里就会无法理解。"（Banton，1992：74）

等级阶序、拒绝共栖生活，或者因为害怕受到玷污而拒绝触碰特定类别的同国公民，生而注定从事某种特定职业以及印度种姓思想的其他特征，很难与自由主义的西方价值观相容；要对此予以谴责，这种期待也理所当然，难以回避。这种道德强制力量的侵扰是可以理解的，甚至是无可避免的，但是这当然也会阻碍一种更为置身事外的、科学的视角——力图去发现事情是如何有效运行的，要求有暂时停止道德判断的自由。这一立场不得不承认，印度的种姓制度在其历史上，在很长时期里是一种相当和平的社会整合工具，它在许多方面发生了变化，但保留了一些基本特征。况且，其持久性并不依赖于持续使用公川的暴力。当然，人们可能会发现，"结构性的"或隐形暴力形式藏在其中，也无须将其理想化或浪漫化。民族志研究者也无须实行文化相对主义，让自己感觉不得不去热爱自己描写的对象。例如，Sharma（1994）就研究了印度种姓制度，并持有非常批判性的立场。但是，种姓制度的批评者可能也得承认，让观察者感到最引人注目的是其程度相当之高的异质性与相对之低的身体暴力这二者的组合。在某些方面，法弗－扎尔内卡的叙述让人想起利奇对缅甸高地上族群多元性以及采用可见的区分标记的族群间沟通体系的描述（Leach，1954）。尼泊尔人善于读取这些标志。除了服装和珠宝能表明婚姻状况或者族群、种姓归属以外，圈栏里的牲畜也能表明牲畜主人所属的种姓。

能够对彼此进行分类且能获取共同的归属与差异象征的元文化，这种形式的共通性非常有限。这里所需要的共通之处，并不比在那些宿敌之间、在战事中敌对者之间存在的共同之处更多。敌对者彼此之间甚至从对手那里学习，关于威胁、战术、战略他们有共同的知识，有同样的宣传形式以及展示暴力的图像形式，他们互为借鉴直到最小的细节，只是正面与负面的价值评判是反过来的：Y 对 Z 有着负面的态度，正如 Z 对 Y 一样。因此，彼此理解并不一定是彼此能合得来。

在尼泊尔，调节不同群体之间关系时最重要的因素既不是友谊也不是敌意，而是距离。阶序秩序基于这样的要求：低地位群体要回避高地位群体。长期以来，这用来生成距离，防止种姓之间的摩擦。但最近以来，低地位群体开始对此提出疑问，认为与他们连在一起的符号是贬抑性质的。因此，一种"受害者"身份生成了并被用于族群动员。但只要距离以及对差异的强调还得以保留，种姓体系显然还会在很长时间内保持稳定。

关于尼泊尔的这些调查所见，与关于印度次大陆其他地区的观察结果能够彼此呼应。明斯特尔（Daniel Münster）在调查了印度南部的一个村庄后断言，那是一个背对背，而不是面对面的社区（Münster，2007）。在他看来，村落作为一种社会单元似乎是殖民者的构建。[①]

最近，尼泊尔的种姓制度和以此为基础的政治秩序承压日甚。就共同性和差异性而言，我们可以从如下角度来解读法弗 – 扎尔内卡在本书中的文章：政府在"经由共同性而整合"的路上走得太远。高种姓的印度教象征符号以及尼泊尔语言已经主导了公共领域，其程度之烈已经足以将其他族群排斥出去。他们的语言以及宗教实践，在全国的层面上根本没有任何公共角色。作为对这种排斥的回应，低种姓成员被动员起来，重新

---

① 明斯特尔的著作相当引人注目，因为该书将"村落研究"与"后殖民主义"视角结合在一起。一般说来，在关于印度的研究中，这二者代表了相当不同的研究风格和时间段。关于这些研究风格，请参见 Berger（2012）。

引入他们的族群象征符号和实践——这些活动在私人领域、在某些地方性的环境中、在公共空间，以及全国性的框架中还都蓬勃发展。

在谈及印度种姓制度时多花费些篇幅也许不无益处，因为接下来我们要面对的问题是，能否将其应用到非洲或者非洲跨族群关系的某些类型当中。

"种姓"这一概念的问题之一是其可应用的范围。詹森（Jensen）在考察那些面对跨文化应用术语表述中的问题及可能性时，把"种姓"（caste）当成一则这样的案例，即该词经常被用于比较研究，但总是无法明确地知道它到底指的是什么。詹森写道："比如，在非洲，社会背景如此不同，几乎没有什么机会可以同印度教社会进行比较研究，因此，将'种姓'一词与那些关联语境分开之后，这个词便毫无用处。"（Jensen，1999：66；英文翻译出自本文作者）。尽管这个词源自葡萄牙语——这意味着它已经经历了一个文化迁移的进程——它已经被缩减到仅指印度的种姓，在今天的用法上，只有在那里才可用。《印度有种姓吗？》（*Ya-t-il des castes aux Indes?*）是梅亚苏（Quentin Meillassoux）一篇旧文的题目（Meillassoux，1977/1973：277–311）。梅亚苏认为阶级是一个更为重要的范畴，种姓只是一种意识形态的外表（对此的批评见 Barnett et al，1976）。但是，在一般意义上的"类似代理人"（clien-like）关系上，他确实认为（印度）与西非有相似之处。詹森在宽泛意义上采用"种姓"一词，这使得学者能将其用于印度以外的地方。他指出，在先前将该概念用于非印度文化上的尝试中，内婚制与职业专门化这些因素是核心性质的。内婚制可能需要些特别说明。在印度，女性经常可以"高攀"结婚（与地位高于自己的男性结婚），而内婚制的其他规则可能会严格将婚姻限定在族群、亚族群或者地位群体当中（在所有性别构成中都实行等婚制、内婚制）。因此，那些超越种姓区分的婚姻形式，也就明确表明了对于等级阶序的想法。在詹森的定义中，阶序以及地位与权力之间的区分——这在对印度种姓制度分析中如此显要（Dumont，1979/1966）——不再担当任何角色。印度与非印度"种姓制度"的比较分析苦于其不一致性：在印度以外，不同"种姓"之间的阶序关系经常无法像在印度那样为全部当事方至少在原则上一致接受。在中间等级之内，关于某个等级实际上高于还是低于其他等级，也会有分歧（Dumont，1979/1966：21，110f；1980：57，81）。近年来，经由亚种姓跨地区、垂直的整合而出现的阶级、世俗信念、种族观念以及"类族群"单元，提供了与那些基于血缘和仪式洁净的种姓观念有别的另类选择，来让人确立自己的身份（Barnett，1977）。但是不管怎样，至少四大种姓之间有地位差异这一基本理念，自吠陀时代就为许多印度人接受，而且还会继续被接受。"种姓"概念被应用到非洲的个案，有时候会看到在阶序秩序上有共识（比如 Haberland，1993），但是也经常能发现找不到这样的共识（比如 Amborn，2009）。

偶尔也能发现某些迹象表明，带有被设想为印度特征的种姓体系（宗教功能与统治功能有分别，仪式洁净与地位关联在一起）在印度之外也存在。比如，巴厘岛很名正言顺地被认为是"印度教"的信仰范围，在 1500 年前或者更早，印度对巴厘岛确实产生过影响。尽管如此，豪厄（Leo Howe）不得不承认，在找出这些相似性之后，他关于巴厘岛与印度种姓制度比较的立足点开始不稳，正是因为二者在阶序安排上的问题

（Howe，1987：141）。祭司、国王和修士都能成为分门独立的理想人物，每一个都构成了并行的阶序等级的基础，基于完全不同的价值标准，即神圣、王室和自我控制的标准。

奎格利（Quigley，1997）更愿意完全放弃那种线性的、梯形的等级阶序模型。这些模型掩盖了这一事实，即婆罗门和贱民彼此之间的共同之处，可能要多于与其他种姓的共同之处，因而二者并非彼此构成了两个对立的极端。按照他的说法，大量民族志观察都否认这一模式："任意地去解决这些争议……将种姓挤压为人为的垂直线，在这条线上每一种姓都比其他一个种姓或者高或者低，这完全不符合民族志的真实性"（Quigley，1997：115）。奎格利本人更倾向于同心圆模型，在这一模型中，一个人的定位与国王或者当地主导种姓之间的距离，是形成其身份的基础。地位差异确实存在，但不是在单一尺度上，因为靠近中心可以从不同侧面进行，这取决于一个人在宫廷（或者仪式焦点的所在之处）的功用（同上：116）。巴厘岛也被认为属于这种同心圆模型，在那里"中心与边缘"的范畴也能在"高与低"地位中发现类比（Parkin，1987：59，提及 Hobart，1978）。

但是，那些既能被较高等级也能被较低等级接受的地位差异需要以这种或者那种形式出现，否则，即便符合其他的定义标准，也难以说这是种姓。

我们将在下文中回到族群性与种姓这一题目，与迪阿罗（Diallo）的文章关联在一起讨论。经常被归之于种姓制度的一个方面，即规避冲突或者至少规范冲突——其手段是形成经济独特领域以及权力分化，而不是地域割裂，这在本书的其他个案研究中也能看到。

　　由于本书所选的民族志个案是为了说明理论设想，因此，这些是否为政治史意义上的最新状况或者其他类型的日常情况，都无关宏旨。在这篇导论中，我按照自己设想的比较研究思路把文章分为几个版块，各章的编排也依循这些思路。其他读者可能会看到这些文章之间的其他关联。实际上，这也是本书的"使命"所在：它提供了进行比较研究的个案，每篇文章正如一枚棋子一样，也可以被放置到不同的位置上。我避免按照地域或年代将各章分组，因为某一章所探讨的内容是非洲或者亚洲、采用的是历史上的还是最近的资料，对于我力图提出来的关于差异性和共同性的论点来说无关紧要。的确，其中的一章回溯到成吉思汗，若干章提及殖民地时代，另外一些则是 20 世纪 90 年代以及 21 世纪的"当下的民族志"。现在，我要从经济交换背景下的社会距离转移到经济与社会的不平等。

经济区分与社会阶序

　　鲁夫（Urs Peter Ruf）的文章让我们看到，在废除奴隶制之后，毛里塔尼亚的自由民与被解放者并没有形成独立单元；相反，他们继续构成社会中彼此依赖的部分。那些被解放的人口以自由民为样板取向，尽可能地模仿他们。自由民成员的地位获得提升可以从这一事实中得到证实，即那些被解放的人从来没想真正获得解放，被解放的人以自由民的尺度来衡量自己。用赛马比喻来形容的话那便是：两个群体的成员在跑同一场比赛，但是各有残疾。一个例外情况似乎是音乐领域，（如同在美国一样）奴隶和从前的奴隶发展出特殊的音乐形式，受到他人的欣赏，但这些音乐与他们自己的音乐有所不同。对这一情形，鲁夫用了"差异之内的平等"（equality within diffrence）这一表述。

在一定程度上，毛里塔尼亚社会里的自由民与被解放者可以用俗话说的"白"（white）与"黑"（black）来描写。不过，由于所谓的"黑人"包括了从前奴隶的后代以及其他并无为奴历史的低地位群体成员，这种二分并非完全合适。"白人"和"黑人"都是毛里塔尼亚社会中的组成部分，以使用阿拉伯语的哈桑尼亚方言为特征。只有在更高一级的类型层面上，对毛里塔尼亚人与非毛里塔尼亚人才有区分，后者当中包含了"其他黑人"（other blacks），即来自毛里塔尼亚的前奴隶出生地的那些西非人。但是，正如鲁夫在文中解释的那样，这些被解放者无法再回归自己的原籍，因为他们丢失了族谱和过去。

在殖民时期驻扎在毛里塔尼亚的塞内加尔步兵团（tirailleurs）成员的妻子们的情况，可以用来说明前奴隶或者奴隶后裔返回其非洲原籍的后果。当这些妇女与丈夫一起回到塞内加尔时，发现自己无法摆脱身为奴隶的污名。她们的丈夫并非不知道奴隶的制度安排，他们在自己的一夫多妻制家庭当中把从前的奴隶当二等妻子（second class wives）来对待（Ruf，1999：191，引用 McDougall，1988）。因此，"落叶归根"并不能逃离奴隶的命运，那些曾经是奴隶或者其先人为奴隶的人，在任何一个西非国家都遭到羞辱和污名化。对从前的奴隶而言，获得真正自由的唯一机会是进入自己血缘所属的群体。但是，父系继嗣群体与婚姻相连，不接受奴隶。因此，奴隶后裔能再度完全融入其出身社会的情况，只有在那些实行母系继嗣的社会当中才有可能，比如在阿散蒂人（Ashanti）人当中（Fortes，1969：147）。但是，即便这一可能性，也有赖于血缘谱系知识的连续性。

因此，被解放出来的人——包括那些被单独释放的人，以及那些仅仅由于国家法律的作用而被释放的人——除了依毛里塔尼亚的价值尺度与其他毛里塔尼亚人争夺地位之外，再别无选择。大多情况下，这会导致对过去的否定或重新解释，而不是因为对过去感到自豪并给予其更高的评价。

鲁夫的研究结果涉及上文讨论的社会距离及其战略使用问题，同时指出了性别特有的差异。对于男奴隶来说，空间距离以及具有与主人不同的专业技能，可能是其主张自身活动空间并获得一定程度社会提升的关键。例如，一个游牧社会的男奴隶可能会在绿洲负责园艺，而他的主人则在绿洲之外，只是阶段性地回到绿洲。或者，如果一个男奴隶离主人近，经常执行同类任务，比如那些关乎牲畜饲养的任务，相对而言，这也有一种获得自由的效果。然而，对于女性奴隶来说，获得提升的关键在于与主人的密切关系。如果生下主人的孩子，她可以被释放并得以提高地位。但是，与女主人在家务范围内密切合作根本没有帮助，因为女主人通常会给出详细指令，分派给女性奴隶的任务与自己的任务截然不同。正如鲁夫指出的那样，"女人（女性奴隶）在这些条件下的工作，再度制造了她们与自由女性的不同"。因此，对于男性来说，工作可能有一种解放的效果，他们独立于自己的主人而从事不同工作，或者与他们的主人完成共同的任务。妇女的工作没有这样的效果，一方面她们与女主人在空间上紧密，另一方面她们从事不同工作。

在女性奴隶与女主人之间这种无可逃避的紧密关系中，两者之间可能会产生间接的亲缘关系。如果女性奴隶给女主人的孩子哺乳，那么她就成了女主人孩子的乳母。因此，她自己的孩子——无论谁是父亲（男主人与她可能有过性接触，但她的孩子也可能来自与奴隶的婚姻）——则成为女主人孩子的乳亲。因此，尽管有着所有这些不断被标记和再生成的差异，一个自由民女性可能不得不接受离她最近的助手和持续的陪伴者——她的女奴，亦是自己孩子的乳母，自己孩子的乳兄弟的母亲——在伊斯兰教中，这种关系被认为亲密度很高，相关人之间不可以通婚和发生性关系。这使得女性奴隶成了与女主人争夺丈夫宠爱的潜在对手，甚至有可能和女主人一样成为妻室——这确实是一种非常紧密的关系。

在解释作为"武士"的奴隶与作为"学者"的奴隶之间的差异时，竞争似乎是关键。"武士"和"学者"是毛里塔尼亚"白人"社会内的两个大类别（有一点儿像种姓，但是没有明确的阶序）。毛里塔尼亚与其他伊斯兰国家不同，没有处于奴隶地位的宗教学者。学问是自由民当中学者的资本，他们把学问保留给自己。

毛里塔尼亚的男性，原本是农牧民的武士，给奴隶许多任务以便阻止他们在自己青睐的活动领域成为竞争者。奴隶是耕种者和工匠。在游牧的北方沙漠地区，奴隶比例相对较低；在南方有更多的水源、更多的固定居住区、游牧的路程比较短，这里奴隶的比例相对高，农牧民更容易与定居人口建立起网络关系，包括那些有赖于他们的人。

鲁夫对毛里塔尼亚的描述，与那些关于苏丹的游牧阿拉伯人的文献相呼应：那里的奴隶经常被释放，并被纳入阿拉伯人的继嗣群体，虽然他们经常作为有着低等地位、有较少财富的成员（Cunnison，1966：80，关于巴卡拉人的胡穆尔部族）。另一方面，被解放的奴隶在苏丹成为富人和领导人物的被保护人，加强他们的权力基础（Asad，1970：174，关于卡巴比什人）。

该项研究强调保护人与被保护人之间基于忠诚的密切关系（Asad，1970：190ff）。畜群主人与牧者的关系，不管是奴隶还是自由民，都不能以蛮力为基础。让一个人自由地活动，带上自己拥有的牲畜财富，这需要有信任。这种关系具有家庭式特征，不管牧者出身何处。因此，那类纯粹基于强行占有的奴隶制对于游牧族群来说用处不大。

鲁夫在描述前奴隶的情境时，包括在南方定居更为普遍的环境下他们对先前主人有着持续的依赖，他公开地站在前奴隶这一边，并不否认自身的平等主义精神，不管这是否有"西方的"起源。

第三章是李峻石的文章，标题为"国家认同与国家给予的身份认同"，也标志着本书的立论着重点就此转换。此后的各章，国家角色的分量要大于此前的两章。在迪阿罗（Youssouf Diallo）描述的科特迪瓦北部的个案中，国家认同城市人口，倾向于把牧民当作城市肉类市场的供给者。格拉茨（Tilo Grätz）关于贝宁北部的文章表明，国籍与享有公民权这种力量可以与其他身份认同角力。

在科特迪瓦北部，我们也看到族群间的劳动分工，每一群组都有相应的权利和技能。塞努福人（Senufo）是农夫也是大地的主人，他们可以视情况而定，允许在大地上建居住区或者撤回允许；马林凯人（Malinke）是商人；富尔贝人是受雇佣的牧民，或者是独立的半农半牧民，当塞努福人自己拥有的为数不多的牲畜出了问题时，至少当这些牲畜没有让富尔贝人放牧人饲养或者交给富尔贝人的半农半牧民照看时，他们就会找富尔贝人来咨询（Diallo & Guichard & Schlee，2000）。富尔贝人是穆斯林，他们用不着跟当地的地方神祇打交道；而这些神祇主宰着农民与他们所耕种的土地之间的关系。从某种意义上说，这与鲁夫所描述的毛里塔尼亚之情形正好相反，在那里长寿且地位较高的人是穆斯林，他们必须符合更高级、更严格的仪式要求。

就此而言，塞努福人和富尔贝人之间的关系是相辅相成的。因此，人们会认为这也会是一种相安无事的关系。但是，富尔贝人的牲畜对青苗以及储藏在田地里的收成造成破坏，让两个群体之间的关系受损。塞努福人的狩猎协会采取严厉的报复手段，如果没有国家力量站在富尔贝人一边，富尔贝人在这场冲突中无疑会弱势得多。该国南方的城市精英们乐见牛肉供应稳定，他们通过自己的政治影响来确保富尔贝人在乡村地区能继续存留下去。在加纳，农民与城市居民之间也有类似的利益冲突，导致富尔贝人被不时地驱逐回到布基纳法索（Tonah，1993：127ff）。因此，国家或其组成部分总是在跨族群体系中担当角色，不光作为一种外部因素，甚至作为融入族群力量中的一个因素，或者成为族群式界定利益群体的一个工具。

迪阿罗援引那些生活在博博人（Bobo）和布瓦（Bwa）人中间的富尔贝人的情况，作为被接纳进入农业社会的例子。新来者就成为"对责任的仪式性分工"的一部分，而这种分工是"彼此紧密依赖之基础"。形成仪式性相互依赖这一点，与我在非洲东北部不同族群中看到的"戈达"（Gada）体系异曲同工，那同样也是在一个相对平等的环境下发生的（Schlee，1998）。

回到上文关于种姓制度的讨论，迪阿罗所描述的情形与法弗－扎尔内卡所描述的种姓体系二者在很多方面的差异性要多于共同性。在外来者看来，科特迪瓦北部的族群关系可以被认为是近乎平等的。然而，当事人则仍然认为自身的社会是等级阶序社会，这种观点要比那种认为没有等级阶序、自身族群就重要性而言位置最高的看法更为常见。但无论如何，我们无法说有某一种被普遍接受的等级序列。另外一个来自西非的例子，是贝宁北部的当基塔镇（Tanguiéta），这是格拉茨撰文的研究对象（Grätz，2006）。贝宁北部在地理上位于苏丹区（Sudanic zone），因而也是族群和语言差异极大的那一带状区域的一部分。格拉茨描述了若干层面上的异质性和共同性。他描述了较大的社会经济范畴（农耕族群、经商族群、公务人员）中的语言差异以及异质性的源起。横跨这些内部差异的是若干连接元素，诸如农耕民的土生土长的话语、将全部农耕民放入单一类别的殖民地式类型化，（商人领域中的）"宗格"（zongo）的文化"以及其语言为商人通用语言的两个群体豪萨人（Hausa）和登迪人（Dendi）。在这里，富尔贝人也代表了半农半牧的做法。① 由于这些群体与不同的经济专门领域连在一起，这些大分类彼此之间是相辅相成的关系。格拉茨在当地的、地区的、国家政治行动的语境下，来研究这些确立身份的不同模式，以及这些模式不得不发生改变的方式。

格拉茨描述了不同群体的内部整合以及他们被整合进去的大类别，称之为"独特的道德场"。通过"他们之间（不成文）的契约关系，这些道德场变成了大整体的一部分。就社会与文化而言，这一大范围内的整合是有限的。它限于政治领域，即便在那里，大范围的统一性仍然是脆弱的。经济上的拆分使得多出来一个互动领域，即市场。这可能会让我们想到傅乃华

---

① 关于富尔贝人的汇聚以及他们如何融入市场和大范围的社会，参见 Bourgeot（1999），Botte & Boutrais & Schmitz（1999），Diallo & Schlee（2000）。

（J. S Furnivall）对殖民地马来亚多元社会的经典研究
（Furnivall，1944）：他发现各不相同的群体大多仅在某些节点
上互动。① 从另一个角度来看，格拉茨的一章可以与法弗 - 扎
尔内卡的那章进行比较。他发现，在贝宁北部，消费酒精饮料
和零食的地方或者咖啡屋，将穆斯林与非穆斯林区分开来，正
如关涉食物和家畜的行为是尼泊尔种姓的标记一样。

　　格拉茨对于社会身份认同持有进程式观点，这让人想到
路径依赖理论：看似微不足道的事件引发了不可逆转的进
程，由于限制了未来的选择而导致了极端的后果。他称之为
放大化。一方是农耕群体的聚合，另一方是穆斯林商人群体
"宗格"的聚合，拓宽了包容单元和包容活动，而政治
化——文化与经济上的区分变成了政治联盟的基础——给这
些身份认同以新功能和新意义，从而更进一步放大了这些身
份认同。

　　在当基塔的这些聚合性社会类别——其中的每一个都包含
多个原初族群以及出生地——就"认定身份的信息经济学"而
言也有意义，这种思考身份认同的方式还有待于进一步发展
（这一理论的开端，参见 Schlee，2010）：一种社会身份认同得
花费多少钱？显然，有吸引力的社会身份能带来特殊地位、经
济好处或者政治权力，获取这样的权利要比获取不那么有吸引
力的社会身份值得多花费一些努力。跟身份认同相连的活动，
都有其价格。一旦涉及要获取、隐藏、交流、凸显或者隐蔽某
种身份认同，或者采用某种身份认同来给自己的产品和服务做
广告，或者来查验其他人的身份认同诉求是否合理，所有这一

---

　　① 对傅乃华的批评，参见 Banton（2015：73f）。

切都要求有一定的沟通努力或者说服力（成本），① 也能带来或多或少物质上或者道德上的回报（收益）。复杂的、高度碎片化的或者鲜为人知的身份在许多语境中变得不合算。这些身份认同的沟通成本太高，而回报太低。从这一角度来看，格拉茨描述的中等维度的认定身份，让多种次级身份组合（因而变得模糊）并形成了某些简单的等同关系（也就是说，所有商人都是穆斯林，所有屠夫都是豪萨人或者改宗到那个族群里），可能会是非常可信的。

这些认定身份的形式可以追溯到殖民时期。这开辟了另一个比较研究的维度，这也在本书的讨论范围之内：这些分类是以哪些方式在政治体系之内受政治体系所塑造的？它们存在的原因是什么？在本书后面几章，汉森（Hansen）和凯泽（Kaiser）讨论了在苏联解体后的环境下，苏联时期身份认同类别的持续存在；李峻石讨论了族群类别在帝国中担当的角色。

跨国关系与越界族群

就像商品的流动一样，经济网络以及对族群和宗教的忠心也跨越国界。回到亚洲，我们发现自苏联解体以来发生了剧烈的变化，但是那种苏联的或者"后苏联"的身份认同，把俄罗斯和中亚联结起来，与其他宏大身份认同一起一直持续到现在。90 年代的贸易网络，沿着伟大的丝绸之路直接贯穿操突厥语的

---

① 认定身份的其他成本（形成身份、在身份上进行投入）有时候是金钱性质的，可能会包括获取正式的资格或者身份标志，为建立良好声誉而投资，或者摆脱负面身份认同，或者探究其他人的身份诉求以便来确证或者揭露他们——这里只列出几个例子而已。

地区以及其他地区（Kaiser，2001）。正因为如此，大卫·曼纳希利（David Menashri）主编了一本讨论这一地区的论文集，其书名为《中亚遇中东》（*Central Asia Meets the Middle East*）（Menashri，1998）。大卫·曼纳希利沿着卞尼格先（Bennigsen）和布罗萨普（Broxup）的做法（Bennigsen & Broxup，1984），将中亚穆斯林的身份认同区分为三个层级：国家之下的，依部族或者部落的；国家之上的，即在宗教上（伊斯兰教）或者族群文化上（操突厥语的），以及在国家层面上的：

> 中亚穆斯林倾向于将国家意识蔑视为"强加到人们头上的苏联产物"，其目的在于分化穆斯林地区并保证俄国的控制力。不同的是，他们断言国家之下和国家之上的身份认同在该地区是"深深地植根在文化当中的"。它们切断了苏联强加的国家划分，尽管苏联做出了各种努力（去维持）。（Menashri 1998：5）

（中亚的）塔吉克人虽然与伊斯兰世界以及那些乌兹别克语之外的其他操突厥语言的人有着深入而密切的认同（Finke，2014），但是他们并没有生活在讲突厥语、信奉伊斯兰教的世界当中，而是在小规模上整合了族群上的他者。如果说不是俄罗斯人，至少俄罗斯的语言成了小商贩和朝韩市场上的语言——朝韩市场上的确都是讲朝鲜语的人，那里售卖来自韩国、欧洲，以及日本的产品。在中亚有不少讲朝鲜语的人，如今大多都讲俄语，他们当中的老人是在斯大林时期被强行从俄国远东地区送到中亚的。

宗教上和语言上的身份认同横跨国界，是跨国空间发展的因素。在这里不光有来自德国、讲土耳其语、信仰伊斯兰教的教师（Kaiser, 2001），还有作为承包商和投资者的土耳其－德国公司。其他（即非土耳其的）德国公司和德国劳动力市场间接（通常是在不知不觉中）从这些受族群影响的经济领域中的跨国活动中受益。德国－土耳其的跨国空间已经蔓延到中亚（Faist, 2000）。俄语的广告和标志出现在伊斯坦布尔——在这里，甚至在操突厥语的人口当中，俄语也被用作通用语（Kaiser, 2001）——正如土耳其以及德国－土耳其公司在中亚的影响一样。

最近，凯泽将其研究对象的地理范围予以了扩展，并延伸了自己的观察时限。汉森和和凯泽在为本书撰写的文章中，发现存在一种令人瞩目的后苏联身份认同，至今依然在持续，这不光出现在中亚，也出现在波罗的海国家、白俄罗斯、乌克兰和摩尔多瓦以及高加索地区。他们谈到在苏联加盟共和国全部空间里的"跨社会化的网络构架"（transsociational figurations）。这似乎代表了跨连续性，也就是说，在体系改换中得以存留下来的连续性。自从苏联时代就持续下来的特征，其中就有如何去理解族群性以及与其他族群成员互动的方式。这些在俄罗斯联邦内外都在发挥作用，对多种新民族主义以及它们与其他民族主义发生关联时的角色都具有影响。这里所共有的东西，当然不是族群性，而是在元族群（meta-ethnic）层面上，即人们认可或者感知彼此的族群性或者民族性并相应地进行互动（Schlee, 2008a：10）。这些在多重族群框架下管理族群性和族群互动的方式，也许有些根基是在苏联时代，俄罗斯帝国已经对其进行了"族群－文化多元性标准化"（Schorkowitz, 2015：8）。

汉森和凯泽的研究表明，在苏联的空间内存留下来的另一共同特征，是一种非正规性文化。那些能够帮助人们应对和规避官僚主义的苏联文化实践之所以得以延续，是出于切实考虑和物质层面的激励。在苏联解体后所形成的国家贸易中，发生在后苏联空间内的贸易占很大比例，官僚管理继续让贸易以及生活中的其他方面变得困难，需要有创造性的解决途径。

正如我们所看到的那样，贸易似乎有助于维护族群上的差异，甚至对其予以强调，而不是使其变得模糊（Evers & Schrader，1994）。因此，在身份认同以及那些被认为远距离也要保持的亲属关系之外，我们在自身周围以及最密切的互动空间中，也能发现明显标记的差异。这种情形不光出现在中亚。相反，在这里我们可以看到一连串显而易见的矛盾，实际上都是社会组织的基本原则。

"差异"和"身份认同"是彼此互指的用语。我们用"身份认同"所指的，无非是差异的不存在。也就是说，在一个特定范围内，某些特征或者特征复合体是一样的。有足够多的大师和现代医学专家来讨论这一词语在"深层"心理上和存在意义上的含义，我们大可以把这些层面留给他们。郝时亚关于泰国南部的文章，描绘了在身份认同当中并不一定会出现暴力倾向（或者任何其他的感情承载），身份认同和差异能以非常不同的方式展示出来。在泰国南部北大年府（Patani）的冲突，已经发展成为当地佛教徒与当地穆斯林进行对抗的最剧烈的冲突，而在北大年府以北100英里的宋卡湖地区，基于文化传统（特别是祖先崇拜）的仪式交换在发生。郝时亚的文章也展示了身份认同与差异偶然的、具有某种矛盾性的交织。在多教派的社区，塔莫村（Ban Tamot）和华昌村（Ban Hua Chang），世界宗教被村民的能动性本土化；相反，泰国南部的文化调试了世界宗教中的某些因素。

这令人想到图勒（Tule）对于印度尼西亚东部弗洛勒斯岛（Flores）交人（Keo）社会的描绘（Tule，2004）。泰国南部的宗教体系受到互动的塑造，这也把它们与根深蒂固的地方信仰连在一起。在这里，佛教和伊斯兰教有着共同的宇宙观——其立足于生者与死者之间持续的关系——以及价值观，这允许跨宗教的婚姻以及从一个宗教改为信奉另一个宗教。改信伊斯兰教是一桩正式的事件，而改信佛教则不要求有任何正式仪式。

2015 年的难民危机中，缅甸的穆斯林乘船逃到马来西亚和印度尼西亚，或者冒着生命危险力图这样做，这种情况表明一些东南亚国家已经被等同于在那里占主导地位的宗教——缅甸和泰国等同于信仰佛教的国家，马来西亚和印度尼西亚等同于信仰伊斯兰教的国家——不管这个国家和全世界的现代主义者、带着世俗主义思想的精英以及人权领袖们，会为这一身份认同感到多么遗憾。

从双族群共存关系轴到多族群帝国

李峻石撰写的第八章，对根基性本质予以了更进一步的关注。这篇文章比较了三个有跨族群关系的双族群共存关系轴：埃塞俄比亚的阿努亚克人（Anywaa）和努尔人（Nuer）；肯尼亚的马赛伊人（Maasai）和卡姆巴人（Kamba）；俄罗斯联邦的布里亚特人（Buryat）和埃文基人（Evenki）。这些例子说明了互动的第三种形式：在敌意与和睦共存之外还存在有限互动下并非易事的共存。上文提及，法弗-扎尔内卡也强调在特定环境下有限互动与仅止于共存的重要性。她讨论到那些小心翼翼地做法，让人看到"保持距离的规则能让不同地位群体有可能共存"。李峻石采用穆提（Pius Mutie）民族志著作里的材料（Mutie，2003；2013）① 来分析马赛伊人与卡姆巴人之间的关系。我们从中知道，这里的情形与尼泊尔有所不同，整合进垂直的等级阶序体系不是这里要考虑的问题，社会距离和仅止于共存至关重要。文化差异不一定能够成为拒绝或敌意的理由，也不能成为互补与和平互动的基础。人们也完全有可能自行其是：可以同意与对方不同；可以将互动限制在某些节点上；可以和其他人生活在一起，大多数时候采取另外的生活方式。

最后一章也是由李峻石来撰写的，他把读者带回到凯泽（Kaiser，2001）以及本书中汉森和凯泽的文章关注的某些地区（中亚／土耳其）。但是，这一章的范围更广，包括了印度和非洲的一些部分，也提到了较早的历史时期。汉森和凯泽的那一章的聚焦点，是苏联和东欧社会主义解体以来的时代，世界各地开始彼此开放，某些身份认同的范围扩大甚至全球化；而李峻石的这一章则讨论了早在社会主义与现代民族主义之前的社会之形成。他回溯到帖木儿和成吉思汗，从那时到后来的近代早期以及现代的统治形式。他所关注的问题是，在一个特定的政治形式即帝国当中，如何对待差异性和共同性。对帝国的研究，可以从它们在历史上的互相关联入手。例如，钦察乌兹别克人在帖木儿的帝国和印度的莫卧儿帝国中都扮演了角色；此外，他们也是埃及马穆鲁克（Mamluk）王朝的一个重要族群成分。当然还有无处不在的英国人，他们因时而异地改变着自身的角色，他们首先是盟友，而后是雇佣兵，

① 可惜的是，穆提于2013年10月23日过世，年仅45岁。

是当地统治者顾问或者附属地，最后成了这些当地统治者的主子。在历史上，各帝国彼此取而代之，彼此借鉴的统治模式，或者彼此竞争并发动战争；或者各种做法同时采用。除此之外，它们在一定程度上可以被当成单独的案例进行比较。帝国——或者更泛泛地说统治体系——是如何衍生出来并从此前的帝国学习的，这一问题在本书涉及不多。或者说，这还是一个没有被充分讨论的话题，有待进一步研究。李峻石在这里聚焦的问题是：帝国以哪些方式把共同性和差异性用作结构性原则（structural principles）。他的目标是找出特殊类型，以便发展出一种类型学。

所有帝国共有的特征（这几乎如同一个界定性的特征）便是族群上的异质性。建立在文化同质性之上，或者希望能形成这种同质性，这是民族国家的一个特征，而不是帝国所必需的。因此，显而易见，处理差异性是帝国建造者必不可少的技能。在修辞上，差异性是帝国存在的理由；从系统的视角来看，差异性是让帝国保持在一起的黏合剂。但是，共同性也有其作用。一个相当普遍的模式似乎是：同质化力量形成一个统治阶层，统治扩张所及的人群必须一方面与统治者有所区别，另一方面彼此之间也应该有所区别。

李峻石在"国家认同与国家给予的身份认同"一章中所提出的问题，同样适用于帝国。这些问题是：谁是国家？谁认同国家？国家出于谁的利益而行动？欧亚草原上的一些早期游牧帝国，可能是纯粹掠夺性质的。每年夏天，帝国的军队从绿洲到绿洲、从城市到城市来收取贡品。纳贡可以避免遭受毁灭。纳税人（如果这种规则性低、规范水平也低的情况也能用这个词的话）除了臣服以外，没有任何理由与这样的掠夺性帝国形成身份认同。我们可以推测，这些国家或者帝国在涉及身份认同、招兵买马、排斥、包容时，都很好地遵循着"强盗团伙"模式背后的逻辑（Tilly，1985；Schlee，2008a：26）。

当谈及欧洲列强的殖民帝国时，"谁是国家？"这个问题又多了一个纽结。在殖民主义初期，荷兰东印度公司、英国东印度公司、英国南非公司和尼日尔公司等私人公司①就像国家一样征税和支付战争费用。这一"早期阶段"无法在全球时间表上予以固定。例如，英国的殖民主义在北美大部分地区业已结束，在印度却达到其顶峰，并从那里扩展到东非。这些具有早期阶段特征的公司，经常通过这样的方式将其活动合法化：以当地统治者的名义，或者声称自己在为当地统治者采取行动或者是当地统治者的盟友。例如，英国东印度公司就保留自己是莫卧儿帝国代理人和收税者这一虚构的说法。事实上，随着时间的推移，地方统治者只是大莫卧儿帝国名义上的属国而已，它们往往只是公司的傀儡。而后来，大莫卧儿帝国也遭受了与地方统治者同样的命运，成为殖民地公司的傀儡。所以，实际上，国家政权是在公司里，而不是在莫卧儿政权的空壳中。

让我们仍然以大英帝国为例："公司"与英国是什么关系？就正式的层面而言，公司获得政府许可，但公司行事代表了政府并出于政府的利益？（一个递归性质的问题，因为人们可以继续问，政府是以谁的名义在行事）。在英国，政府掌握在贵族手中。在进入工业化和全球政治和商业扩张阶段之前，在英国称得上地位和权力的是土地（英国的农业地产）和头衔。在印度快速赚钱的公司代理人存在社会身份问题。他们拼命地想要跻

① 英国东印度公司依照的上荷兰东印度公司的模式，似乎是后来在东非建立的这类公司的模型（Fergusson，2004：228）。

身贵族阶级，而贵族强烈地（在英国贵族可以做到的程度上）拒绝他们，把他们视作用可疑手段攫取财富的"暴发户"。（从贵族角度来看，合适的财富是立足于把农民从土地上赶走而获取大量地产，而不是通过对印度农民过分征税来导致饥荒，或者是以牺牲他们的印度同仁即印度贵族为代价来发战争财。）这样一来，那些"土豪"（nabobs）——在印度变得富裕的公司代理人，就力图将财富投放在英国的土地上、在购买头衔上或者与上等家庭联姻。

人们期待的是，"代理人"会出于其"委托人"的利益而行事（Coleman，1990：145-174）。公司代理人是否出于公司利益行事？我们可以像针对国家一样，针对类似国家的公司（发动战争和收税）提出这些问题：谁是公司？也就是说，从人口中的哪些部分来招募人员？公司与谁认同？谁与公司认同？谁是公司的联盟者，即那个在公司以外，与公司有互惠关系的主体是谁？

我们用不着逐一去梳理这些问题，读者可以去看历史学家的著作（Darwin，2013；Dirks，2006；Fergusson，2004；Wild，2001）。在本书的讨论背景下，也许这样说就可以了：这里存在身份认同问题，以及公司人员与股东之间的利益分化问题，因为前者倾向于把最佳生意做成私人生意，把印度统治者的豪华礼品——意在作为他们与公司关系的润滑剂——当作自己的私人物品。公司的利益不一定是英国的利益。公司的军事冒险是国库预算的潜在消耗，因为这可能导致政府的军事介入。就阶级而言，"土豪"远离工人阶级和贵族，[①] 也远离中产阶级当中

---

① Fergusson（2004：283）总结了19~20世纪之交英帝国主义高峰时期的资料，把帝国主义描述为："一种牟利工具：英国纳税人来付钱，英国士兵来打仗，只让非常少的精英层豪富们从中获益。"

的一部分人——这些人与传教士一起致力于将"异教徒"归化为基督教，并把他们提升到更高的人道水平。他们的议程与那些将差异工具化，以便为英国人统治印度人找到理由并予以实行的做法完全不同。对公司及其雇员来说，身份认同问题在英国与在印度一样非常复杂。

在本书的文章中，李峻石聚焦在被征服地域上统治者与被统治者之间的族群关系，基本上把大洋对岸殖民地"宗主国"中认定身份的问题搁置在一边。对历史上帝国治理类型的人类学思考，还是一个有待深入研究的领域，本书中的文章有抛砖引玉的意图。

1 距离与等级序列：在公共空间中 争夺族群象征符号[*]
——尼泊尔的个案研究

朱安娜·法弗-扎尔内卡（Joanna Pfaff-Czarnecka）

导 论

文化可以架起桥梁，亦能搭建不可逾越的障碍。选择哪种情形，大多取决于决策者所处的社会语境，哪怕决策者的有意识程度或许不同。这类决定很能影响人们对那些被认为"不一样的人"所采取的态度，比如，因为他们属于不同的族群或者种姓（caste）。尤其是在冲突事件中，强调差异的趋势会增加。障碍是由一些象征建构起来的，这些象征表明社会距离日益具有重要的象征符号，搭建起障碍。一种常见的选择是，寻求彼此回避的策略；另外一种可能性是，以等级序列式语言来表达差异。

---

[*] 本章的德文本完成于 2000 年，反映了 1990 ~ 2000 年尼泊尔各族群在文化上的自我主张。本章译自该文的英文译本，没有虑及 2000 年以后的新情况，因而也没有提及近年族群行动主义（ethnic activism）的范围和动力。族群行动主义继续涉入身份认同政治，且变得更为笃定，许多族群活动家们要求国家改组，以便建立族群自治区，主张实现少数族群的权利。族群活动家们与其他群体一起，在致力于推翻君主制体系，结束尼泊尔作为一个印度教国家的情况。关于毛主义复兴——他们曾经多方影响了族群活动——的重新抬头，也超出了本文的讨论范围。注脚中提到一些参考书，可供对此题目感兴趣的读者阅读参考之用。

不过，那些具有战略重要性的符号，也能在相对短的时间内获得新的含义（Elwert, 1997）。对它们的阐释有所变化，也有一种发展出新含义的趋势。在这一语境下，四个问题特别引人入胜。首先，我们必须要问的是，在社会变迁的哪类情形下——比如，族群动员处于哪个阶段——那些精心挑选的象征符号会越发被用于影响公众舆论；其次，哪些象征符号特别容易遭到政治对手的挑战，这是值得注意的；再次，以分析国家主体社会成员使用的文化资源作为背景，则有利于研究上述问题；最后，我们应该考察不同层面上的公共空间——地方的，国家的，全球的。

因此，族群是一个复杂问题。在族群动员之时，如果活动家及其追随者们要表达他们的不满，要公开展示自己的愿景和计划，他们可以选择很多可用的文化元素和宗教元素。属于特别"适合于"公共展示的那些元素是宗教符号，仪式和习俗，经由公共节庆活动而记住的历史事件，以及那些被宣称为"国家宝藏"的元素，如语言、服饰或者风俗。所有这些因素都可以被强调为正面价值，或者可能经历"换值"（transvaluation）——也就是说，得到了在某一特定语境下被视为负面的含义。后者尤其会出现于这样的时刻：那些曾经被用来形成国家统一核心、属于主导群体的文化元素，在族群动员阶段被少数族群强调成压迫的象征。相应的例子不难发现：如果一个社会在公共空间中不得不使用一种被预先确定的"全民"语言，同时少数族群的语言则被系统地忽视，族群活动家们选择语言政治与占主导地位的多数族群争执，这一场景出现的概率就会提高。其他的争夺领域，包括将政治权力仪式化的全国性节假日（Pfaff-Czarnecka, 1998）。在"应对的政治"

（politics of reaction）（Hirschman，1992）中，这是一个经常被采用的模式，被用来引导族群动员对抗国家象征符号："族群的"针对"国家的"，"多样性"针对"一体性"，"平等"针对"等级"，"寻根"运动针对"外来的"文化影响。[1] 下文，我将从这一立场出发，考察尼泊尔的族群化进程，在这一语境下，尤其是人们对于少数族群融入等级式国家结构中的历史进程做出的反应。

尼泊尔国家结构中的少数族群

自 18 世纪中叶始，在今天的尼泊尔的领土范围内发生了深刻的社会转型。[2] 随着廓尔喀帝国（始于 1744 年）的军事扩张，尼泊尔国家"统一"期间大约有 60 个政治单元——包括许多族群群体和印度教种姓——被整合到一起，加入一个新政治结构。在尼泊尔的印度教的统治者当中，一种新型社会秩序凸显出来：被集中起来的政治和经济权力大多——但并非完全地——在高种姓的印度教群体手中。社会不平等被依照印度教的等级序列规范确立下来，依照 1854 年的第一部民法（Muluki Ain）所定义的印度教等级序列标准，社会不平等被确立了下来。这一民法规定了一种"全国的"种姓秩

---

① 关于这一问题，Hirschman（1992：17）这样写道："如果我们看到这些向前和向后的行动以及应对，那么就会更钦佩怀特海那句著名的断言：'所有那些给人类文明带来重大进步的事件，都让其所在的社会几乎成为废墟。'"

② 对于这些历史进程，有大量纪录。关于一般性的历史描述，请参见 Regmi（1972；1978）；关于涉及族群多样性的政府措施，参见 Burghart（1984）；关于"国家种姓等级序列"（national caste hierarchy）的体现，参见 Höfer（1979）；关于尼泊尔的族群群体与印度教群体间关系的深远变迁，以及文化上的改变作为其结果，参见 Pfaff-Czarnecka（1989，1997，1999）。

序：所谓"再生"的印度教种姓成员在上端，低等的（"贱民"）印度教徒在低层，"族群群体"居中。① 这一立法不仅规定了集体单元的相对地位，在很大程度上也规范了单元相互间的关系。它规定了依照等级序列结构中群体地位该有的处罚、权利和义务。

表 1-1　1854 年尼泊尔的"国家"种姓等级序列

1	佩戴圣线者
2	不可奴役的饮酒者
3	可奴役的饮酒者
4	不洁,但仍可接触者
5	不可接触者

来源：Höfer（1979：45）。

1951～1990 年，特别是从 20 世纪 60 年代初以来，关于尼泊尔国家的构成，当政者的政治看法发生了转变。当政者以等级性质的种姓秩序为基础（该秩序于 1963 年大多已经从法律上被废除，但实际上却继续存在），致力于将民族国家的建成过程与现代化理念连在一起。如果说先前的体系将人口分化成按照等级序列而形成的不同种姓，它同时也表达了民众群体的多样性及其差异。不过，现代化的要求意味着要致力于强调国家的一体性，其手段是：让一切族群多样性特征

---

① 对"印度教人口"与"族群群体"予以区分，是基于尼泊尔的风俗。尼泊尔最重要的族群是尼瓦尔人（Newar）、玛嘉人（Magar）、古隆人（Gurung）、塔芒人（Tamang）、林布人（Limbu）、拉伊人（Rai）、塔卡利人（Thakali）等。参见 Gellner & Pfaff-Czarnecka & Whelpton（1997）。

（宗教上的以及语言上的）从公共视野中消失（关于排斥族群多样性的经典个案，可参见 Schlee & Werner，1996a）。任何具有族群性质的东西，都被认为是落后的——这完全是二元论观点。官方修辞中的进步理念主张国家的一体性，这要求将印度教高种姓的语言（尼泊尔语）、宗教（印度教）和风俗（服饰、仪式等）强加到整个社会。国家"属于"高种姓的印度教徒。

1990 年，尼泊尔国王比兰德拉发现，自己迫不得已得放弃某些政治特权，并宣布实行宪法制度：该宪法体现为多党制的分权体系，保证赋予民众以广泛的公民权利和政治权利。一年之前，在尼泊尔几乎没有人敢梦想这个国家会有一部让国家变成一个"多民族、多语言、民主、独立、不可分割、拥有主权的印度教君主立宪制王国"（宪法第 4 条）。由各种社会代表推动的 1990 年的运动，给少数民族事务带来了巨大的推动力。今天的尼泊尔民众利用其言论和结社的自由，成立数量众多的族群群体组织，用以公开表达他们的关切。传媒的出现（使用几种不同语言的报纸和广播电台）、许多文化项目被设立（比如民族学博物馆）以及发起广泛的讨论（也出现在政治委员会当中），这些行动都为公共领域的区分化做出了可观的贡献。这些讨论涉及单一族群的内部事务，并涉及相互间的关系：族群组织的政治代表权，对于国家财政补助的诉求，对以往不公正待遇的赔偿，或者改变权力的社会平衡。①

---

① 若干族群群体的活动家认为，他们的财产即那些在公有基础上拥有和耕种的土地，是经由诡计和欺骗手段转移到高种姓的所有者手中的（参见 Krämer，1996：217ff）。

尤其是最后一点，包含了产生冲突的潜在因素。[1] 族群活动家们将文化上重新定义国家一体性的要求与更多政治参与的诉求相连，从而顺理成章地攫取社会财富（以及外来发展援助伙伴的财政支持）中的较大份额。很多活动家认为，他们在党派政治框架下的机会太小，不足以代言他们的事务。相反，他们要求众议院里的代表要基于族群组织实行配额体系；最为极端的可能是，将国家分化成自治的族群地区。那些在相当可观的程度上限制高种姓印度教精英阶层权力资源的集体性规范，蕴含着巨大的政治爆破力。获得集体认可通常要以新的全国人口普查为前提，并在其数据基础上才可以，或者不得不重新确立少数群体和多数群体的比例关系。若干政治领袖提出的建立族群自治区域的要求，似乎尤其成问题。鉴于尼泊尔各族群人口在日常生活中混合在一起的情况，这一要求给社会带来的爆破性力量是显而易见的。

在尼泊尔，没有哪个群体人口占压倒性多数。高种姓的印度教徒是最大的群体，达到30%（低等种姓占10%左右），而各族群群体所占比例合起来略高于40%。其中有玛嘉人（约

---

① 尼泊尔文化人类学家 Bhattachan（1995：92）描绘了一幅悲观的图景："本土族群结成联盟来挑战统治阶级对国家的政治、社会、文化和经济资源的持续垄断。相似的情形是，马德西人（Madhesiya）发声反对山地民的主导地位，达利特人（即所谓的"贱民"）在与高种姓群体持续性的社会歧视进行斗争……况且，印度的印度教极端派群体（比如"湿婆军"，印度一个民族主义政党）的崛起，也为德赖平原（尼泊尔南部）的印度教徒与穆斯林之间的冲突火上浇油；印度教徒与佛教徒、印度教徒与基督教徒之间的冲突正在慢慢酝酿当中。考虑到持续的、日益增加的社会和经济不平等，尼泊尔人如今担心，他们会在不久的将来看到作为全球化进程一部分的族群冲突。"

7.2%)、尼瓦尔人（约6%）和塔芒人（约5.5%）。

本文无意于提供一份关于尼泊尔族群关系和族群冲突的分析。许多其他著作都在讨论这些问题。[①] 这里更着力描写的是身份认同政治：如今在族群动员的语境下，身份认同政治调动起很大一部分社会力量。不言而喻，少数群体政治以及代表权都直接触及国家一体性之基础这一问题，此外还展示出强大的地方成分。族群活动家们的内部讨论，部分是在似乎远离国家中心的尼泊尔村落中举行，如今也无法与公众讨论隔离开来。在不同的公共空间框架内，重要的论点以及意识形态被提出。一方面，族群的自我审视是政治沟通的一项重要"营养成分"；但是，如果不了解尼泊尔文化变革的语境，这一问题就无法很好地被理解。在这一语境下，需要说明三点。

（1）本文采用建构主义的进路，聚焦那些让族群成员形成其文化展示的文化资源（尤其参见 Calhoun，1994 以及本书的导论）。在我的论证表述中，个人或者群体会在特定时间点上特别强调来自现存文化资源中的特定价值或者标记，或者有意将其压下，为的是突显其他价值或者标记。我反对那种"一直就在那里"的本质主义观点，或者那种认为个人或者群体的身份认同基础无法进行协商的观点。我认同社会科学中广为人知的若干"真理"：人类从来都能随时发明传统（Hobsbawm & Ranger，1983），共同体倾向于"被想象出来"（Anderson，1983）。尽管如此，随心所欲的"切换"（switching）是不可能的（Elwert，1997）。文化上的重新定位在其各自的语境当中必

---

① 参见 Bhattachan（1995，1996，1998）；Gellner（1999a，1999b）；Gellner et al.（1997）；Krämer（1996）；Pfaff-Czarnecka（1997，1998，1999）。

须是有意义的，因为即便是那些打破所谓的自然而然的价值和规范的"应对的政治"（Hirschman，1992）也遵循着现存的文化资源，更有甚者，似乎得到现存文化的哺育。

不过，采用反对本质主义的立场，并不意味着大量的族群依恋的感情内容就可以不予考虑。对很多人来说，亲属关系、语言和宗教构成了其自我感知的重要基础。具有批判精神的研究者在比较基础上的论点，以及指出有赖于这些元素的身份认同所具有的建构特征，经常会与他们的研究对象所主张的真实相冲突——后者会认为只有他们自己才知道正确的情况是什么。① 即便原生性境况是建构的，② 但原生性依附是强大的——尽管这听起来似乎非常矛盾。鉴于族群动员的巨大重要性，有必要去考察为什么本质主义的身份认同在今天仍然有极大的号

---

① 社会人类学家 Bhattachan（1998：112f）在给我们编辑的论文集（Gellner et al，1997）《关于尼泊尔的民族主义和族群性》撰写的书评中，为这一冲突提供了令人印象深刻的证据："我本人属于塔卡利族群，是代表'尼泊尔民族联合会'（NEFEN）的民族发展全国委员会的成员之一，社会学与社会人类学系的成员，自该系于 1981 年成立伊始便加入其中，在西方受过社会学教育，我必须坦率地说，对这本书，我的反应和分析会是多重的：部分来自学术的视角，部分来自倡议者的视角，部分来自一位族群活动家的视角。换言之，我会主要依赖于理智、逻辑和理性，但是也包括感情……我们的族群要求不仅仅是经济与政治方面的收益。我们的要求也是为了让我们的存在本身，我们的历史、文化和宗教获得认可。"

② 参见格尔茨（Geertz，1973：259）关于原生性的观点一再地、错误地受到指责。他认为："原生性依恋所指的，是那些更确切地来自社会存在中'既有的内容'——由于文化注定会涉入这些事务，因而是设定的'既有的内容'；主要是直近血缘关系以及亲属关联，此外也包括源于出生在某一特定宗教共同体、讲某一特定语言，甚或某一语言的方言、遵守特定的社会行为等'既有性'。人们认为，这些血缘、语言、风俗及其他因素的合成体，其中蕴含着一种不可言状的、经常为压倒性的强制力，其自身也就是这样的强制力。"

召力，也许还在增加。①

（2）第二点关涉我想要集中谈及的文化动力类型。把两种现象区分开来非常重要。关于尼泊尔的民族志文献有诸多这样的例子，在过去的二百年，印度教文化和宗教元素被尼泊尔族群接受。② 接受的方式很多，其范围从皈依印度教（比如，表现为在仪式场合中采用婆罗门祭司）到对修正亲属关系体系（比如，放弃与交表亲缔结婚姻）以及学习新生产技术（比如，转向农业），不一而足。这些改变或多或少在不经意中发生，被认为是对正在发生改变的环境的适应策略，但这些改变大多在长时间内都没有被注意到。

在发生激进式社会变迁的时代里，文化动员的形式则是完全不同。本地的现实越具有变通性和混合性（Werbner，1997），族群成员在争取获得承认时关于自身身份认同持有的本真看法，就越会遭到激进的、纲领式的拒绝，或者人们转而寻求"正确的版本"。在类似时刻，族群性的话语就会寻找明晰性和大语境：印度教对抗佛教，等级序列对抗平等。此外，分类体系也形成反差（Macfarlane，1997 以及下文）。身份政治经常需要明确的议程：当族群身份认同的正确版本为公众接受时，差异和独一无二性就会越发得到强调。此外，那些（身份认同）政治得到加强，目标在于让集体权利获得

---

① 在这一语境下，Calhoun（1994：17）指出了女权主义中的一项变化，这对族群性的研究非常有意思。一些女权主义者日益认为，"冒本质主义的风险"是一种实用的选项："最简单地说，这一论点认为，当某一特定的身份认同类别受到压制、在支配话语中被剥夺了合法性和价值，一种有力的回应便是去主张该类别标记出来的所有价值，因而隐晦地以一种本质主义方式来呼唤它。"

② 关于最重要的接受内容的调查，参见 Pfaff-Czarnecka（1997）。与此同时，尼泊尔印度教所受的"族群影响"也不能被忽视。

承认——其形式可能是众议院中的政治代表，或者是政治自治的形式并要求划界。

（3）身份政治必须被放置在"私人"与"公共"的张力场中来考虑。族群动员经常以制造"私下的"公共场合为目标。在尼泊尔，少数族群的成员会回想到国家管理给自己的文化和宗教形式予以宽容的长期传统。[①] 同谁结婚、讲哪种语言、有哪种信仰，被认为是个人事务。不过，同时发生的是，这些族群元素大多都被排除在公共生活之外。只有尼泊尔语，最有权力的群体（即高种姓的印度教徒）的语言，被允许在学校、大众传媒或者在管理机构中使用。退出印度教，而改信其他宗教的行为则遭到禁止。主张国家一体性的官方修辞，公然否认尼泊尔社会显示出巨大的文化多样性这一事实。正在尼泊尔发生的争取社会承认的政治，在寻找族群的自我审视与公共展示之间的关联。这不仅关乎重新定义国家的凝聚力，也关乎公开地表明文化政治与一个社会当中那些以资源再分配为目标的其他政治直接连在一起。由于文化政治也与机构形式和程序形式紧密关联，文化-宗教事务不能强行从公共空间当中驱除；避而不谈"对国家的争夺"（struggle over the state）（Wimmer，1995）是其发展的一个重要基础，便也无法很好地理解它们。正如上文所说，本项研究不去谈及"对国家的争夺"，但关于文化政治的讨论必须考虑到这一语境。

不幸的是，只有为数不多的几个研究记录了尼泊尔不同民众群体的"共存"状态——在全国层面上，以及在地方层面上。因此，对于那些被用来规范日常生活交往以及特殊（仪式

---

① 一个重要的例外是禁止寡妇再嫁亡夫兄弟，1854 年的尼泊尔民法对实行这一婚姻习俗的群体予以明令禁止。

的）做法的符号分析，非常缺乏。直到 1990 年，官方修辞以及许多学术出版物都把尼泊尔描绘成一个跨族群和谐相处的样本，而不是在其复杂的社会结构中有着如此特征：那些争夺权力的群体处于一种危险的、部分充满敌意的共存当中。这一多族群情形经常被称为"多少个世纪以来，百花随心盛开的花园"（Sharma，1992）。

1990 年之前，社会人类学家——主要是西方的——在分析尼泊尔的族群时，没有提到他们彼此之间的争论以及与印度教群体争论所蕴含的引发冲突的潜在可能性。不过，在 1990 年之后，人类学研究的聚焦点急剧改变。从那时起，关涉边界划定和冲突爆发的族群进程的分析，在研究数量上有所增加，这至少有两个理由。

第一个原因在于新政治气候，而社会科学研究也有了新开端。直到 20 世纪 80 年代末，尼泊尔的相关人员都在积极阻止对任何能引发冲突的社会性潜在因素进行调查，尤其是那些带有族群成分的方面。第二个原因是，自 1990 年的"革命"以来，"公开的"冲突实际上是增加的。在 1990 年时人们已经有所察觉族群的不满与冲突，但导致大量政治改革的政治运动获得成功，实际上打开了族群不满的"潘多拉魔盒"，并在全国的公共领域中得到表达。在这些过程中，强有力的符号扮演了重要的角色，它们表达了抗议、对不公正的感觉，对于个人目标是什么以及该如何想象国家的一体性，展示出与此前不同的图景。族群运动尤其属意于对自身族群一体性的表达，同时也表达他们的不同本质，与其他群体的社会距离，尤其是与那些其象征占据主流的群体。几乎在全部族群当中，我们都能观察到重新考虑"他们自己的"文化价值的过程：确立那些堪为一体性基础的特征，呵护自己的文化，使其独特性为人所见。显然，这些进程并不会一直没有内部冲突（尤其参见 Gellner et al.，1997）。

尼泊尔作为族群和谐之地的幻象如此快速地被摧毁，这一事实让人对于那些关于尼泊尔社会的民族志研究之质量产生质疑（作者绝无意认为自己是例外）。一方面，上文提及的变化，都可以在斯科特的"道义经济"概念（Scott，1976）下进行分析。众所周知，斯科特已经发出警告，不要相信某些特殊表征的表面价值。少数族群的成员也曾经积极参与地方和平图景的构建——尽管许多族群领袖在今天会激烈反对这一说法，因为在一定的权力格局之下，最好要表达出同意当时行之有效的规则以及支撑其规则的符号语言。只有当政治格局发生变化时，那些所谓的——或者是实际上的，但是限于短时间段内——受到承认的符号才会成为关注的焦点。某种文化标记能够被与政治权力关联在一起的这一事实，就可以使之成为受压迫的符号，人们可以公开地为反对它而斗争。下文，我会聚焦于最近的这类事例。在讨论目前的这些文化斗争之前，有必要勾勒一下尼泊尔跨族群互动中的符号化形式。

等级序列、差异、距离：尼泊尔中部一个多族群地方社会中的符号语言

贝尔科特（Belkot）是位于尼泊尔中部的一个多种姓的村子，这一情况代表了尼泊尔的大部分山区。居民在日常交往中使用和感知到的绝大多数标记，都属于被莫里斯·布洛赫（Maurice Bloch）称为"不言自明"（"what goes without saying"）的这一类别（Bloch，1992）。当地人很少能意识到，

这些标记满足了当地对于有所区分以及保持距离的要求，早已是跨族群相遇中的隐藏议程。① 然而，目前让这些标记成为公共感知之焦点的进程刚刚启动。少数族群和低种姓的活动家们，致力于研究互动形式以及在这一进程中使用的标记。其中的一些如今被阐释为压迫的标记，或者作为地方凝聚性的不恰当表征。

在这一语境下，特别的注意力指向了等级序列语言。毫不奇怪，一个若干世纪以来为印度教价值和标准所主导的地方社会，学会了以支配和服从的方式来表达社会差异。在尼泊尔的村庄，若干种姓和族群群体紧密地生活在一起，生活在极大程度上是符号化的。许多标记被用作社会秩序的象征。此外，来访者从某些情形中可以获知打交道之人的相对地位。在十年以前，这类标记似乎还被当成自然而然的、非如此不可的。比如，在衣着和建造院落上，地位的差异明显可见。有些交往方式也可以毫无歧义地表明人的身份。其他讯息则更为隐蔽，或者只是在后来才被阐释为表达了等级序列。

人的外观是特别一目了然的标记之一。在"读出"服饰和珠宝中表达的标记方面，尼泊尔人非常在行。在日常生活中，这些讯息很少被考虑，因为人们彼此相识，谁也不需要依赖附加的信息。不过，如果外来人进入村子的地盘，马上就成为被仔细查验的对象。如果外观不能让人一目了然，那么接下来该人的情况就会被追问。不光是种姓和族群归属，婚姻状态也很重要。在女性身上，这很难被掩藏。寡妇不允许穿彩色衣服或者佩戴作为新娘在婚礼上得到的项链（pote）。同理，未婚女性不光被严格禁止佩戴项链，且通常也不能佩戴黄金首饰，而寡

---

① 我主要依靠自己的调查资料，尤其是 Pfaff-Czarnecka（1989）。

妇是可以佩戴黄金首饰的。她们的耳朵和鼻子都已经穿眼儿，洞孔放上小块饰物，为的是新娘在婚礼上能佩戴上黄金首饰。全部女性都允许装饰前额。不过，寡妇只允许佩戴金属质地的额头装饰物蒂卡（tika），这意味着她们——与未婚和已婚女性不同——必须杜绝彩色饰物。只有已婚女性可以在中分发线上使用红粉（sindur），这是已婚女性的独有标记。

其他特征则表明了族群或者种姓归属。在尼泊尔中部，高种姓成员不穿黑色衣服（男人的黑色背心是例外）——这与低种姓成员有所不同。在那里，少数族群大多数男性和女性的穿着与高种姓人相同（尽管尼瓦尔人的女性不戴鼻饰）。偶尔也能看到塔芒族群的人穿着用羊毛做成的传统服装，样式别致。1990年之前，在地区的首府总能看到公务员们嘲笑那些穿着传统服装的塔芒人。

对不同标记的使用，取决于交往是发生在公共的还是私人的空间里。在私人空间，待客是有严格规矩的。要造访高种姓的印度教教徒，来访者得受到邀请后才能进入室内，或者在屋外受到接待。在室外，任何人都可以逗留在阳台上。但如果有多个访客，那么低种姓的人（所谓的"贱民"）就得离开。那些被请进厨房进餐的人——假定他们与主人的种姓地位相同——会与主人一起在灶火旁吃饭，米饭尤其难以抵制仪式的不洁。地位较低的人必须留在通常分配给家中未行成年礼孩子的地方。地位更低的人（但是"可接触的"）在远离灶火、几乎是门槛的地方得到饭食。农户院落的外观（婆罗门种姓要遮挡通往其房屋的入口，不让路过者随机瞥见自己）、院落里饲养的牲畜（直到几年前，院落只可以饲养那些依照种姓地位主人自己可以食用的牲畜）、神圣的植物以及宗教器物的存在，都可以被理解为符号标记，或者指明家庭成员的种姓地位，或者展现为预备措施，使自己与其他群体的邻居保持距离。

人们在公共场合——在寺庙周围、办公室、学校、商店——也必须遵守相互交往规则，主要是由仪式洁净准则来决定。在提供食物的地方，这些规则尤为严格。分隔的规则必须被严格遵守，因为属于高种姓的人在进食时是不可以被接触的。对外来者而言，空间安排的改变几乎是难以察觉的，但是哪怕只要有茶水端上来，人们就会彼此拉开距离。20厘米左右的距离，对于维持仪式洁净准则就足够了。对待低种姓的人，即所谓的"贱民"的做法是非常极端的：这个群体的成员不仅得一直留在茶馆外面，给他们提供茶也要使用特殊的容器，是其他人不能使用的（Bluestain，1977）。偶尔给他们的茶也用普通的玻璃杯子，但是他们得自己洗杯子。抽香烟和水烟（hookah）清楚地表明了当事人之间的相对地位：由于唾液是被认为非常有污染力的，香烟的传递只能从高种姓成员依次到低种姓成员，最后到"贱民"的脚下。抽水烟时，谁可以使用谁的烟管中的哪一部分，都有精确的规定。

仪式为表达差异和距离提供了广阔的场域。通常在仪式场合上，空间的安排都是事先精确规定的。只有特定的人被允许去那些特别易于受到污染的地方。人的相对地位，是通过彼此间的鞠躬以及仪式标记和礼物来表达的。神圣食物的分配有特定的规则，此外，在进餐时地位差异变得明显。实际上，只有最高身份地位的人，才可以给由不同种姓人组成的群体烹饪，因此，烹饪者经常是婆罗门。高种姓的印度教徒需在经过仪式性净化的区域进食，其他种姓的成员只能在他们进食之后或者在他们的身后吃饭。"贱民"中的乐手（Damai-caste）几乎是任何仪式都不可或缺的人，他们在进餐时必须被严格隔离，因为哪怕是"贱民"的一瞥，已足以仪式性地污染婆罗门种姓进食吃的米饭。

特定的仪式场合需要进一步的预防措施。住在贝尔科特附近的婆罗门和玛嘉族群的成员，就共同使用的水源有着特殊的协议。在日常生活中，不需要有特殊规则。由于婆罗门严禁吃猪肉，当玛嘉人宰杀生猪并在仪式场合上吃肉时，他们不可以使用共同的水源。通常，用于这一目的的饮用水被储存在一个大容器里。玛嘉人用其他水源来洁净自己。这一防范措施表明，保持距离的规则可以让不同身份群体共处成为可能。这样的协议并非标记。不过，在几年之前，玛嘉人决定把这个让他们觉得不痛快的协议解读为权力落差的标记——那是对他们的轻慢。

在贝尔科特，在达善节（Dashain Festival）（亦称"杜尔迦女神节"），地位差异变得更为一目了然。节日期间，因为仪式上的劳动分工要求，大部分居民被联结在一起，但同时又因为保持距离的强行规定而被分开。直到十年前，贝尔科特达善节采用的庆祝方式包含着精致的仪式顺序，有着不同的主角。他们当中包括：

- 若干祭司，他们在这十天的节庆中需完成不同的任务
- 地方上的掌握权力者/当政者，第 10 天亲自出现
- 玛嘉人负责屠宰动物的仪式（upasye）
- 村子头人负责协调（来自尼瓦尔族群）
- 乐手以及其他人

贝尔科特的达善节活动大体上与泛印度教的杜尔迦女神节的节庆模式相符合。但另一方面，它也包括了一些当地的特殊

性以及附加到仪式活动中的特定含义（Krauskopff & Lecomte-Tilouine，1996；Pfaff-Czarnecka，1998；2012）。

在这里我无法描述整个仪式和细节，但是我们应该指出上文提到的仪式专家的合作。直到十年前，在贝尔科特庆祝的达善节是一个强调地方一体性，以及贝尔科特在尼泊尔的仪式地理景观中具有特殊意义的节日。况且，不同民众群体的成员可以用这一活动在特定的仪式场合来表达自身的意义，即首祭司可以仪式性地将自己宗族的神与杜尔迦女神更紧密地联在一起，由此强调自己的宗族在村子结构中的特殊定位。

此外，在此节日之际，不同民众群体的仪式安排以及他们的代表都被展示出来。在第10天，会有一场安排非常细致的展示，来表明居民各自的地位。在这一场景中，更重要的是政治权力而不是种姓地位。不过，直到1990年前后，政治权力完全集中在高种姓的印度教徒手中。在第10天的早上，会用一只公山羊献祭。它的头被放在盘子上，供在神庙里。婆罗门种姓的人鱼贯而入，并诵读圣书《女神颂》（Devi-Mahatmya）中的篇章。居民们聚集在神庙举行仪式的场地上。在神庙里，首祭司拜祭象征着杜尔迦女神的物品。此后，包括山羊头在内的仪式物品被拿到神庙外。首祭司在村子头人的前额点上作为仪式标记的额饰蒂卡。随后，祭司和要人之间会精心互点蒂卡并鞠躬。在这之后，村子的头人仍然是事件的中心，居民们走向他，让他给点蒂卡，向他鞠躬并奉上礼物。直到1990年前后，达善节特殊的政治重要性在于：所有村民都必须在这一场合出现在村子头人面前，依照所规定的序列向他表示敬意。在下文中我会解释，贝尔科特的达善节在今天被认为是一种权力仪式，表达了高等级的印度教徒在政治上和仪式上凌驾于少数族群的大部分成员之上。

从新视角看现存的标记符号

上述的互动形式以及采用的标记成为少数族群以及低种姓活动家的关注焦点，迄今已经有十多年。曾经被阐释为强势文化涵化进程之结果的某些东西，目前在新视角下将自身展示出来。很多因素过去长期以来被认为是平常的，甚至是自然而然的，主导群体声称那是保证社会凝聚力的文化手段，如今变成了受到仔细审视的对象，其结果经常是批评和不认可。尼泊尔不再被认为是一个滋养族群和平共存的地方，而是有着激烈文化争端的地方，对自身展示的争夺在这里爆发了。那些在 10 ~ 15 年之前似乎无可争议的标记，如今被认为是压迫、是屈从的标记，是被迫的文化接受者的象征，至少在少数族群以及低种姓活动家们的眼中如此。

过去若干年的达善节显示出人们感知中出现的变化。在1986 年，即 1990 年的政治变化之前，贝尔科特新当选的村子头人没有参加庆祝活动。这个男人是第一位塔芒族群的头人，他本人及其支持者用这一事实来解释为什么他们不参与该节日，也拒绝为庆祝活动做任何贡献：达善节是压迫少数族群的象征。在 1986 年以及随后他的任期内（下一次选举又是婆罗门胜选），来自高种姓切特里（Chetri）的村秘书代表"政治权力"。许多村民在庆祝活动的第 10 天继续出现以示忠诚，但村子的平静从那时起便受到了干扰。

令人刮目相看的是，来自塔芒族群的开明政治领导者在赢得选举之后，马上就开始撼动印度教主导的标记，而不是利用这一机会来强化自己的权力——他们本可以这样做。对于表达这类不满，塔芒族群年轻一代尤其积极参与。从那时开始，达善节被认为是印度教统治者——尼泊尔国王是政权的首领——及其代理人支配性权力的象征，后者掌握着乡村社会的权力。

按照塔芒人领导者的说法，人们参加先前的达善节庆祝活动是在表达宗教情感。此外，世俗权力能够得到宗教方面的支持。数十年来，当地人被要求通过显示自己的屈从来理解这一事实。在场的要人们公务员、祭司以及有影响的家庭把达善节当成表明忠心的一种手段，同时也展示他们就在权力的左右：在第10天，给地方统治者致敬的仪节安排中他们的顺序在先，地位较低的当地民众则必须等待。他们的出现被解读为是对这一社会秩序的默认。每个人都被迫参与、鞠躬并围观——简言之，就是为了庆典而提供观众。这些人不仅仅是应邀而来的宾客，他们的在场更多是迫不得已，更何况他们被要求成为仪式秩序形成的一环，其方式为不得不遵循那些既定的规则，接受支配、表示屈从并保持距离。低等级人群在适当距离之外的在场，只在表明那些位于庆典前台、站在聚光灯下的人物有着怎样的重要性。

1962年以后，高种姓的代表不再是被任命而是被选举出来的——利用传统仪式形式来突显自身的地位，而塔芒人领导者如今致力于彻底废止达善节。在1980年代末期，贝尔科特的塔芒人有意识地做出决定来彻底废除这种权力象征，哪怕这时他们已经获得政治权力，能够利用这一仪式来表达自己的政治优势地位。但是，他们要强调这一事实：达善节不光支撑着一个僵化的政治秩序，同时这个节日也表明了少数群体在印度教种姓体系中的族群劣势；他们的意图，更多地要对整个仪式体系进行抵制。值得注意的是，这一强有力的姿态代表了一种要反击 200 多年传统的尝试，而在这一传统中，印度教的支配性权势以牺牲少数族群为代价而得到扩展。应该补充指出的是，在 20 世纪 80 年代，在这个国家的其他地区也暴发了反对达善节的族群抗议活动，主要是由宗教运动发起的（Paul，1989），非印度教的活动家们致力于阻止那些以动物献祭、举行洁净仪式的行为——该仪式要通过祭祀来洗清尼泊尔王国之罪（Hangen，2005）。

　　针对达善节的劲员并非孤立现象。在尼泊尔的大部分地区，冲突的爆发越发频繁，文化和宗教的既往规则遭到撼动。有这样的例子：低种姓的印度教徒对自己在茶馆里被隔离、必须自己去清洗用具的习俗的抵制日益激烈。① 许多村庄的居民也赋予服饰更多的象征性价值，他们穿传统服装的做法又日渐多起来，这不光要展示对自身族群文化的回忆，也展示了他们要发扬本地手工技艺的努力。在整个尼泊尔都可以观察到我称之为"出走南亚"（exodus out of South Asia）的情形。这个说法指的是，少数族群的民众有意地背离印度教以及由此衍生出来的各种文化形式。这种背离的出现有两种方式：其一，努力从自身的习俗中革除印度教的影响，以及更为清晰地强调非印度教的元素；其二，在话语上，毫不含糊地反对将尼泊尔的族群群体当作南亚泛印度教世界中的一个组成部分。在第二种方式中，持这一论点的族群活动家显然部分采纳了人类学家的论证路线。这些进程最重要的特点是，意在从族群风俗中革除印度教的影响。麦克法兰（Alan Macfarlane）关于古隆（Gurung）族群在

---

① 电影《玉米》（*Makai*）记录了尼泊尔中部另外一个村庄中发生的这一类型的冲突（Garlinski & Bieri，1991）。

这方面活动的报告尤其引人入胜（Macfarlane，1997）。[①] 他的报告主要集中在两个领域，目前被古隆人认为特别重要。首先，人们对于记载族群历史的编年大事记有着日益浓厚的兴趣；其次，他揭示出一种关于个人社会结构的新视角，并将其展示给学术界。这两种努力密切关联在一起，因为这也被认为是在批判婆罗门种姓的行为——古隆人认为，婆罗门篡改了他们的习俗。这一指责，如今被一些过于依赖族群活动家提供信息的研究者不加批判地接受。在这方面，古隆人的族群活动家加入了一个在尼泊尔可以普遍观察到的趋势：指责婆罗门祭司篡改族群编年史（vamsavalis）。此外他们也声称，在对族群文化的等级式描述（比如，在民族学研究当中）里，婆罗门也曾主动添油加醋，尽管这些族群文化实际上有着强调平等的本质——这是总体上的调门。

1992 年 3 月 13 日，麦克法兰教授在他剑桥大学的办公室里收到一封来自位于尼泊尔西部的城市博卡拉（Pokhara）的传真，上面有着古隆族群活动家的签字。这封信告知麦克法兰一个事实：在一个全国性的古隆人（Gurung）集会上通过了几项决议，其中尤为突出的几点是：

（1）迄今为止，古隆人的历史一直由婆罗门书写并遭到歪曲；

（2）古隆部族没有高低等级之分；

（3）古隆人的传统神职人员是苯教的帕秋（pachyu）和卡布里（klabri），佛教的喇嘛是后来才参与其中。

这里包含的几个方面尤为值得关注。在这一时期，古隆人

---

① 作为比较，也参见 Krämer（1996），Campbell（1997），Gaenszle（1997）和 Russell（1997）。

非常明确地反对那种认为他们的社会并非依照平等原则组织起来的想法。族群活动家用来支撑自身观点的论据是：在古隆人的婚姻文化里，父系和母系交表亲都被允许通婚。"出走南亚"在对编年史的修订中得到表达。族群活动家坚持认为他们并非从印度移居到尼泊尔，而是来自蒙古，并在那里接受了苯教。更有意思的是族群活动家与（外国）学者之间的关系。麦克法兰和他的妻子萨拉·哈里森（Sarah Harrisson）之所以会收到这份传真，其原因之一是当时俩人正在将皮奈德（Bernard Pignède）关于古隆人的著作从法文翻译成英文。族群活动家指责皮奈德从南亚视角来分析他们的文化，其结果便是将婆罗门的观点加之于古隆人身上。活动家强调说，皮奈德是路易·杜蒙（Louis Dumont）的学生，而后者是透过印度教及其价值和规范这一棱镜来审视南亚的一切的（Dumont，1979/1966）。

如果将古隆族群活动家目前的努力与上文描述的日常交往中使用的标记进行比较，我们会想到两个问题。首先，非常清楚的是，许多今天受到批判性审视的行为，在20年以前根本不是公共问题。当然，私下里的批评或者不满情绪在累积，但是人们迟疑于将这些问题公之于众。人们可能会以为在1990年以前没有公开的冲突，但对于这样的说法应谨慎为好。公开的冲突不曾存在？或者更多的是，西方的社会人类学家和尼泊尔的本地人干脆就未曾注意到这些问题，或者甚至根本不想去注意这些问题（Dahal，1993）？毕竟，有一些冲突被记录下来：笔者关于达善节冲突的报告，电影《玉米》（*Makai*）和保罗先生（Jürgen Paul）亦曾观察，佛教徒对动物献祭持否定态度。鉴于1990年以后族群动员的大量努力，这些早期的观察显得非常单薄。

其次，人们选取了新重点来定义文化以及感知个体符号的意义。十年前被认为是自然而然的东西，如今获得了新含义；从前几乎没有被注意到的标记，如今在身份政治中显现为新型的、重要的手段。我在上文描述的作为"和平共存的模式"，从今天的角度看似乎那是对某种特定权力模式的天真涂鸦：这一模式让统治者维持高种姓的印度教教徒的霸权主张，并强迫地方社会遵循他们的统治规则。今天，象征符号成为激烈角斗场中的武器。在整个尼泊尔都能观察到少数族群改革运动具有某种一致性；它们也都遵循一个相似模式，这难以被无视：重新发现族群的编年史；"寻根"运动；在公众场合展示本族群形象时，强调其平等性。

文化生产、改革、应对以及国际社会在其中的角色

族群活动家何以愿意批判性地审视那些被采用的象征符号？在尼泊尔，族群动员的重要性正日益增加，族群性——至少在动员的初始阶段——总是伴随着对象征符号的争夺（Pfaff-Czarnecka et al.，2007）。某个标记越适于用来象征内部的凝聚力，同时又能标记出差异，该标记被用于政治表征的概率就越大。战略上的重要性被分配给那些同时能明示团体凝聚力（正向的）以及与"他者"相区分（负向的）的符号。此外，如果公众得以在大范围获取该符号，其效果就会特别显著。① 因此，符号使用上的变化以及确立新取向的立法等问题，都直接触及族群动员的进程。

对于全国层面上顺延下来的文化资源要进行检视评判——

① 过去几十年中最为著名的标记，可能非波兰"团结工会"的图标字母（Solidarność）莫属。

这是我们一开始提出的问题——以及族群活动家坚持要求使族群符号在公众中亮相，这些情况都表明：在尼泊尔，族群动员是近来才有的社会现象。在未来，文化政治是否仍然具有优先地位，或者族群活动家是否会日益集中在其他社会资源上，取决于人们是否能找到令人满意的文化折中途径（Wimmer，1995），以及族群活动家是否能动员起他们的支持者来进行分配斗争。因为公共空间的文化增益，并不能遏止少数族群的不满。目前，文化和宗教是族群动员的两大特点。

今天我们仍然无法预言，族群活动家影响身份认同政治的广泛努力会以何种方式形塑尼泊尔国家统一的新理解。对自身文化兴趣的日益增加，追寻自身的由来以及"正确的"版本，新的文化项目（比如要给那些尚无文字的族群语言找到文字的努力），对于一般意义上的文化以及特定的民族文化、文化比较与文化竞争的公众讨论，在一定程度上都可以被视为对先前轻慢少数群体文化以及对从前统治者要遏制尼泊尔族群多样性的反应。某种程度上，这些动作可被视为战术行动，亦是知识分子在处理自身所处共同体之根基时的新维度。

人们应该可以很清楚地看到，如今的尼泊尔哪类象征符号特别容易受到挑战：族群活动家的不满指向印度教的统治地位，尤其是高种姓印度教徒的相关仪式和风俗。然而，用上述提及的例子指出这种强烈的文化—宗教上的"抵制"，并不意味着整个尼泊尔社会都致力于改革，该进程可以被归结为一个简单的公式：拒绝印度教，走向族群团结。在这个国家的大部分地区，人们对于印度教统治地位的反应究竟如何，我们所知并不充分。比如，不可否认的是一些重要的抗议趋势，尤其是我将其归类为毛主义运动的抗议活动于 1996 ~ 2006 年在尼泊尔的许多地区不断升级，这难以被归因于族群不满，却助长了族群动员。其他冲突发生在正规的竞选活动背景下，在尼泊尔这超越了族群的分界线。因此，在做出"对于印度教霸权有着普遍的族群反应"这一判断时，还需慎言。族群之间的斗争在国家中部激烈展开。首先，那里的族群活动家直接面对的问题是，缺乏国家资源的获取渠道，尤其是那些在政界和行政管理中的重要岗位；其次，他们已经造就了一批强有力的公众；最后，他们能够与其他群体的活动分子相协调以实践自己的项目，尽管这种协调会异常困难。

比如，仅仅因为广泛的合作努力，才有可能在加德满都建立一座博物馆，让全国各族群都得到展示。正在进行的人口普查对族群归属非常重视，这也是不同的活动家和组织联合努力的结果——他们有时单独出现在公众面前，有时被"尼泊尔民族联盟"（简称 NEFIN，从前为 NEFEN——the Nepal Federation of Nationalities）代表。成立一家联合组织清楚地表明，单一族群组织早已意识到，只有通过联合行动，他们才能够从占支配地位的群体手中赢得地盘。尼泊尔的少数族群、低种姓以及宗教少数派群体，已经成立了几十个只有若干成员的小型组织，其中最为人知的是"尼泊尔玛嘉人协会"（Nepal Magar Association）、"尼泊尔塔芒人协会"（Nepal Tamang Association）、塔卡利人服务委员会（Thakali Services Committee）、尼泊尔登山向导协会（Nepal Sherpa Association）以及"尼瓦尔人语言联合委员会"（Newar Language Joint Committee）（Whelpton & Gellner & Pfaff-Czarnecka，2008）。[①] 他们的活动以多种方式展示在公共领域，

———————————

① 更详细的名单，也包括尼泊尔语的名称，也可见于 Krämer（1996：390f）。

对族群事务公开协商、媒体产品以及族群组织新成立的广播电台数量日益增多这一事实，表明了这种新型的公开性。

为了理解象征化目前具有的形式，提及讨论的公共本质就非常重要。尼泊尔民主化的高度不连贯进程以及关乎社会发展的努力，在这一语境中构成了重要的结构性条件。1990年春，动荡后半年即生效的新宪法（1990年11月9日），体现了广泛的政治权利和公民权利，尼泊尔的少数族群也经常使用这些权利。比如，在多党政治以及公民社会网络日益密集的语境下，人们对政治参与的要求反映在关于社会话题的讨论中：在今天，这些讨论不光采用不同语言、强调不同的价值态度，还精确地包含了要促进族群多样性的要求。活动家们认为，文化政策的细化处理既是族群人口日益参与社会决策制定和再分配的指向，又是其条件。

然而，鉴于尼泊尔公共事务中族群事务日益增加，这些努力的影响程度就被提出。多大比例的族群人口真正得以介入文化政策？偏僻喜马拉雅山谷中的农民，在多大程度上知晓那些自我任命的领导者所断言和诉求的话题？通常，教师和经验丰富的"意见领袖"谙熟于形成意见以及在本国、有时候在国际公众中当下通行的价值观，正是他们在表述并传递着本地的目标，他们参与调整象征符号，以便能够为广大受众阅读和理解。因此，毫不奇怪，大多数族群活动家采用类似的方法。比如，书写编年史，在大多数族群运动中突然普遍地扩散开来。

一旦关于文化形式的讨论公开举行，由于那些考虑到公众（认知）而做的文化"翻译"，失去文化特殊性的风险就日益增加。实际上，在什么才是其自身文化或者宗教的正确表述这一问题上，族群活动家经常陷入某种高度冲突的内部讨论。比如，老式精英（许多为祭司）和新式精英（许多为教师）彼此争论，在某些萨满教仪式中举行的血祭是否还能与现代要求兼容。查尔斯·兰博（Charles Ramble）观察到，许多族群活动家认为，没有血祭的萨满教是一种进步取向（Ramble，1997）。同一族群的其他成员认为，血祭恰是仪式的本质所在。因此，大多数关于文化内容的争论发生在纯粹主义者和改良主义者之间。

并不罕见的是，在文化上对特殊之处的追寻——族群回顾正是以此为取向的——反倒终结于让自身适应其他少数族群或者全国大环境。不同活动家采取的都是与人所共知的模式相符的做法，不仅如此，他们与自己要反抗的、先前通行的价值观和规则画出界线的做法，也会导致"我们"群体的形成。全国性的舞台被样板所占据，这些人发出的讯息很容易影响到活动家。当一个群体的活动家采纳了一种尺度而获得成功，其他活动家紧随其后的概率就会增加。所有少数群体参加共同的项目对族群活动家而言当然有好处：可以设立全国少数族群博物馆，可以进行人口普查，确立人口数量比例，这会在以后的代表配额方面派上用场。动员反对印度教的统治行为（比如，在学校里强制性地学习梵文），为尼泊尔的少数族群和宗教少数派提供了一个重要的联合基础。

最后，要想理解族群动员，重要的是知道这些讯息以谁为目标。尼泊尔目前正在形成的公共空间，是一个被争夺的社会场域。极为多样的组织和意见的存在，绝不能模糊这一事实：尼泊尔的新多元主义，以不平等为其特征。主导公共空间的力量，能阻止行动者把自己的事务和内容讯息传达给公众，对政治议程的控制权也遭到激烈争夺（另见 Lukes，1974：21ff）。这些情况并不会因为这一事实而有所改变：定义尼泊尔公共空间话题的，不光是国家利益，也有国际行动者及其事务。更多的是，国际行动者——发展援助合作的专家（Burkert，1997）、国际资本、游客、西方宗教信徒也介入表述目标制定以及引入国际公认的价值观。

由尼泊尔的社会人类学家比斯塔（Dor Bahadur Bista）发起的、目前关于特定族群的优胜角色的讨论，在社会发展进程中仍然有其特殊地位。比斯塔于1991年在其著作《宿命论与发展》（*Fatalism and Development*）中提出印度教徒因为其自私而宿命论的态度无法促进尼泊尔的发展，这一论点在当时引发了一场中等规模的社会舆论风暴。按照比斯塔的说法，（促进尼泊尔发展的）这一角色只好落在众多非印度教、有着合作精神的族群群体上。比斯塔的论点以及由此引发的争论表明，集体身份认同已经成为一种资源，尽管／或者这一概念具有一定的模糊性。具有各方都能接受的形式，这是体面的事情。

在相互协商中，国际或者国家层面上的行动者认可或者青睐的某些特殊价值，经常会由此产生信号式效应。自1990年代初，诸如社区、平等、小规模性、地方性这样的价值，已经获得了特别正面的含义。简言之，在发展话语以及西方本真性梦想中给予高度重视的，正是尼泊尔的少数族群在自身表征中不得已呈现的那些因素。意义的公共产出，受制于如此复杂的意见形成过程，并提供了多方面的文化资源。这一事实也许不光让西方研究者大感意外，连那些正在重新定位自身的尼泊尔少数族群成员亦是如此。

2 经由差异的身份认同：毛里塔尼亚先前奴隶的社会整合

乌尔斯·彼得·鲁夫（Urs Peter Ruf）

奴隶与主人的关系有一种特殊的魔力。通常，人们会普遍把奴隶—主人理解为最古老的人剥削人之形式。"蓄奴"（slavery）作为一种制度早已被废止，但该词令人联想到的内容不会就此消失。相反，所谓的历史距离使奴隶制看起来更加奇异。"蓄奴"是非人性的极致，是彻底制度化剥削的表达形式；对于任何将自身视为现代社会一分子的社会而言，"蓄奴"这一概念都蕴含着一种本质性的含义：它描述了自身的对立面。从这一视角出发就可以理解，为什么目前的强依附形式经常被拿来与"蓄奴"相提并论。非人的生活条件与经济剥削和人身依附系统地组合在一起——这些在全球化的时代并没有进入灭绝的进程，人权群体尤其会讲那些让人目不忍视、耳不忍闻的例子，被谴责为"蓄奴"的现代形式以及如同"蓄奴"一样的情形。① 在媒体这样来理解"蓄奴"的背景下，考虑到媒体报道的语境重构，任何关于我们时代继续存在着"蓄奴"情况的

---

① 这类论证的典型方式，也是"反奴隶制国际组织"展示自身的方式（http://www.antislavery.org/english/）。虽然它关注奴隶制继续存在的问题（1988 年的"反奴隶制奖"便授予毛里塔尼亚人权活动家 Cheikh Saad Bouh Kamara 教授。亦参见 Mercer, 1982），但是，今天其工作的主要焦点是"现代奴隶制"：童工、卖身为奴、对儿童的性剥削，以及买卖妇女。

报道都是具有爆炸性的材料。按照众多媒体和人权组织的说法，对人和生命进行买卖、没有人身自由等行为在某些国家仍是当下的事实，而非来自遥远的往昔。

苏丹和毛里塔尼亚位于这类指责的核心。不过，这二者有所不同。苏丹政府明确受到谴责：苏丹政府在造成国家分裂的内战中，就算实际上并没有把掠人为奴当作一种恐怖手段来使用，它至少容忍了将该国南部地区的居民（尤其是女人和儿童）变为奴隶的行为。[①]受害者与作恶者的角色似乎也泾渭分明：掠夺成性的讲阿拉伯语、信奉伊斯兰教的军人和民兵，在这个国家的南部掠夺和绑架人口，作为受害者的当地居民是本土宗教信奉者和基督徒。

在毛里塔尼亚，奴隶和主人之间的界线并不太符合这一阐释类型。几个世纪以来，西萨赫勒（the Western Sahel）地区几乎完全被伊斯兰化。因此，北方的、讲阿拉伯语的非洲与撒哈拉以南非洲之间的分界线贯穿现代的毛里塔尼亚，因此这条分界线不能被当成伊斯兰教和非伊斯兰教的分界线。这不是一个恰切的例子以证明预设中伊斯兰教的好战特性，至少在西欧的语境中，人们对毛里塔尼亚奴隶制问题的兴趣远不如对苏丹。[②]

---

① 《苏丹的猎奴者》是一部由 Stefan Schaaf 于 1988 年制作的电影，版权方为德国西南广播公司（Südwestfunk）。关于这一问题，近年的通俗出版物似乎都基于同一个单一资料源："国际基督教团结组织"（Christian Solidarity International，简称 CSI），最近更名为"全球基督教团结组织"（Christian Solidarity Worldwide，参见 http://www.csw.org.uk/home.htm）。然而，关于苏丹人身依附关系之复兴的最初资料来源于本国，对问题的展示也采取了更为精确区分的方式（参见 De Waal, 1997）。

② 在美国的情况有所不同，因为非洲黑人作为受害者与"阿拉伯人"作为犯罪人之间的区分，足以唤起人们对本国奴隶制的历史记忆。尽管如此，非洲裔美国人的反应并不总是消极的，因为在黑人群体中有基督教徒、穆斯林和犹太人，对于像苏丹和毛里塔尼亚等国家也具有不同程度的亲和力（参见 Gregory, 1996）。

那么，对毛里塔尼亚持续蓄奴的指控背后到底是什么呢？从历史和当下入手来勾勒这一情况，正是本文的目的之一。我也会考察，在毛里塔尼亚社会内划出严格的社会边界，是如何推进了社会整合以及身份认同的发展。

毛里塔尼亚奴隶制的过去与现在

"如果一个阿拉伯人连一个黑奴都没有的话，那么他就是真穷"，索涅尔（Saugnier）在总结蓄奴对于游牧的摩尔人之重要性时曾经这样写道（Saugnier & Brisson, 1969/1792: 99）。他知道自己在说什么，因为在1784年被困西撒哈拉海岸后，他自己曾经做了三个月左右的奴隶。[①] 因此，我们有一些理由相信，在西撒哈拉的游牧居民当中，普遍蓄奴的情形也与之类似并实行了几个世纪。有许多资料表明，在撒哈拉沙漠的南北边缘地带以及撒哈拉以南地区的定居居民当中，情况亦是如此。[②]

为补充饮食，游牧民需要农产品，尤其是粮食。他们通过贸易获取这些东西，例如用奴隶或者纳贡者在撒哈拉沙漠开采

[①] 当索涅尔先生的后续主人将他带到盖勒敏（Goulimine，位于摩洛哥的南部）后，他再度获得自由。那里有个中介人受法国领事处的委托确认遭遇船难的人，并谈判让他们获得自由（参见 Barbier, 1984: 30）。

[②] 伊本·豪盖勒（Ibn Hawqal）在947～951年前往马格里布地区，报告了来自苏丹的重要奴隶贸易（主要是女孩和妇女）（参见 Levtzion & Hopkins, 1981: 47 中关于伊本·豪盖勒的部分）。阿巴克里（Al-Bakri, 于1094年去世）描述了奥达戈斯特（当时是西撒哈拉南部边缘最重要的商业中心，其经济活动与该地区的游牧民族密切相关，其位置在今天的毛里塔尼亚）要求的女奴隶的质量（参见 Levtzion & Hopkins, 1981: 68 中关于阿巴克里的部分）。因此，我们可以这样推测：奥达戈斯特精耕细作的绿洲农业本质上是基于从苏丹进口的奴隶（参见 McDougall, 1985a: 12）。

的石盐，或用各种畜牧业产品来交换。与此同时，游牧民的流动性程度高，这使得他们在面对定居人群时具有军事优势。由于这个原因，他们能够把自己控制的地域扩展到大草原的农业区域。这样一来，农民与游牧民之间交换物品的互惠形式就可能转化为等级序列关系。除了从自由的定居民群体中收集纳贡品之外，政治上的支配地位允许游牧民置办自己的奴隶，后者虽然在生活和经济方面都可自主行动，但是被迫将农业产出中的一部分留给主子（Baier & Lovejoy，1977；McDougall，1985a：18）。①

跨撒哈拉沙漠的人口交易可能在 10 世纪之前已繁荣，这导致在牧业、游牧社会中有奴隶存在，牧业社会让奴隶在自身领地中的某些地区以及萨赫勒地带的北方边境地区开辟定居农业，这些情况本身都不能解释在西撒哈拉地区过去有很大的人口比例是奴隶，而且在部分地区至今依然如此。认真地评判奴隶的人口构成，以及在此基础上分析摩尔人社会里奴隶的任务和社会地位，有助于我们初步认识这些问题。

奴隶的人口状况

尽管缺乏前殖民地时期的精确数据，但是这一时期的各种报告表明当时存在着大量奴隶。宗主国的殖民地管理当局自 20

---

① 撒哈拉牧区的迁徙牧民将自己的地域扩展到非洲大草原农耕区的情况，在图瓦雷克人（Tuareg）的个案中尤为清楚。从被征服者的角度对其统治进行描述的材料，可以在 Sardan（1976）中找到。在摩尔人当中，也存在着可以与之相比的权力上的差异，尤其是在特拉扎（Trarza）酋长国与今天塞内加尔境内的瓦罗（Waalo）地区之间，以及卜拉克纳（Brakna）酋长国与南部毗邻地区之间（Barry，1972：199；Taylor，1996：47ff）。

世纪初开始收集的统计材料，可以让我们对这一问题有更为深入的了解。据此数据，1957 年，在游牧于干旱的北部、专门饲养骆驼的小群体 Ideybussât 的人口当中，有 11% 是 "奴隶"（'abîd）和被释放的奴隶 "哈拉廷"（harâtîn），而在几乎完全定居的 Awlâd Mbarek 人当中，奴隶所占总人口比例占为 80%。[①]这一数据表明，在摩尔人的部落当中，奴隶以及被释放的奴隶（sûdân）人口所具有的重要性曾经有很大差异。这些差异主要归因于不同的专门化经济。在高度流动的游牧民当中，奴隶的数目相对少，而那些在以农业为主的地区居住的部落群体，其人口大多数居然都是奴隶。不过，这两种格局的理想化类型样本都相对罕见。大多数摩尔人专门饲养牛、山羊和绵羊，这不仅因为他们靠近塞内加尔河，也因为在塔兰特（Tagant）平原上有一种称为 "塔布里特"（tabûrit）的疾病，经由蚊子传播，与昏睡病相似——使摩尔人无法饲养骆驼（参见 Toupet，1958：81）。大多数摩尔人游牧民采取了在小范围空间、有固定的牧场迁移路线的策略，与那些以饲养骆驼为核心的典型游牧民有所不同，后者的典型做法是漂泊无定地寻找牧场。偶尔种植小米和高粱，甚至能让摩尔人优先考虑定居而不是迁徙（Bonte，1986；Ruf，1995：128f）。

在土地利用形式类似的地方，不同统计数字中出现了相对同质性的情况。依照这些数据，在摩尔人的整体人口当中，"奴隶和被解放的奴隶"（sûdân）占人口总数的 1/3 左右。比如，在阿萨巴（Assaba）地区 1950 年的全部人口当中，32% 被记录

---

① Commandant de Cercle du Hodh, I. Bastouil, Aioun el Atrouss, 25 May 1959：*Étude sur la population noire dans la subdivision d'Aioun el Atrouss*：毛里塔尼亚国家档案馆资料（没有档案编号），由 Meskerem Brhane 提供给我使用。

为"奴隶以及被解放的奴隶"（Munier，1952：40）；按照1950年的官方统计数字，其比例在莫迪利亚（Moudjéria）地区所有部落中平均为33%。[①] 这些来自当时仍然主要为牧区的数字，无论如何要比1965年的全国官方估算的数字要低很多，后者是最后一次将人口数量依照身份来划分。按照这一统计数据，在全部摩尔人人口中，奴隶和"被释放的奴隶"（harâtîn）所占的比例高达43%（参见SEDES研究结果的文献，转引自Davis，1997：96）。这一数据提供了"白摩尔人"（bidhân）和"黑摩尔人"（sûdân）数额比例上的一个很好的指标。[②] 很多细节能够帮助我们更为深入地了解摩尔人的蓄奴实践，我将在下文对此进行讨论。

精细区分：武士的奴隶与学者的奴隶

在上文提及的莫迪利亚区统计数据中，区分在单一部落中奴隶比例差异的一个重要标准是，该部落属于武士类别（hassân）还是学者类别（zwâya）。在由塔岗地区（Tagant）的酋长为首领的武士部落联盟当中的阿巴卡（Abakak）部落，奴隶的人数所占比例仅为26%左右，在学者类别部落塔尔科兹（Tarkoz）这一比例是39%，而在这一地区的某些其他部落里，其比例还要更高一些。这些差异反映了这两类部落在政治-经济结构上的差异。在前殖民地时期的摩尔人社会里，

---

① 数据来自 Rapport politique, année 1950, Tableau de population, TOM de la Mauritanie, Cercle du Tagant, Subdivision de Moudjéria。该文献由 Roger Botte 提供给我使用，我曾经对此有所记录（Ruf, 1999：118）。

② 包含在 bidhân 和 sûdân 两个词中"白"和"黑"的含义，是形成区分的社会标记。许多出身高贵的摩尔人肤色深黑，而一部分 sûdân 的肤色则要浅很多。

武士实行地域控制和经济控制。武士在军事上的潜在力量，使得他们能够在一定程度上保护部落、学者群体以及纳贡者不受其他部落的袭击——他们要求因为自己提供这种服务而获得特权或者贡品。学者则构成了武士力量的对立一端。学者在数量上占据优势，除控制着精神领域之外，还控制着土地所有权，是摩尔人牧业和贸易经济的支柱（Bonte，1988：175）。

尽管这里所描述的武士与学者的区分，或多或少只表明了部落群体的取向，而非分类上的对立（有许多部落可以被归属到这两种群体，同样也有身份转换的情况），然而这对于理解摩尔人社会不同蓄奴背景之发展还是重要的。武士从事的生产性活动要少得多，这持续地影响到其奴隶们的工作范围。除了放牧和给牲畜饮水之外，奴隶们在冲突当中也大量被用于充当步兵，或者作为主人的亲信。在学者取向的部落当中，奴隶被提升到可与之比肩的、有影响的位置则要困难得多。对他们的主人来说，从不自由的劳动力当中获取经济收益是明确的主要考量。同时，学者与奴隶之间的象征性距离也要比武士与奴隶之间的距离更远。直到今天，许多"白摩尔人"还难以接受那些奴隶以及被解放的奴隶"哈拉廷"成为仪式上领拜人。仅在几年前，他们还被拒绝进入首都市中心努瓦克肖特大清真寺的祷告室。在奴隶的强烈抗议下，清真寺的伊玛目最后才让步（Brhane，2000：230）。

鉴于这些情况，奴隶要上升为精神界的大人物和领导者除非奇迹发生，否则皆为传说。穆罕默德·海拉特（Mohammed Khairat）受到其主人指控，说他在放牧时偷偷地给一头骆驼挤奶，这一行为等于偷了主人的骆驼奶。穆罕默德·海拉特对这一指控进行抗辩，他让小骆驼说话，告诉主人是它喝了母骆驼的奶。一方面，奴隶的神圣性得到了证实，在传说中这发生在穆罕默德·海拉特身上；另一方面，他之所以能获得自由人的身份，仍然与主人的理念密切相关。毕竟，穆罕默德·海拉特的特殊之处，在于他沦为奴隶的依据不合律：虽然他的母亲是一位老奴隶，但是他的父亲是"先知的后代"，可以把自己的身份传给儿子（Brhane，1997：127ff）。

奴隶的社会提升的另一障碍是，基于神秘主义的神圣性只是摩尔人学者（zwâya）自我设定中的基石之一。神秘主义尽管有着核心重要性，还需要辅之以伊斯兰教知识和基于伊斯兰教的科学，这些需要在长时间的学习中获得并得到认定。像奴隶这样的外来者，没有获取进入这一辅助性象征资本的通道，这类资源掌握在相对狭小的学者圈子里，对奴隶来说这个进取通道是关闭的（El Hamel，1999：77f.，81；Clark，1998：105f.）。① 直到最近几十年，才有个别的"黑摩尔人"能够得到传统的《古兰经》教育。与其他信奉伊斯兰教的社会如摩洛哥（Ennaji，1994：52）相比有所不同的是，在摩尔人的文化区域里，还没有奴隶成为受尊敬的伊斯兰教学者并广为人知。在某些情况下，学者部落的奴隶代替他们的主人管理全部商业活动，在这种背景下他们能赢得一定程度的尊敬（McDougall，1985b：111），但是进入学者之核心的、形成身份认同领域的可

---

① 与受城市文化影响的北非社会不同，在摩尔人社会的学者圈里，以苏菲教派为其形式的伊斯兰教神秘主义实践的培养与伊斯兰教其他学派的培养不会分开进行，课程的教授都在古兰经学校里（参见 El Hamel，1999：79f.）。

能性，似乎完全不可能。①

这里突出的差异表明，武士的奴隶和学者的奴隶不光在获得主人尊敬方面的机会分布是不平等的，武士和学者这两个领导社会的群体对于非自由劳动力的兴趣也由不同理由引导。在牧业－游牧社会当中，积累财富的范围被设定得非常窄；对学者来说，使用奴隶是一种能够在超出自家范围之外获得数量众多劳动力的可能性，在不同领域里增加生产活动的机会。奴隶们除了放牧牲畜，还可以在绿洲里种植椰枣树和小米，收集阿拉伯树胶并参加商队贸易的劳动。通过这些方式，他们对主人的财富积累做出了很大贡献。奴隶们经常替代了或者至少减轻了主人家庭成员的劳动，人们可以观察到学者的奴隶比武士的奴隶得到的待遇更糟糕，这表明学者比武士更倾向于剥削非自由劳动力（Caillié，1830：102；Ould Ahmed，1983：29）。②

即使在今天，武士与学者的不同动机情形还是可以被观察到的。比如，并非罕见的是，那些曾经身为学者之奴的人，大多要经过几代才能获得"被解放的奴隶"这一身份，而那些曾经为武士之奴的人则不然。与此相应的是，近年来出现在学者圈子里的"解放奴隶"是更为形式层面的。有一些奴隶得到解放，并不需要给出回报；但是相当多的情形是，奴隶们还要承

---

① 总体而言，成为学者精英（zwāya）并非是那些要攀升社会地位的人完全无法做到的。其条件是，正如著名的谢赫·沙迪亚·卡布尔（Shaikh Siddiya al-Kabîr）个案所表明的那样，一个人作为学者和作为神秘主义者的名望要齐头并进（参见 Ould Cheikh，1991）。

② Hamès（1979）第一个提出这一论点，即引进奴隶有助于弥补牧业社会中劳动力的潜在缺失，并且学者阶层中的某些人能够从日益增长的阿拉伯树胶贸易（18～19世纪）中获益，并进一步强化社会等级结构。

诺向主人提供一定数额的金钱或者劳务。差异也体现在今天的学者和武士与作为个体的"被解放的奴隶"以及奴隶之间的关系上。在学者当中约定俗成的是，释放奴隶要把土地租赁给从前的奴隶或者这一群体中的其他成员，有固定的、像租赁一样的条件（经常是收成的一半）；而在那些有着武士身份的富裕土地拥有者当中，就没有这类安排。相反，土地使用者对土地所有者的回报有着看似自愿的方式，比如帮助收获粮食。来自"奴隶"这一行列的被保护人，可以不去考虑其保护人的权力地位，有机会参与合法的土地获取，更像是处于互补关系中的自由人一样，即不受约束地考虑什么可以是适当的回报服务，因此展示他们有能力以社会认可的方式有尊严地行事（Ruf，1999：120ff.，250f.）。

奴隶身份中的女性特质

武士和学者在蓄奴方式上有不同做法，除此之外性别亦决定性地塑造了摩尔人社会中的为奴经验。从现有的资料中也可以看到，在摩尔人社会与非洲其他蓄奴社会里一样，女性奴隶也受到青睐。在整个西非以及撒哈拉北部，女性奴隶比男性奴隶的价格更高、需求量更大，而在跨大西洋的奴隶贸易中，男性奴隶则成为备受青睐的商品。尽管非洲和美洲蓄奴者对奴隶性别的偏好的互补性刺激了非洲猎奴和贩奴活动，这两种截然相反的蓄奴行为取向，也提出了不同类型的奴隶制有着怎样不同本质的问题，尤其是因为美国南方种植园已经成为一种蓄奴制的典型象征：在为全球市场进行生产的背景下，把对人力进行精打细算的、无所不用的剥削，邪恶地与利益最大化的逻辑组合在一起。新大陆的种植园主们恪守自身文化的父权制观点，认为男性最适合做艰苦的、消耗体力的劳动，于是他们寻找强壮的年轻男性作为奴隶劳动力（Lovejoy，1989：381ff）。①

非洲大陆对女性和男性奴隶的需求结构，并没有那么绝对的理由。在许多社会当中，这些与当地的社会意识形态相契合——承担日常工作，尤其是农业劳动的人是女性，而不是男性（Lachenmann，1992：76f.）。因此，实际上女性并不认为自己比男性弱、更不适合从事艰苦的劳动，正好相反，她们被认为是在很多领域里更有经验的劳动者。尽管如此，正如梅亚苏指出的那样，是否可以就此泛言女性的劳动生产率高于男性，仍有待商榷（Meillassoux，1986）。此外，我们也不清楚，对女性奴隶的强劲需求是否主要根源于这一条标准；而另外的一些方面，比如对她们的性剥削以及奴隶生殖力的剥削，是否并不重要（Klein，1983）。在不同非洲社会里，奴隶当中女性与男性所占的比例，也让人看到另外理由的线索。对奴隶的使用越集中在生产上，奴隶人口中女性与男性的所占比就越趋于相同（Cooper，1977：221f.；Hanson，1990：212）。

我们无法得到关于前殖民地时期摩尔游牧民购买的奴隶数量，以及这些群体的性别比例更为精确的数据；而1950年莫迪利亚区的人口统计数据是按照性别和年龄进行编排的，对于那些被当成奴隶的、被劫掠的人口组成，可以提供一份能说明问题的画面：那些被分类为"黑摩尔人"即 sûdân 的人，其中

---

① 这一趋势在19世纪有所增强。当奴隶贸易因为政治手段介入而渐进尾声时奴隶供应减少，因此，在购买奴隶时，直接计算成本效益就变得重要（参见 Lovejoy，1989：383）。

58% 是女性。① 考虑到这一结果展示的情形，是在法国对这一地区进行殖民近 50 年之后，因而也是在奴隶贸易接近尾声的时代，这就更让人感到震惊。② 因此，性别的不均衡分布——假定奴隶人口有着生物学上的再生产——只能在很小程度上归因于摩尔人社会的奴隶主偏好购买女性奴隶。相反，这一结果表明，男性奴隶以及"被解放的奴隶"们已经从农村地区移民出去。他们利用机会使自己摆脱对主人的依赖，而这样的机会对女性奴隶来说显然少有。③ 要想让自己从奴隶身份中解放出来，女性需要比男性克服大得多的困难，这一事实也被另外一项分析证实：1996 年，一项对毛里塔尼亚中部 Achram-Diouk 地区 10 个村庄家庭户主身份的分析表明，在那些仍然被称为奴隶的人当中，女性的比例高达 68%，而在其他社会群体里性别比例则大体平衡。

　　女奴隶的主人不愿意给她们以自由或者让她们赎买自由的一个原因，可能在于摩尔人社会中奴隶的处境。对自由人而言，血统以及由此而来的身份归属是依据父系结构来确立的，而这些规则对奴隶则不适用。对奴隶而言，身份是由"子宫"来决定的，即奴隶的孩子也是奴隶。在"白摩尔人"和女奴隶之间

---

① 数据来自 Rapport politique, année 1950, Tableau de population, TOM de la Mauritanie, Cercle du Tagant, Subdivision de Moudjéria。这一文献由 Roger Botte 提供给我使用，对此我曾经有所记录（Ruf, 1999：128）。

② 法国殖民地管理当局在西非其他地区长期正式地容许奴隶制存在，然而，在毛里塔尼亚的情况有所不同，禁止掠夺以及有组织贩卖奴隶的措施在这里还是相当有成效的（参见 Roberts, 1988）。

③ 对于女奴隶而言，逃跑通常意味着至少把一些孩子留在主人那里。直到今天，奴隶要求其先前主人交还子女的案件在毛里塔尼亚法院里层出不穷，判决结果则往往不确定（参见 SOS Esclaves／Mauritania, 1999, http：//www.achpr.org/communications/ decision/198.97/，网站信息核查时间为 2016 年 5 月 24 日）。

的关系中，这又有所不同，孩子可以承袭父亲的身份。不过，这条规则，只限于应用在"白摩尔人"与女奴隶之间的婚姻。在非正妻或者秘密关系的情况下，孩子只能在父亲承认其为合法子女后才可以获得父亲的社会身份。与妾的情况相反，女奴隶被"白摩尔人"迎娶结婚——因此也得以解除奴隶身份——在摩尔人社会当中是一种非常常见的做法，因此，这为女奴隶提供了一个非常重要的社会提升机会（许多重要的人物，比如最后一位官方承认的塔岗酋长，就是奴隶的儿子）。

自由人与奴隶之间的边界存在局部渗透，并不会让他们之间的差异遭到质疑——差异所标记出来的东西则被当成根本性问题。相反，将女奴隶融入其主人的亲属体系，表明了在与母系归属相比之下父系归属的特殊重要性。"白摩尔人"与女奴隶之间的婚姻，不光给奴隶提供了一个社会提升机会，同时也影响了"白摩尔人"当中性别间的权力平衡，给女性带来劣势。[①] 正是因为缺少自己的社会属性，女奴隶才有可能融入"白摩尔人"的亲属体系；但对男奴隶而言，这一社会剥夺造成了他们不能在社会意义上为人父。按照伊斯兰教的法律，奴隶之间可以结婚，但是跟奴隶的继嗣原则有关的安排不因此受到任何改变。毕竟，（改变规则）这会影响到主人对女奴隶子女所拥有的财产权。"被解放的奴隶"的情形与此相似。尽管他们已经获得自由人的身份，但是很少能依照"白摩尔人"的模式成为父亲——这只有在他们的妻子与他们有相同的身份时，

---

① 尽管摩尔人社会有着父系家长制结构，妇女还是拥有很大的影响力。这种女性权力可以被视为源于游牧社会中女性的特殊地位：当男性在外面时，她们经常得独自经管家庭。这在西撒哈拉地区从前的母系亲属结构里很常见（参见 Cleaveland, 1995：40ff.；Tauzin, 1984）。

即她们也是"被解放的奴隶"时才可以。由于前面已经提及主人们（不愿意释放女奴隶）的倾向，这是很少有的情形。如果"被释放的奴隶"和一位女性奴隶结婚，他们与"白摩尔人"不同，很少能有足够多的财产赎买妻子的自由，其后果是：女人连同她的孩子，仍然是主人的财产或者情妇。[①]

保持女性的奴隶地位以及相对慷慨地释放男性，这并不自相矛盾，对于摩尔人的蓄奴者来说，二者的确可以互补并带来好处。释放男性使得主人免掉了与保留这些奴隶关联在一起的责任；让女性保留奴隶身份不仅仅保证了主人对她以及劳动力的权利，也包括了对她们后代的权利。毕竟，在奴隶贸易结束以后，女性奴隶的后代变成了新奴隶的最后来源。在这样的背景下，提吉克贾地区（Wadi Tidjikja）的逐渐"哈拉廷化"——以契约方式把奴隶变成依附佃农，从而让奴隶成为"被释放的奴隶"——政策的出台只针对人口中的男性非自由人，就不会令人感到吃惊（Ould Khalifa, 1991：282ff.）。男性奴隶靠拉远他们与主人之间的距离而达到社会提升，而女性奴隶要想追求类似的目标，除了让自己更密切地靠近主人，几乎没有什么其他选项。这种矛盾是摩尔人奴隶制中的一个基本特征，这将在下文中进行分析。

社会化剥离的差异后果

男性和女性奴隶被拒绝融入亲属关系，他们经历了一种深刻的"社会化剥离"（desocialization）。由于被掠为奴隶，他们

---

① 即使在今天，主人也会对他们的女性奴隶产生重大影响。我本人记录下的一桩个案是，在 20 世纪 80 年代末，主人禁止一位奴隶带着孩子跟随她的丈夫到新居住地（参见 Ruf, 1999：47ff.）。

被从自己的家乡和家庭掠走，在蓄奴的社会里他们也无法建立新的、完全适当的亲属关系。这是摩尔人奴隶处境的典型特征，与其他社会中其同类遭遇者并无两样。[①] 在那些亲属关系是使得个体在社会和政治空间中落地生根之重要手段的社会里，或者在那些社会和政治关系被阐释为主要以亲属关系来表达的社会里，这种社会剥夺就尤为严重。在这一意义上，摩尔人社会中的奴隶经历了他们的"社会死亡"（"social death"）（Patterson，1982），成为永久的"社会外人"（"social outsiders"）（Finley，1968：308）。

不管自由人与为奴者之间的鸿沟有多大，不同的意识形态构造从来都无法掩盖这一事实：在这一语境下，差异与平等不可分割地连在一起。要想能够从奴隶身上获益，主人就必须诉诸奴隶的个人特长。没有哪种工作，不需要奴隶的聪明才智；在奴隶和主人之间，若没有共用语言，也就不会有沟通；若没有某种将不平等合法化的意识形态作为中介力量，也就不会存在让一方凌驾于另一方之上的权力。

因此，奴隶和主人的日常生活呈现为充满矛盾。他们之间根本没有空间上的隔离，比如主人住在房子里，奴隶住在泥土屋里，而是有着直接的接触。他们一直都在对方的身边，即便不住在同一个帐篷里，也住在同一个营地。因此，奴隶与主人之间的差异，必须得不间断地（再）制造出来。当主人与奴隶之间象征性差异的产出与自由摩尔人社会的基本结构有太明显的

---

① 在美国南方，奴隶之间的亲属关系——与非洲的情况有所不同的是，那里的奴隶靠自身再生产来保有奴隶人口数量——也被其主人的社会实践所否认。奴隶们只被呼叫名字，在文件中也只记录其名字。因此，除了口头传承以外，没有其他可能性来重构他们的家庭结构（参见 Walsh，1997：4）。

抵触时，冲突领域就显现出来了。于是，就需要诸如这类的做法，比如维持一个大体上男女有别的空间结构，其做法与蓄奴实践相抵触——后者会无视性别，因而便无视奴隶的社交能力。

帐篷被感知为自由人女性的世界，而帐篷之外是自由人男性白天的活动世界，也就是说打造一个彼此具有排他性的、分别代表了男性与女性的空间划分，反映了摩尔人社会把那些被认为有性别专属的活动进行地点化。按照这一划分，女性大多从事那些在帐篷之内或者至少在其附近的活动。她们加工羊毛和牛奶，做饭、拾柴，在某些情况下也取水等。相反，男人们都应该照料牲畜，从事贸易和打仗这类事情，也可能从事农活儿。

然而，男女之间的任务分工并非绝对。比如，如果需要花费大量时间步行到远处的水源地取水，与另一个更重要的女性任务相冲突，那么这任务便由男性完成。[①]因此，水源地无法被清晰地定义为是男性还是女性的工作地。这意味着，受性别影响的空间边界线并非无法变通，而是根据特定情况有所变化。一口水井可以是营地的一部分，因而是女性所占据的内在的、私密的空间；也可能在营地之外，男性作为其责任的一部分去那里取水。反过来，也有一些男性活动不仅仅要在营地里进行，甚至干脆就在帐篷里。比如，除了大量的旅行和可能的军事行动之外，酋长的行政管理也包括派驻一位代表人住在自己管辖的营地里。特别是，学者们的工作要求他们留在帐篷里，以防

---

①　在这里，将一项活动分派给某一性别的决定性因素似乎并非为其困难程度，即体力上的负担。相反，就事论事，对时间管理以及可行性的考虑则更重要。比如，在1992年的干旱期间，当用作运力的驴已经死光之后，只能看到年轻女性从村子里30米深的井中取水。在另外一个尚有牲畜为运力的村子里，这项工作是由男性来做的。

风吹日晒。虽然这项职业中的大多数成员都把自己的脑力活动放在早上和晚上，白天从事放牧工作，[1] 这一个案还是足以表明，劳动和空间的性别划分并非简单地将营地和帐篷转变成白天不能让男人进入的地方。更恰当的说法是，重要的是在不同的地点进行不同的活动。当女性聚在一起做一些诸如加工小米粉的工作时，男性可以在这时聚在同一营地中空闲出来的帐篷里，不必冒着被嘲笑为女人附庸的风险。[2] 与此并行的，是对来访者的待客之谊。男性与女性的空间划分是在帐篷之间，而待客的空间划分是在帐篷之内：帐篷的前方朝阳，因此也是公用地方；与之形成反差的后方则更暗，因此可以让人免于受到不熟悉目光的注视（Caratini，1989：111ff.）。

在这一语境下，奴隶的用处在于把男女主人从多重工作责任中解放出来。遇到那些主人不情愿交给奴隶去做的任务时——因为这些工作需要高度责任或者少有控制的可能性，比如饲养骆驼——基本上就会出现约束。奴隶的劳动任务，主要是些由外在因素决定的、无须承担责任的任务，他们也必须遵守男性与女性空间的私密性，这些都造成了长远的后果。男性奴隶只能在某些情况下接管自由人女性的工作，或者在她们附

---

[1]　根据 Caillé 在 19 世纪上半叶的观察，就学人数众多的游牧民古兰经学校，上课时间仅限于一天中的早晚时间段（参见 Caillé，1830：89）。因此，教师（在某些情况下，特别是对于女孩的教学，也有女教师）以及学生能够用白天来做日常的工作。

[2]　Bourdieu（1972：50）对阿尔及利亚卡比尔人（Kabyle）社会女性和男性空间和行为模式的差异进行了范例分析："那些白天过于经常留在家里或者待得太久的人，会让人起疑心或者被人嘲笑：'他是一个家里蹲'，人们会这样称呼一位麻烦制造者，说他们留在女人当中，'像一只在窝里孵蛋的鸟一样'。那些为自己感到自豪的男人，必须让自己抛头露脸，必须不断地去面对他人的目光，站在他们的对面，直面他们（qabel）。"

近工作。尽管他们不被认为堪与自由人男性可比，但在其工作领域的社会建构中，他们的性别是被考虑的。尽管奴隶在社会上的性别经常遭到否认，但是如果与他们工作过程中的地点相关，性别就会被考虑进去。从自由人女性的角度看，从总体上将男性奴隶排除在帐篷和营地范围之外是必要的，否则她们的地盘和活动就会被置于男性的视野中；反过来，从自由人男性的角度来看，如果男性奴隶可以随便进入女性的地点，那么等于给了他们特权。①

尽管有时候男性奴隶也会被叫来做一些明确为女人所做的工作，比如捣米，但是通常他们不会被系统性地要求做那些在本质上不符合其社会性别的工作。对性别属性的否认在女奴隶那里更多。她们主要在营地里或者在其周围工作，因此主要是负责那些与家务相连的工作，然而她们的劳动力也被用于在这一框架之外的任务。在她们对自己人生的讲述中，女性奴隶总是反复强调自己被迫做各种工作，比如给男女主人的婴儿哺乳或者放牧牲畜这类的工作。

由于冲突内在地存在于奴隶劳动的特定性别构成当中，哪些工作必须由女性或者男性奴隶来承担这一问题，就变成了讨论依附关系之本质的问题。奴隶的工作和任务，反映了主人对奴隶性别的尊重，因此也反映了奴隶作为一个社会人而得到尊重的程度。男性奴隶相对容易占据那些对于自由人男性来说也不失体面的工作领域。在这些领域里，他们通过获取特殊的技能，比如经营棕榈树林或放牧牲畜让自己变得难以被取代。刘

---

① 在关于先知穆罕默德的讲述中提到，男性奴隶因为隔离指令被排除在女性空间之外。自由人与非自由人跨越这一障碍的方式之一是，建立一种乳亲关系（参见 Conte，1991：78f；Ruf，1999：83－89）。

女性奴隶来说，可与之比肩的职业化策略几乎不可能。其原因一方面在于家务劳动的结构，其工作范围包括了多种对专业技能要求比较低的活动；另一方面，女性奴隶的工作大部分都是在女主人的直接监管下进行的。男性奴隶由于工作时与男主人有着空间上的距离，能够避开男主人的直接控制；而女性奴隶在考虑和实行工作时几乎得不到自主权。相反，她们的工作在极大程度上被异化，因为经常连最小的细节都是由女主人来决定。女性奴隶从事工作并非情愿，也不能在完成工作时表达其自身的意愿，这一图景已经成为自由人的"白摩尔人"在口头讲述中谈及女性奴隶时的老生常谈，而对男性奴隶的讲述则不存在这种情况（Tauzin，1993：71ff.）。

在这些条件下工作的女性奴隶，再现了她们与自由人女性之间的差异性。这是因为女性奴隶们被迫遵循女主人事无巨细的指示，进而将后者从体力活动中解放出来。不管女性奴隶在劳动中与女主人的距离有多近，自由人女性与为女性奴隶之间始终象征性地保持着距离，因为在工作造成的物理意义上的区隔变成了思想上、实践上的因素，即便奴隶无须去做典型的男性任务。男性奴隶能够在某些领域里将自己展示为与自由人男性平等的姿态，并因此得到承认；女性奴隶所经历的工作，则展示出她们与自由人女性之间的差异性，因而也表明她们自身低人一等。不过，女性奴隶可以在另一不同领域里作为社会人而赢得认可，进而让其女性气质得到认可。

女主人与女性奴隶的近距离接触，并不仅限于让二者之间无相似之处的象征符号，得以直截了当地反复生成。除了命令和无尽的任务之外，女性奴隶也能在应对其女主人时与之建立亲密关系。在女性奴隶为女主人做某些社会意义重大的任务时，这就变得尤为明显。经常发生的情况是，女性奴隶给女主人的孩子哺乳，其后果是在女性奴隶和自由人的孩子之间出现了那种"乳亲关系"（relations of milk-kinship）及其社会后果，这与自由人当中形成的这种关系是一致的（与异性自由接触并禁止联姻，与有血缘关系的兄弟姐妹是同构型关系）。就她们的孩子来说，她们基本上只被当成生物学意义上的母亲，她们的社会功能在很大程度上被女主人取代，而女性奴隶与她们哺育的自由人子女有着社会关联纽带。何况，"乳亲"不光在"奶妈"和"奶娃"之间建立了关系，它也让那些从同一乳房里喝奶水长大孩子变成了"乳兄弟"（milk-brothers）和"乳姐妹"（milk-sisters）。女性奴隶在社会关系中与主人的整合由此扩展到下一代。他们共同经历的作为"乳亲"的亲密性，与关于主人与奴隶对立角色的感知，形成一种特殊的化合。

然而，女奴的"性"并非仅为与女主人产生亲密关系的途径，它也可以被用于获得自由人男性的青睐，直接与自由人女性形成竞争。一方面，女奴隶是自由人男性性暴力和性剥削的受害者；另一方面，在摩尔人社会里，她们在与自由人男性的关系，尤其是婚姻关系中找到了一种相对安全的选项，来完成自我的社会提升。这种婚姻要求女性奴隶首先要被正式释放，她们因此而获得的身份会永远保留，即便将来离婚也不会随之失去。婚姻关系中诞生的孩子可以获得父亲的身份，他们中的大多数人实际上都会提出这一诉求，尽管这也会为其母亲的血统带来诸多暧昧之处。人们偶尔会说，这种血统有着特殊的质性：自由人男性与曾经为奴的女性生出的孩子，或者会把父母双方好的地方结合到一起（体格健壮和聪明），或者是那些不好的方面。

在蓄奴社会中，男性与女性奴隶为促进自身的社会整合可采用的完全不同的选项，使得男性与女性奴隶采取不同策略来追寻自身的利益。女性奴隶看中的是摩尔人社会中最为内核的层面，即核心家庭；而男性奴隶则致力于在主人影响力所及的边缘地带获得更大的自主权。男、女性奴隶之间建立长期关系，受碍于这一权力关系以及由此而来的空间阻隔。女主人和男主人允许女性奴隶的活动维度有限，如果男性奴隶要与自己妻子生活在一起的话，他就迫不得已地需与主人同住。如果从事牧业的男主人要放弃住在附近，比如住在同一营地里，这通常意味着奴隶夫妇要分离。无论对于女性还是男性奴隶而言，其社会整合的重要参考点仍然是与女主人或者男主人家庭的等级序列关系，而不是与自身配偶的关系。如果有需要时，他们可望从主人那里得到一定的安全和支持，而不会从一位同样贫穷的配偶那里得到（参见 Oxby，1978：193ff.）。①

在第二次世界大战之后，对西非法国殖民地经济发展的支持，增加了雇佣劳动力的可行性，尤其是对于那些男性奴隶和被释放的奴隶而言，开启了提高经济独立性的选项。这减少了"黑摩尔人"对其先前主人的依赖。由于他们大体上能够自主生活，能通过移民或者雇工劳动所得的收入来覆盖家庭的生活开销，这些奴隶开始越来越少地接受他们必须作为其主人家庭附庸的情形。另一方面，女性奴隶当中只有为数不多的人能有效地从"白摩尔人"的认可中获益，诸如试图减少给女主人和

---

① 主人负责奴隶的老年生活，这并不可靠。如果一个奴隶被释放了，这经常发生在他们年岁已高的时候，从前的主人就不再有义务保证前奴隶的物质生活。一些奴隶通过购买奴隶来控制这种风险，靠奴隶的劳动来保证自己晚年的生活；或者，在实行一夫多妻制的社会，通过娶第二个妻子来达成这一安全（参见 Klein，1983：80－84）。

男主人提供的服务。通常她们都成功地以渐进的方式来达到目的，因此避免公开的冲突。她们留在主人家的时间限定在某一季节，比如当女主人在家务劳动有特殊需要时。另外一种可能性是，把她们的女儿作为自己的替身送到主人家，从而把自己解放出来，让自己留在家里。

差异性所具有的团结力量

这里描述的结构和实践表明，男女奴隶及其后代与那些生为自由人的摩尔社会成员之间的差异性，是如何生成并维持的。不过，这种差异性并非绝对，而是有着某种奇特的暧昧成分。奴隶劳动的对立特征将这一矛盾显示得非常清楚。奴隶的劳动既以对奴隶的"去人化"（dehumanization）和"社会化剥离"（desocialization）为基础，也基于人之能力的释放——这构成了劳动的基本形式。在"指挥"和"服从"之间的差异之余，主人与奴隶之间的关系也包含一种相似性因素。给奴隶分派劳动，则需要形成让奴隶与主人得以相连的沟通构架，这基于共同的社会能力和人的能力。不光是奴隶与主人之间的劳动分工，主人和奴隶各自典型的劳动形式的发展，也被视作强调奴隶与主人之间根本差异的另一手段。奴隶与主人的工作能力模式之间的差异性越大（比如将智慧活动和掌控活动归于主人，把体力能力归于奴隶），基于这一差异之上的权力平衡就变得越发模糊。①

奴隶与主人的社会认定也形成了一个（与上述情形）可以比

---

① 在（非洲）信奉伊斯兰教的蓄奴语境下，强加到黑人奴隶身上的刻板印象与在美国南方有着惊人的相似性。在这两种情况下，黑肤色都等同于"丑"，据说奴隶身上有难闻的气味，能从事重体力劳动并热爱音乐（参见 Brown，1993：665f.）。

肩的格局。由主人意识形态发展而来的自身概念，认为主人的正面特征与奴隶正好形成反向对应。因而构成奴隶－主人定位的框架总是纠缠在一起。在一个社会等级序列中，这种两极定位与一开始就强调的那种有着根本上的、不可调和的差异性的框架，是相互抵触的。正是这种在奴隶制意识形态和实践中充满张力的关系，造成了（奴隶与主人间的）交界面和接触，其形成的确立身份的可能形式超出了预设的个人自由与受奴役的边界线。对奴隶或者扩容或者排斥，这一差异如何在细节中被表述，我会在下文予以解释。

构成"自由/奴役"边界的动力

奴隶制起源于暴力行为。只有被暴力强制为奴，活人才可以在奴隶贸易中以看似合法的方式被买卖，与其他商品有可类比性。梅亚苏指出，奴隶生产的一个重要组成部分是与那种通过暴力将个人同其社会和家庭关系分离连在一起的强制性去人化、社会化剥离（Meillassoux, 1986：68ff.）。奴隶经常被运送到遥远的目的地，这造成的空间分离阻碍了他们逃跑或返回。与此同时，有无数中介人参与的贸易结构，有效地抹掉了奴隶关于自身来源地的知识以及个人特征——这些在交易链开始时还得以展示。对那些不能为自己发声的奴隶进行去人格化过程，进一步加深了开始的奴役，这对于将奴隶转化为无差别物品，进而变成容易消费的商品，是至关重要的。①

---

① 根据伊斯兰教法，圣战中只有掠非信徒为奴才具有合法性。只有这样的人及其子孙才可以是奴隶，而那些在沦为奴隶时已皈依伊斯兰教的人则不可以（参见 Barbour & Jacobs, 1985）。在伊斯兰化非常集中的萨赫勒以及下萨赫勒地区的掠奴行动中，这项规定根本没有受到很多关注，但是这一规定能很好地抚平购奴者的良心：声称对奴隶的信仰情况一无所知，是将奴隶转化为商品的一个重要部分。

由此一来，自由人和奴隶之间的差异，体现在外来者身上的形式是社会之内与之外的分界线。由于奴隶的存在，外来的"他者"不再仅仅存在于社会的外围层面以及社会周边，可以被纳入社会的核心。其结果是，形成了一种身份识别和区分的特殊动力（James 1988：133f.；Barth 1969a）。对奴隶的外来者特征的描述，促进了（当地人）自身群体即奴隶主社会走向同质化。只有通过"自由"与"非自由"的直接对立，个人身份的这些归属标记才获得了完整意义。通过定义奴隶与自由人彼此具有排他性的特征，蓄奴社会进入一个深刻的变迁进程。与奴隶的驯化并行进行的是，主人也在经历着进入其角色的社会化过程。主人与奴隶之间的距离，不光来自对奴隶的贬低，也来自对主人的提升。这种自我展示和自我约束的持续进程，偶尔也能开辟一些空间，允许奴隶以渐进的方式接近自由人的社会理想。对主人身份的正面定义，让奴隶能有一些做法来有目的地跨越"自由"与"非自由"的边界，在尊重奴隶与主人社会差异的同时展示奴隶和主人的身份。

在奴隶这类社会实践中，一个简明事例便是他们的歌唱，最接近的、可资比较的情形便是福音布道。由于奴隶大都被排除在主人的宗教活动之外，也因为他们自己的宗教不被认可（尽管伊斯兰教要求蓄奴者的责任之一是教导奴隶的宗教），毛里塔尼亚的奴隶发展出一种特殊形式的音乐："麦德"（meddh）。这种说唱是在一个大鼓的伴奏下赞颂先知。"麦德"的演唱与传统摩尔人音乐截然不同。游吟讲故事者（iggâwan）在摩尔人社会中形成了自己单独的内婚制群体,[①] 主要产出一种情态音乐，以十弦竖琴阿尔丹（ardîn）和四弦诗琴提迪民特（tidinît）为主导乐器，有时候伴随着唱歌和打鼓。而"麦德"主要是由女性来演唱，完全由歌曲组成，歌曲由主唱和合唱交替演唱，并有鼓点节奏和观众拍手。在传统的摩尔人音乐当中，跳舞并非其组成部分，充其量是在坐着时胳膊和腿进行活动，但是对"麦德"的表演来说，没有相伴舞蹈是不可思议的。表演的过程通常会持续若干小时，持续到深夜或者凌晨，这种舞蹈有着迷狂的特征（Ould Mohand，1993；Guignard，1975）。[②]

这里描述的"麦德"和传统摩尔人音乐的基本特征，表现出对立的本质，尽管二者之间有一定的相互影响。两种不同类型的摩尔人音乐，反映了约束"黑摩尔人"和"白摩尔人"之行为规范上的差异。"黑摩尔人"的音乐直接与导致恍惚的表现式舞蹈以及由此而来的失去自我控制关联，而摩尔人社会化的理想要求明确地控制感情，也包括沉浸音乐之中时也要有所克制。与此同时，"黑摩尔人"的音乐打破了刻板的文化差异再生产模式。"麦德"通过讲述主人社会的构成性话题——赞美先知——并将其与外来的旋律和歌唱传统组合，形成了一种

---

① 就像其他西非社会一样，游吟讲故事者（iggawân）歌唱了不起的武士（hassân）的荣耀并保存他们的传统。不过，学者们（zwâya）鄙视游吟讲故事者，因为这两个群体都活跃在传承过去的知识方面。音乐与讲述的分离——由于大多数摩尔人喜欢音乐，这种分离从来没有完全达成——如今变得更不重要，并且武士和学者阶级的成员都同样邀请游吟讲故事者来伴随某些仪式活动，部分从前的奴隶以及被解放的奴隶也这样做。

② 摩尔人社会中奴隶的"麦德"与若干其他奴隶共同体——他们来自撒哈拉以南，生活在摩洛哥、阿尔及利亚和苏丹——的仪式活动有平行之处。在这里，非伊斯兰教的迷狂崇拜与那些神秘伊斯兰教显然混合在一起，其中舞蹈、迷狂和附体都有着核心角色（Hunwick，1992：28f；Makris，1996）。

特殊的混合之作，在某一方面甚至优于传统的摩尔人音乐。伊斯兰教马利基学派的正统支持者们——他们在毛里塔尼亚分布很广——不赞同游吟讲故事者使用的弦乐器，将之归类为"被禁止的"乐器。"麦德"被归为洁净，不过不属于"音乐"。由于其内容上的正当，尽管是"黑摩尔人"的娱乐方式，它还是被正统的伊斯兰教支持者认为特别有价值。自由人和非自由人的宗教依然有差异，但是在这里显现为并非等级差序式的关联，而是彼此互补的。奴隶、从前的奴隶以及主人的等级序列在某一特定点上，被一种横向的社会结构所取代，给人留下"差异之内的平等"（equality within difference）的印象。

对于奴隶文化与主人文化一个层面的价值评判逆转表明，"黑摩尔人"与先前主人的社会的认同感或者与他们的某些身份特征的认同感还是能奏效的。正如美国奴隶的福音歌曲一样，如果不依托主人的文化，要发展出自己的娱乐音乐形式几乎是不可能的。由于"黑摩尔人"音乐的宗教重要性，主人们几乎无法压制他们的音乐。如果"黑摩尔人"仍然因为不知道作为伊斯兰教信徒的重要责任，最终他们的主人会为此遭到指责、受到歧视，但是不管怎样，"麦德"习俗凸显出他们对伊斯兰教的承认以及他们要与"白摩尔人"平等的追求。在过去的几十年里，主人与奴隶之间直接的权力平衡逐渐变弱，其结果是终于出现了奴隶和曾经的奴隶能够越来越有效地意识到这些诉求，他们的文化实践中的宗教价值甚至得到了正统伊斯兰学者的认可。

在业已发生改变的社会-经济环境下，主人群体的代表强调奴隶和前奴隶的共有背景，而对那些持续公开抵抗社会与经济歧视的人来说，"麦德"成为展示差异性的手段。就政治鼓动以及生成奴隶以及前奴隶的集体身份认同而言，"麦德"被当成这一群体本真文化传统的一部分。形式和表演方式仍然没有改变，但是文本被新的内容取代，后者受到毛泽东语录中反抗性的精神和内容的影响，明确指明了作者所期待的在既往的主人和奴隶之间要有哪类的决裂（参照 Brhane，1997：225）。

接纳与整合

鉴于在摩尔人社会当中，"黑摩尔人"即奴隶以及被释放的奴隶（"哈拉廷"），经常遭遇严重的社会化剥离和羞辱，其形式为社会歧视和经济歧视，于是他们与主人的社会产生了强烈认同的动机这一问题就被提出。毛里塔尼亚的奴隶制实践，以及年深日久的关于废除奴隶制的持续争论表明，实际上奴隶并没有有机地融入主人的社会，这与 Miers 和 Kopytoff 的观点相反（Miers & Kopytoff，1977）。由蓄奴而来的不同依附形式以及亲属关系并非浑然天成。更多的是，奴隶在通往强有力地融入自由民共同体的道路上所取得的成功，从根本上根植于他们自身的整合能力。其结果是，奴隶的策略是基于在各社会领域里搭建桥梁，让自由民与受奴役者之间的可持续社会联结成为可能。男女主人对于这些努力所做出的反应也是暧昧的。在很多情况下，可以看到奴隶的处境得以改善。然而，在增加奴隶的行动自由以及带着尊重对待奴隶方面所取得的成就，还经常与一些条件绑在一起，而后者很容易消逝。如果一位蓄奴者死了，他的继承人变成了其奴隶的主人，那他对待这些奴隶的方式并不受限于其前任的做法（这一事实对于所涉的奴隶来说，可能有益处，也可能有坏处）。对于那些感觉自己对奴隶有责任的主人来说，这一处境便制造了问题。他们的后代热衷于拥有尽可能多的奴隶，这与他们自己对于奴隶的责任相抵触。

直到今天，这仍然是冲突的生发点。奴隶把自己当成"被释放的奴隶"，说主人生前曾经对自己有释放的口头承诺，但是蓄奴者遗产的继承者则对此予以否认。为了避免这一显而易见的两难处境，一些蓄奴者使用法律手段。他们声明自己的奴隶是 hubs，也就是说，他们把自己的奴隶转到某一基金会的名下，其构成部分具有不可分性质，因而不能被共同继承人转卖。其结果是，不能像从前依照伊斯兰教法形成的习惯那样，把奴隶共同体成员或者家庭成员作为遗产分给各位继承人。

奴隶有可能被其主人正式释放，因此获得"被释放的奴隶"的身份，对于那些认为奴隶有可能融入摩尔人社会的论点，这是最强有力的理由。的确，《古兰经》力主将奴隶释放，并将这一行为与对蓄奴者的益处相连——蓄奴者会因此消罪，同时也在总体上展示了他们的慈善（参见 Lewis，1990：6）。尽管有这样的激励，在 20 世纪初法国开始将毛里塔尼亚殖民化之时，被释放的奴隶数量还是非常少。在 1910 年前后，在阿达拉尔（Adrar）地区的依附性人口当中，"被释放的奴隶"的比例大约是 1% ~ 2%；不过，到 20 世纪 50 年代，这个比例达到了 50%（McDougall，1988：378，Note 26）。奴隶获得释放的机会在 20 世纪得到显著改善，而且男性比女性更容易从中受益，然而成为"被释放的奴隶"并不意味着这些前奴隶获得的身份与生为自由人的那些人可相提并论。尽管"被释放的奴隶"与先前的主人拥有同样的权利和责任（参与部落的集体支付，拥有财产和家庭的权利），但是在社会上仍然地位低下。作为从前的奴隶，他们的血统无法追溯到部落成员，只能追溯到奴隶身上。

正是"被释放的奴隶"（"哈拉廷"）这一身份的含糊性，使得该词成为"前奴隶在摩尔人社会中的位置"这场争论的焦点。"哈拉廷"如今被用来委婉地指称全部的依附层（不管他们是否已经被正式释放），因此，其重点是曾经为奴隶这一事实。反过来，"哈拉廷"群体当中也有很多说法否认这一身份与曾经为奴有关联，声称其祖先是独立而自由的人。考虑到存在着相比之下有人身独立、亦被称为"哈拉廷"的群体，有若干证据表明，这样的断言有其真实的内核（Ba，1932：118f.，Note 1）。因此，我们有理由认为，"哈拉廷"一词并非如近期所说的那样，一直都是明确无误地指"被释放的奴隶"（Ould Hamidoun，1952：49），后者是主人和奴隶的自我描述以及他人描述的话语形式所带来的结果。[1] "哈拉廷"们一点也不抵触把摩尔人社会描写为黑-白二元对立的格局，而是通过自己已经被释放或者自己有着"哈拉廷"血统来断言，他们自身与奴隶之间的差异性。对这种消除等级序列的形式进行的抗议，强调自由与非自由的分界线依然存在于奴隶和"哈拉廷"之间，而不是在自由人和奴隶之间。对"哈拉廷"一词的宽泛使用、那些未被正式释放的奴隶也声称自己为"哈拉廷"，这些情况最终稀释了那些"真正的""哈拉廷"往往

---

[1] 在西北非洲的不同社会中，"哈拉廷"（harâtîn）这个词被用来指位于自由人与奴隶之间的一个低社会声望的群体。该词的词源不详（参见 Colin，1960）。关于摩洛哥南部一个绿洲中 harâtîn 和 shurfa 之间关系的详细研究，参见 Ensel（1998）。

是通过千辛万苦而赢得的社会声望——在今天，这种身份经常是花钱买来的。①

结　语

在摩尔人社会中，前奴隶与前主人的社会整合进程直到今天仍有着极大的模糊性。一方面，"黑摩尔人"（奴隶，sûdân）正在成为他们前主人社会中的一部分，即"白摩尔人"（自由人，bidhân）；另一方面，许多不同的、往往是歧视性质的社会、经济特征一直存在。在这方面，主人的意识形态——按照这种理念，奴隶不是摩尔人社会中的平等成员，而仅仅是被接纳的陌生人——似乎仍然不可撼动。不过，在对奴隶与主子之间的"外来性"（foreignness）的强调之外，还存在着对奴隶渐进的、在文化上的同化合一。在 20 世纪，这两种趋势之间平衡经历了决定性的改变。在过去若干世纪里，由于高死亡率以及不断涌入的新奴隶，奴隶的确经常是首代的"外来者"，这种情况在奴隶贸易结束后已经彻底改变。存在于奴隶与主人之间那种差异与认同的脆弱平衡，因为日渐增加的同化——对大多数奴隶来说别无选择——而加速发生变化。因为奴隶的文化能力日益增强，奴隶的共同体逐渐形成，尤其是许多奴隶经济上的自主权在增加，表达奴隶 - 主人关系的场域发生改变。解放的话语遍布，并质疑摩尔人社会等级序列中的"黑摩尔人"的

---

① 在阿达拉尔地区，个别"哈拉廷"拥有 200 年前被释放的文件。这些人经常担任要职，是部落头领和酋长（Pierre Bonte，个人通讯）。我们有理由去推测，这些人会认为自己与奴隶之间的差异性要大于与很多摩尔人自由民之间的差异性。在 Achram-Diouk 地区，我记录了许多这样的情况：奴隶如今支付给自己的前主人一笔相当可观的钱，以便得到一份正式的释放文件。

从属地位。尽管对主人理念以及歧视有着最为激烈的批判，但多数话语并不主张从根本上拒绝主人的社会。一方面，这是前奴隶被有效同化的结果；另一方面，毛里塔尼亚在独立几十年之后，仍然没有可资利用的替代性身份认同模式。对自身的寻根式回忆，如某些"黑摩尔人"所倡导的将自身血统追溯到若干撒哈拉以南的族群当中，并没有太多的吸引力。那些定居在毛里塔尼亚、来自撒哈拉以南非洲不同族群的成员，仍然受到由摩尔人主导的国家机构的歧视。况且，蓄奴现象不光在摩尔人当中常见，这在该地区的其他族群当中无不如此。对奴隶的污名化不光来自自身的社会，也来自其他社会，因而是一个普遍现象，并不局限于某个族群。鉴于这些因素，那些致力于自身社会和经济处境有立竿见影改善的"黑摩尔人"并不热衷于去回应那些倡导族群本真性的话语，这也就不足为奇了。持续下来的是关于"黑摩尔人"（奴隶）在摩尔人社会中位置的讨论。这一讨论的要义在于，在变化的语境中如何有创造性地、灵活变通地处理身份认同和差异性所具有的特征。通过这些"多重认定"（pluritactical identifications）（Schlee & Werner，1996：11ff.），摩尔人社会中的那些矛盾之处——对前奴隶扩容与排斥的对立形式——可能会被派上用场，并取得丰硕成果。

3 国家认同与国家给予的身份认同

李峻石（Günther Schlee）

如果说本书前两章聚焦的群体在社会地位和经济角色的区分，与种姓或者类似种姓的等级秩序有关，那么接下来的四章（第四、五、六、七章）都会以不同的方式强调国家在共同与差异领域中的角色。他们所讨论的集体身份认同，可以被凸显为不同程度上与国家密切相关，甚或是一些不能或者不应该被融入、完全变成国家计划之一的身份认同——大多数"他者"视角会作如是观。在汉森和凯泽撰写的第六章里，甚至一个已经不复存在的国家苏联，也被认为在集体认同中发挥了巨大作用。因此，当本文集进展到这一阶段时，思考一下国家的认同与国家给予的身份认同，也许正恰如其分。本章除了勾勒某些意在促进将这些问题理论化的总体思考以外，还要扩展一下我们的讨论所覆盖的地理范围。由于以下各章讨论了关于西非和欧亚大陆的不同地区的情况，我在本章仅谈来自非洲东北部的案例。

普遍公民权/或多或少的"现实"公民

在世界许多地方，族群和宗教标准似乎被用来区分不同类别的公民。有些公民是某种程度上更为原型的公民，而另一些公民则因为没有展示出"正确"的特征而受到歧视。

让我以苏丹为例（Schlee, 2013）。在阿斯旺水坝（Aswan High Dam）建成之后，沿埃及边境的纳赛尔湖（Lake Nasser）在1958~1971年蓄水，努比亚人（Nubian）的农地被淹没。在苏丹边境一侧，哈勒法（Halfa）周围的农民受到影响。他们在苏丹东部的哈什姆吉尔巴（Khashm al Girba）大坝之下建立了新哈勒法居住地，得到了大块灌溉地作为补偿。农民失去土地而得到赔偿，并可以换个地方继续当农民（Sørbø, 1985）。2013年，罗赛雷斯（Roseiris）附近的青尼罗河大坝加高完成。这里位于纳赛尔湖以南1000公里，与南苏丹（自2011年成为一个独立的"民族"国家）接壤，也与埃塞俄比亚接壤。因为水库地处平坦的冲积平原，当新大坝下的水库开始蓄水时，大面积土地被淹没。情况很快就明确了：许多农民不能在其他地方得到土地作为补偿，尽管他们可能会得到一些钱和一些宅基地。岸边的大块土地没有划给那些动迁的农民，而是给了大公司。政客们赞扬这一"开发"举措，因为它能为当地人创造就业机会。人们可以去讨论实际上究竟有多少农民变成了现代机械化农业当中的雇佣劳动力。但是，在这一"身份认定"背景下更为重要的问题是，为什么这似乎是一个无须质疑的问题：青尼罗河的农民可以变成雇工，而在比这里靠北、位于埃及边界线上的早年个案当中，农民就可以得到土地赔偿并继续当农民。也许那是因为20世纪六七十年代的人口数量要少于今天，资源竞争不那么激烈。但是，人们也有理由这样怀疑：苏丹政府（自从1970年以来政权频繁更迭，假如人们还能从中看到连续性的话）把努比亚人看作"真正的"苏丹人（毕竟，大多数北方苏丹人都是努比亚人的后裔，不管那些被阿拉伯化的谱系声称如何），而罗赛雷斯以南的农民则依据其地区和族群源地被认为是"南方人"、

"埃塞俄比亚人"、"乍得人"和"西非人"。① 在这里，身份认同似乎在起作用。决策者感觉自己与北方人更近。这可能与决策者从当事人——那些被包括进宽泛身份认定中的人——那里所获的物质回报有关，也可能无关。政府代表可能认为，努比亚人将在政治上支持他们，并可能怀疑罗赛雷斯以南的人是"苏丹人民解放运动"（SPLM）的同情者。真实的和想象的肤色差异——人们用从"棕"、"红"到"绿"以及"蓝"等不同的专门词来描述——在苏丹也是社会身份认同的一个重要因素：在这个国家，人们对种族主义并不陌生。

这与人们从常理出发的想法完全一致：人们预期，政府对那些与自己相似的人会予以特殊优待（假定政府的确会对人予以区别对待，尽管从规则的角度看他们不应该如此）。然而不完全明了的是，国家和社会的精英领导层是否总会跟那些与自己相似的人产生认同感。他们也许会有一个理想中的"人民"，一种"人应该怎样"的愿景，他们自己只是在一定程度上反映了这一设想。灭绝人性的种族主义"纳粹"政权将许多形式的跨族群婚姻视为犯罪（他们称之为"跨种族婚姻"，因为这是基于错误的生物学理由，而非文化上的理由），然而他们不光容忍，甚至鼓励与斯堪的纳维亚人的婚姻，后者被认为是更为纯粹的"北方人种"，在某种意义上比他们自己这些日耳曼人在种族上更为优越。② 从理性选择角度，人们以为行动者会青睐自身或者与自身最近的人群，这可以被视作过头的种族主义做法。

---

① 在毗邻的加达里夫（Gedaref）州也有着类似的区分，参见 Zahir Musa al-Kareem（2016）。

② 关于对种族/族群/身份认同语义场的梳理，并试图给其带来一些秩序，参见 Banton（2015）。

这种做法更青睐的不是种族主义者自身，而是另外一些人：种族主义者用来定义自身的那些特征，其更为极端的形式出现在这些人身上，因而种族主义者对他们的青睐更甚于自身。

苏丹的上层精英强调他们的阿拉伯起源，他们将这与浅肤色画等号。这种对等当然是有争议的。对此持有批评观点的苏丹人指出，现代埃及人的祖先大多是古埃及的斐陶那人（firavun）（字面上的含义是"法老们"，指的是那些在法老时代已经生活在埃及的人）构成。人们当然也可以提及希腊人、罗马人、突厥人以及其他人来解释现代埃及人的外貌。尽管这些都可以说得通，但是从一些苏丹人的视角来看，埃及人代表着更为纯粹的、浅肤色的理想。

尽管苏丹人之间对土地的争夺日益激烈，据 2014 年 12 月 13 日埃及《每日新闻》的说法，苏丹政府向埃及小型农民提供了一万英亩可灌溉的农地。按照其他消息来源，所涉及的面积是 10 万英亩。政府给出的理由全都是关于团结（"苏丹和埃及是一个国家"）和发展（"埃及农民有了不起的农耕经验"）。① 如果人们知道在"真正的"苏丹人当中通行的那些日常族群式民族主义和种族主义（其指标是：肤色在婚姻市场上的角色、咒骂用语、就业机会），人们就有理由怀疑这一举措的隐含目标是对本民族进行人种改良。这一个案便是对自身的群体不予接受，希望将其改造成别的样子。这里描写的政策都是在集体身份认同名义上的发声和行动，行动者的归属只是在一定程度上，而其他人则将其代表得更为纯粹。这是一种重心在其自身之外的身份认同。

---

① 资料来自网页：www. dailynewsegypt. com/2014/12/13/；www. africareview. com/News/Sudan – offers – Egypt – farmland；www. news. sudanvisiondaily. com/details. html？rsnpid243584，最后核对日期：2014 年 12 月 24 日。

目前为止，本书中我们大多数情况下将整个国家、地区或"社会"视为由人群或其他集体（如宗教团体）构成的马赛克画面，我们研究在多大程度上以及在哪些情况下，差异性或者共同性是那种把马赛克碎片拼合在一起的力量。换句话说，在我们的讨论中，一个普遍的关注点是：什么使得社会凝聚在一起，差异性和共同性在达成这一结果上担当的角色是什么？我们也可以从大类别和群体性（groupness）上来描述苏丹。苏丹政府宣称，阿拉伯－伊斯兰文明（Arabic Islamic Civilization）为其文化理想。那些是阿拉伯人但不是穆斯林的人（比如，科普特人，the Copts），或者不是阿拉伯人的穆斯林，在某种程度上都不是"真正的"苏丹人。后者，即那些非阿拉伯裔的穆斯林，构成了人口中的多数，许多人声称自己有阿拉伯谱系但是丢失了。上文的描述清楚地表明，这里涉及的不光是高等社会阶层的文化语义。如果我们不把政府当成一个机构性质的抽象物而是作为人，作为个人的集合，其人或者其群体共有某些特征，而这些特征在构成统治其余之人的能力上能发挥作用，那么我们就能看到，个人利益和能动性以不止一种方式被卷入其中。"社会"是一种抽象体，不想也不能做任何事情；组成政府的那些人，却实实在在地存有意图和能动性。

同心圆状的身份认同

权力在握的人和一般人一样，倾向出于其个人利益来采取行动。他们的决定似乎经常是建立在精心考虑的成本－收益分析之上。不过，有很多办法来避免通透地考虑问题。一个人可以接受习惯式解决途径，或者接受他人的建议。也就是说，本能和感觉引导我们做出于有利于自身的决定。我们的大脑是生物进化的结果，在我们没有明确意识到的情况下，替我们做很多成本－收益核算。大脑告诉我们避开疼痛、填饱肚子、找到合适的伴侣、寻找可能有用的朋友，以及许多其他无须多想的事情。我们的大脑是一个永远开启着的成本－收益计算器，不管我们（这是说，我们的主观自我，我们的亲历经验，我们的明确意识，我们头脑中的影像）对此是否进行记录。

但是，只有理性选择最基本的模型才是严格的个人行为。为了取得固定的报酬，我们也可能为他人谋划（计算他们的而不是我们自己的成本和收益）。在那种情况下，我们是"主人"的"代理者"。我们通过别人的眼睛看世界，这并非绝无仅有。我们大多数人在做出重要决定时，也会从家庭角度出发并考虑家庭的利益。如果我接受了另外一座城市的一份有吸引力的工作，我的孩子会去哪上学？对于找到一份新工作/交新朋友，我的配偶会说什么？诸如此类。换句话说，在最简单的理性选择模型当中，个人是自利式成本－收益分析的参照点；如果我们要搭建真实生活的模型，我们对参照点的理解就得扩展。这被我们称为自我"认同"的拓宽（我大体上一直都在这一意义上使用这一概念）（Schlee，2004；2008a）。认同发生的程度不同，它有可能超过100%，也就是说，如果我爱一个人的程度，会让我为之牺牲自己，那么在我眼里，他或者她的价值要超出我自己。[1]认同程度也可能正好为100%，认同对象的价值与我给自己设

---

[1] 在异性之爱中，爱经常基于反差或者由某种形式的理想化或者敬慕组成。这意味着，一个人不会感觉到自己与所爱之人是同样的，而是将他或者她放在某种更高的位置上。因此，在这种语境下有必要去解释在哪种意义上我们可以谈"认定"（identification）。这里的"认定"意味着，我把另外一人包括进我自己的成本－收益计算当中，好像他们就是我，他们的利益权衡就是我的利益权衡。

定的价值一样。或者，有些人我将其包括进我的成本－收益计算当中，但是一旦他们的利益与我的利益相抵触，我就会将其剔除；或者我与之分享收益，但是要按照并不相同的比例，我对这些人的认同便低于100%。典型的情形是，这种认同的广义形式像同心圆一样排列，家庭最密切；部族、部落、邻居和朋友不十分密切；教会和国家就更远一些；全人类则位于模糊的地平线上。① 当然，这在每个人身上都不尽相同：对于一位民族主义者而言，民族国家要重要得多，诸如此类。广义和狭义上的认同，以及对互惠——这是"联盟"类型关系中的典型特征（我会在下段中讨论）——的期待当然会在单个决策过程中起作用：只要这不对我的家庭或者我本人构成损害，我做一些对我的部族有好处的事情；我让利给那些我需要其帮助的人；我帮助我所处的群体，因为我对他们有认同，也因为这对我自身的处境有好处，或者对我女儿的婚姻前景以及别的事情有好处。狭义和广义认同的交互作用，在影响一位行动者做出他或者她认为在决策时必须要做的成本－收益核算方面，是无法穷尽的（Wilk & Cligget，2007：190－194）。我的核算可能会包括我尚未出生的孩子、孙子或者那些我与之认同之人的后代；或者那只是基于可以感知到的短期利益。后者可能是在不安全环境下会出现的情况，行动给遥远未来带来的效果难以估算；或者置身在一个只有短期记忆的体系里，回报必须要么能快速兑现，要么根本就没有。

也许有人会提出这样的异议：这一身份认同理论以围绕着当事者的同心圆来定位程度，不能说明那些核心不在自身的身

---

① 参见 Köhler（2016）关于尼日尔的沃达贝人（Wodaabe）社会领域的模型。

份认同构成，即代表着最纯粹、最理想类型的人并非如当事者自身一样，而是以一种更纯粹的形式代表了他们定义的特征，比如上文所提到的关于"北方人"或者"阿拉伯人"的意识形态，这仍然是一个有待考察的复杂问题。但在大多数情况下，围绕着当事人的同心圆模型与我们在实践层面上所能观察到的东西相当接近。在解构政府声称自己代表了"人民"、"民族"或者"国家"等方面，同心圆模型用起来也很顺手。

一个人之所以对他人示好，认同感并非唯一的理由。我们也会对盟友示好，但彼此遵循着不同的逻辑。认同基于共性，结盟基于非共性。政治方面的个案最可以说明问题：一个政党可以与其他政党联合，却不能与自己的政党联合。军事联盟也只能与另一国家或者其他武装力量来缔结，诸如此类。

联盟可以扩展到那些非亲属、并非同一族群或者同一宗教者身上，基于"给予与索取"的基础。我们对联盟者予以帮助，不是因为他们像我们一样，而是因为期待得到他们的帮助作为回报。然而，联盟者之间的互惠并不排除身份认同的因素。联盟的互惠逻辑可能因为相似性的建构而得到补充（同志、争取自由的斗士、从前那些为共同的"正义理由"而战的人，等等）。然而，这种建构是脆弱的，当解除联盟便可以得到的回报太高时，也就是说当争执似乎比维持友谊更有价值时，联盟就不复存在了。比如，厄立特里亚和埃塞俄比亚领导人在对抗德尔格政权（1974～1991）时曾经是携手并肩的战友，但1998～2000年双方发生了针锋相对的战争，从此以后互不信任。

在定义上，《外来统治》（Alien Rule）一书讨论了（Hechter, 2013）一种所涉各方之间从来不曾存在过认同感的关系类型。这一比较研究涉及的范围从军事占领和公司并购到院系合并，从国际组织对那些曾经为国家事务的问题予以干预到统治帝国不一而足，最后一个话题在本书第九章"存异而治：一项关于帝国的比较研究"中也会论及。在这一语境下（扩展的身份认同/联盟）我们可以注意到，外来统治中总是包含着一种联盟因素，也就是外来统治者与当地合作者之间的联盟，后者经常被他们自身的群体指为叛徒。

认同过程似乎在有意或者无意间尤其受到预期的群组规模的指引。联盟倾向于有意识地受到策略性考虑的指引，同样也不得不与规模和力量有关。我们可以轻易地想到，扩展一个人的身份认同（也就是说，放宽自身群组的准入标准）和形成联盟对于增加冲突中一方的规模有着同样的效果。两种过程（扩展认同和形成联盟）扩大了群组的规模，带来了其中蕴含的所有潜在优势（力量）和弊端（不得不分享战利品），也就是成本和收益（Schlee，2008a：25 - 26）。扩展身份认同的决定正如同结成联盟一样，意味着有数量更多的人介入其中。反过来，缩窄认同有着与打破联盟相类似的效果，自身的群组变得更小、更有排他性了。

在共同性之余，扩展自身群体（身份认同）和加入联盟之间存在差异。身份认同可能意味着互惠。如果我与自己的孩子有认同感，为了我以为对他们有利的事情而采取行动，这种考虑可能会影响我的决策：当我上了岁数时，他们可能会帮助我。或许我会信不过他们，但不管怎样还是要考虑他们。不同的是，如果一种联盟要行之有效，总是意味着一种互惠、一种给予 - 索取的因素。这是一种工具性关系。它的极端形式是那种就单一问题的联盟：跟那些我为了达成某个特定的共同目标所需要的人结盟。除此之外，我非常不喜欢这些人，绝不会跟他们产生任何认同感。①

赫希特（Michael Hechter）强调在外来统治和总体上的社会关系当中，工具性层面以及物质激励的重要性是正确的。"个体激励在社会关系的结果中所起的作用，怎么高估都不过分"（Hechter，2013：141）。我们有着同样的视角，我们关于"谁是国家"的讨论便是在其指引下进行的。②

谁是国家？

在计算利益和采取行动时，身份认同具有重要性——这些考虑让我们提出如下问题：国家到底是谁？国家工作人员是从

---

① 真实的情形不会与这种极端形式重合，人们会发现在身份认同和联盟之间的过渡带已经在什么地方被划分出来（Schlee，2008a：30－33）。联盟当中可能有身份认同因素在里面（也就是说，那些都将自身定位为"保守的"或者"自由的"政党之间的联合）。另一方面，一种基于共有身份认同的关系可能也包含了契约性质的关系，让人想到联盟。如果一位兄弟总是无法实现该关系对他的期待，他就不会再被当作兄弟来对待。这一观察表明，甚至在一种明确的"天然"关系中，也有着隐含的契约性质因素。"契约性"有着不同程度。

② 赫希特在对统治者的合法性所做的因果解释中使用了"有效性"（effectivness）这个概念，将其与"身份认同"（identity）（或者他们来自何处）对立起来（Hechter，2013：23）。也就是说，他以牺牲"文化式"解释为代价而强调"工具式"解释（Hechter，2013：148）。这种是在强调非此即彼的二元对立。我认为个人激励——因为有效性而得到的公共产品——与身份认同之间的关系，以及从工具性解释出发的物质激励与"文化"之间的关系，都要比二元对立的状况更为复杂。我和赫希特一样怀疑"文化"是否堪为一种独立的变量；但是，什么被感知为公共产品或者是个人激励（某种资源，或者某事上衡量成功的尺度），在对此进行决定时"文化"还会起到作用。我们所定义的"身份认同"，也与统治者的合法性有很大关系。难道统治者——不管是否为外来者——不得有与普通公众或者某一大群人的利益认同，才能被这一大群体感知为具有合法性吗？我们会在接下来的注脚中继续这一讨论，以便不打破正文行文中的论点，那些论点是我在赫希特的最新著作发表之前已经形成的。

哪部分人口当中招收的？国家认同谁？谁认同国家？谁是国家的联盟者，也就是那些并非统治精英中的成员，但与他们有着互惠关系的那些人？在论及内部冲突时，我们也要就国家内的派别或者关系网提出同样问题。我们可以把全部这些问题放到国家代表者身上，来得到快速的（但是也许不那么精确的）答案。他们会给我们提供官方国家意识形态的表达形式，也许他们会声称国家代表了人民。他们经常会声称，其政策基于价值观。这里有一个会经常被国家的代表们挂在嘴边的价值观列表（按照这些词在英文中的开头字母顺序来排序）：非洲，美洲，亚洲，佛教徒，基督徒，人文主义者，自由派，伊斯兰，社会主义。他们也可能不声称自己是为"人民"工作，而是为"国家"工作。在财政意义上，让国家像一个成功的商业机构那样运行，通过鼓励全面经济增长以及向一个日益壮大的经济体收税来使国家收入最大化。

　　然而，更切近的观察经常表明，政府所做的经济决策既无法让国家也无法让其人民从中受益，也不能与任何宗教信仰或者配得上其名称的意识形态"价值观"产生共鸣。他们——这里指的不是某些抽象的制度性机构，而是实际上在做出决定时涉及的人——是在自己以及跟自己关系密切的人能从中受益时才做出这些决策。以极其低廉的价格将大片部落土地租赁给外国投资者，这对生活在当地的人而言是灾难性的，对于大范围意义上的国家经济也无益处。但是，如果把利益定义在一个小得多的范围内，这还是可以理喻的。那些决策者可能会得到回扣或者分成，他们的朋友或者家人则可得到工作。

　　"国家发展"（national development）是一个关键词，几乎像"基督教价值观"或者"人文主义"一样好用。《农牧业和非洲的发展：边缘上的动力性变迁》（Catley & Lind & Scoones，2013）一书分析了国家针对半农半牧民的政策——这些政策的后果经常是以大规模的资本主义食品生产形式取代畜牧业，前者被说成是"现代的"，但是在总体经济意义上的产出要少——并提出了如下这个他们马上能给出答案的问题：

> 为什么政府试图用另外的土地使用方式取代畜牧业？一个重要的理由是：政府在提高税收方面的利益。更宽泛地说，对那些边缘之地的经济生活和政治生活实行更大的控制。通过攫取资源来控制畜牧业边缘的经济活动，当权政府能够攫取国家发展所需的经济财富。（Catley & Lind & Scoones，2013：11）

上述三位作者所分析的那些涉及畜牧业的政府决策，真的是出于促进国家发展的愿望吗？毫无疑问，当权政府能攫取那些可以用于国家发展的经济财富。但这是他们所做的事情吗？当然，这是一个实践层面上的问题，其答案在每个国家、每一个案当中都有所不同。可悲的是，历史上的材料表明，经常发生的情况是：当权政府并不把税收以及以其他手段攫取的财富用于国家发展上，而是用于耗资巨大的安全部门上，因为他们没有能力或者不愿意实行符合大多数公民利益的政策，也就是没有出现让大多数人的福祉得以提高的发展，由此引发的抵抗令他们感到恐惧，因而他们需要在负责安全的职能部门上花费钱财。在另外一些情况中，公共财富最后落到国家统治阶级的私人腰包当中——一些国外捐助者提供的发展资金最后也有着同样的命运。这也就是说，国家没有投资发展，来自别处的发展资金被"投资"进政府官员的私人账户。同样的情况也可能发生在通过"资源攫取"(resource grabs,这个词是上文提到的《农牧业和非洲的发展:边缘上的动力性变迁》一书中出现的)而得到的金钱上。在非洲以及世界上许多"发展中"热带地区国家那里,它们的长期土地租赁价格低廉得不可思议,这很难用经济逻辑来解释,除非考虑到这一可能性:那些做出决策的人得到了回扣。

这三位作者(Catley & Lind & Scoones,2013)在书中也很睿智地没有将"国家"描写成单一的行动主体,而是用了"政府""当权集团"这些词的复数形式。不过,政府的所作所为应该以此为参照受到检验:对于那些真正决定实行该行动的人,这些行动有着怎样的成本和收益。在集体决定的情况下,每一位行动主体都要考虑其他人的感知;但如果这类决策没有其自身利益在里面,他或者她只会在必要的程度上接受这些决策,并试图以自己感知到的于他或者她自身最有利的方式来影响其决策,会考虑到如上文所讨论的扩展"自我"这一选择。

让我们来检验一下一系列涉及政府或者特定国家官员的"身份认同",从政府代表人民[①]、为人民的利益而采取行动这

---

① 这里我们可以再讨论一下"代表"与"身份认同"之间的关系。赫希特将这两个概念对立起来。他在《外来统治》一书中"把关于政治代表的论点扩展到本地人和外来人当中,认为在当代世界中,大多情况下,合法性是统治者的有效性与公平所具有的功能,而不是其身份认同所致"(Hechter,2013:23)。我们在本书中对"身份认同"与"身份认定"概念的使用,无法以这种方式与"代表"直接对立。在概念层面上(即无关乎在真实世界中人们用这一词所指的是什么),代表是委托人的代理人,他/她要代表委托人。代理人必须代表委托人行事,必须从委托人的角度来感知成本和收益,出于委托人的利益来做出决定。这与我们的"身份认定"概念非常接近——扩展自我,将其他人包括进自己的成本-利益计算当中。只要代理人还理智健全,他/她对委托人的认同就不会如自身一样,(转下页注)

一规则性推定开始。这会意味着，在地方性自我规范运行良好、政府干预耗费巨大而且非必要的情况下，政府会限制其自身的角色。然而，在我们周围的现实当中，鲜有政府会如此行事。

在某种程度上更真实一些的推定是，政府认同的不是人民而是国家。为了增强国力，让国家焕发光彩，国家财政收入需要被最大化。这里又有两项措施，其一为税率，其二为所征收的税种。税率代表了一个最优化的问题：落在两个极端之间的某个点上，得到的回报才最高。如果税率太高，就会威胁到生产者的生活和生产效率，因而也会潜在地限制税收。高税收也增加了控制成本，由于控制不可能天衣无缝，这也导致了逃税和向外移民的增加。另一方面，如果税收太低，国家可能的财政收入就流失了。至于所征收的税种，在这一模型里我们只能如此推定：政府寻找各种途径对所有的经济部门收税，因此政府应该对整体经济增长感兴趣。

回到上文所描写的情形，这就意味着：如果剥夺畜牧业部门的核心资源所带来的损失，要高于经由另类的土地使用所获取的

（接上页注①）但是他当然得知道委托人的目标是什么。对这种代理人 - 委托人之间的关系，在日常语言中有许多表述方式，在"好"统治者与"他的"人民之间，还有更为特定的表达。他们得"在同一个波长上"，他得"用他们的眼睛看（问题）"，知道他们的"鞋子哪里夹脚"。赫希特关于"有效性"与"合法性"的讨论，富有启发性并引发人们提出问题。统治者的合法性在实践中（以接受程度和在职时间来衡量）在很大程度上有赖于重要的行动者——那些被统治者中能发出声音的人——认为那是有效率的。但是，那些被边缘化而不能发出声音的人呢？外来观察者可能会把忽略这些人之利益的做法描述为统治者一方缺少有效性。（他/她有可能呼吁统治者要做"好人"，"要给他们以声音"或者去做"倡议人类学"。）然而，在定义上，那些"不发出声音者"的观点在当地权力游戏中无关紧要。难道不应该把观察者视角与当地行动主体视角中的有效性，沿着客位/主位的差异路线而予以区分吗？

收益，那么一个理性的、追求财政收入最大化的政府就不会这么做。如果政府政策的目标在于，将各部门的总体经济产出最大化，那么只要畜牧业的收益高于其他土地使用方式带来的收益，政府的政策就会保留畜群的路线，让畜群能靠近河岸以及其他水源地。如果中断畜牧业部门、从事粮食生产的尝试造成的生态破坏的损失大于农业上的收益，政府的政策就会保留开放牧场。在农作物生产的边际条件下，这种情况将是可能的，但也有风险。这里一年内可以有二到三季收成，但是其产出会比允许牧民继续使用这些土地所获的赢利要少：无论是就使用同样面积的产出而言，还是考虑到将该面积当作更大系统中的一部分，要想有效地进行总体利用，这部分便不可或缺。在所有这些情况下，一个追求财政收入最大化的政府会认真地计算，如果将资源从一种用途类型转向为另外一种类型，这对相涉的两个经济部门而言都意味着什么。对资源的使用要保证该经济部门会给总体经济带来更大赢利，当然，假定这些赢利都是可以征税的，或者以某种其他方式对经济有所贡献。比如，在迁徙式畜牧生产的个案当中，生产的廉价肉食有助于人们无需将全部薪水花费在食物支出上，以便政府对他们的收入征税。廉价的肉食也有助于保持低工资水平，以便能让经济中的非食品部门有所赢利并缴税。

很多时候，政府的行事方式却并非如此。推定政府是出于国家的财务利益而行动，对政府行为则无法做出解释。政府并没有发展经济总体，建立一个多样化且足以覆盖许多不同财政收入源头的税收体系，而是集中在那些最易于制造瓶颈经济的领域来汲取财富。在这样的情形下，政策的聚焦点不是国家的财政收入，而是个人的收入。

在解析国家权力拥有者的实际决定时，我们会发现他们所考虑的行动的成本－收益核算（谁的成本和收益？）似乎与普通人并无不同。像所有正常人一样，他们首先要保护自己。当他们因为过去的罪行或者别的什么原因而受到生命威胁时，他们的战斗会拼命而残忍。只有在愤怒带来的后果上，他们才和那些没有武装力量、听命于他们的普通人有所不同。当他们已经变得富裕时，就想变得更加富裕，这也和普通人的想法一样。"资源稀缺"让冲突激化，这种说法是一桩神话。没有哪一个政府、政府官员或者牧民对于自己已经拥有的东西感到满足，他们总是想要更多，这可以是权力、是金钱、是畜群。战斗是由那些有战斗能力的人来进行的，而不是那些无着无落的人（Witsenburg & Zaal，2012）。当涉及财富分配时，国家权力拥有者与自己的家人以及他们与之合作的宽泛亲属网（如果亲属们的地位与自身地位旗鼓相当，那么亲属也有可能成为危险的敌人）分享财物。在这里，身份认同的逻辑（基于有共同的祖先或者相似的标准）贯穿个人的逻辑（我帮助他们，因为他们帮助我）。

从行动主体的角度来看，族群性、宗教、来源地等都可以成为决策者挑选联盟者的标准，或者作为分类的备用池，人们可以从中择取某个（或某些）来扩展或者收缩自己的身份认定，对赢得或者保护资源获取途径的需求做出回应。当然，并非所有这些认定身份的把戏都可以公开上演，因为当事人可能会被暴露在挑剔的观察者眼中。如果没有第三方的关注或者主动干预，彰显族群与宗教差异的相邻群体之间的关系就可能有另外的走向。关于少数人的权利、土著人权利以及人权的全球性话语都起作用，但最重要的是国家在调节族群群体、宗教共同体之间的关系。国家政策，比如世俗主义或者多元文化主义，经常作为（或者被认为如此）规范多元化的另类方式，隐晦地带有或者不带有偏向于某一或者其他群体的议程。在某些国家当中，族群性属于私人范围；在另外一些国家，在官方层面上国家则完全将其忽略，或者通过强制同化而将其克服；有些国家则将自身视为族群群体的联邦，只有联邦族群的成员才享有完全的公民权，即便如此，也可能只在其各自地区才能行使其政治或者经济权利。

由多族群拼合在一起而成的国家，经常是从前的殖民地。在这些国家的内部行政划分上，他们保持或者重新发明了族群区域性的形式——这源于此前的殖民地政府所采用的欧洲模式。民族国家的模式，"威斯特伐利亚"国家或者其缩微版，经常被机械地予以应用。在干旱的肯尼亚北部，甚至游牧民也被划归了地区，没有特殊许可他们不可以带着畜群离开那里。这对动物养殖是有害的，其结果是对人的营养和健康都带来损害，因为该地区面积太小，不足以化解不均衡的雨水分布带来的风险（Schlee & Shongolo，2012：9，170；Schlee & Shongolo，2012：27，33）。

那些利用族群差异来划定行政区划边界线的国家，并非都是典型的后殖民地国家——曾经有欧洲国家作为其"宗主国"的国家。埃塞俄比亚在19世纪后期扩张以确保自己的领土，否则将被其敌手欧洲列强所占领（Schlee & Shongolo，2012：2），这种做法被其批评者指责为内部殖民主义，即非洲人对非洲人的殖民主义。在海尔·塞拉西（Haile Selassie）统治时期和整个社会主义时期（即直到1991年），埃塞俄比亚的行政结构沿着交通网络（考虑到各地区在地势高度和可通行性的差异，这是一种合理的原则），横跨了族群的划分——也许这是有意的和系统性的做法，带着潜在的同化主义议程。然而，自1991年以来，地域单元是根据族群及其边界来确定的。显然，这一新秩序在术语上源于斯大林的概念（"国家，民族和人民"）——其影响遍及地球上的很大区域（对中国的影响，见 M. Schatz，2014）。族群联邦主义的根源也许不仅存在于西欧民族国家的理念当中，也存在于沙皇帝国的实践当中，而蒙古帝国又比沙皇帝国先行一步。在本书的结尾，我们会再回到这一分类谱系以及统治体系。

国家将人民进行分门别类，可以对"族群的"身份认同有所影响。另一方面，族群可以利用国家作为权力资源或者工具，不让其他人获取资源。在某些情形下，我们发现一个占主导的"国家主体民族"（Staatsvolk），国家和族群甚至可以整合为一，我们可以说那是一个族群国家；在另外一些情形下，政治权力基于统治者与被统治者之间沿着族群与宗教线路所标记出来的区别。政治的、"文化的"（族群的）、宗教的和其他的身份认同彼此影响并联结在一起。因此，无法认为国家或者族群二者当中哪一个比另外一个更重要，或者更为"真实"。① 这并非简

---

① 有研究著作来解构国家的质性。斯科特的著作《国家的视角》（Scott，1998）认为，"设施""机构"这类用语表明，国家更像是一种感知方式和行动方式，一种语言游戏或者一套行为标准，而不是有着如物品一样的特征。的确，该书讨论了国家如何"阅读"真实及其"阅读"中的盲点。自此以后，很多人在追从着斯科特的足迹。另外一些人，如格尔茨的"剧场国家"（Geertz，1980），强调的是国家属性（Statehood）中的表演方面。我们无法再假装知道国家"真正"是什么。国家属性由以国家名义（state-like）的行为构成。沿着这一传统的近期研究，可见 Sureau（2016）对南苏丹的描述。不过，在某些民族志描写传统中，国家对于解构性力量的抵抗要比族群和阶级长久得多。Brass（1985）总结了在当时被认为重要的资料，详细讨论了国家如何与族群或者阶级结成联盟，或者国家如何被这类实体把控在股掌之中。但是，在任何讨论 X 与 Y 之关系的著作中，X 和 Y 都是或者甚至被确证为各不相干的实在体。我们这里关于身份认同的讨论，与这一视角有所不同。如果国家的工作人员是由居民中某一特殊群体的成员组成，如果国家的目标与那个群体的目标越来越靠近，换句话说，如果一个国家认同某一群体也为那个群体所认同，我们还能说那个国家作为单独的实在体，被那个群体"把控在股掌之中"或者"工具化"吗？

单的单一因果关系，国家是族群以及其他集体性身份认同的起源；或者反过来，后者缔造、形成或者塑造了国家。国家与族群和宗教身份认同有着复杂的相互作用。后者当中的一些可能缔造了国家，让不属于该群体的人只能当二等公民。那些大权在手的人，不管最初是否曾沿着族群分界线走上台去，他们都最终会把"族群的"这个标签留给别人，而号称自己有某种更高的、普遍的、理性的身份认同。臣民有风俗，统治者有法律；臣民有方言，统治者有语言；臣民有民俗，统治者有文化或者文明，等等。相反的话语，如人权或者少数群体保护可能会改变这些，但是那只是在一定程度上，因为他们都陷入同类的二元对立当中：统治者（在民主制度下是多数人的代表）是保护者，而少数群体需要保护。少数群体需要采取可笑的方式来行动，比如在身体上涂画或者戴上羽毛、穿上色彩鲜艳的传统服装，以便能引发多数群体的代表们的保护本能。另外一些人称这种"自我民俗化"（self-folklorization）为"骄傲地活出来他们自己的族群文化"，我对此表示怀疑。族群认同是在政治背景中被定义的，极其常见的方式是"自上而下"，将某些人群排除在政治权利和经济的好处之外，或者给他们规定出另类的分层秩序——那是一些不会让他们由此高升，跻身主流行列或者成为少数统治者的等级序列。

4 归属的政治与身份认同转变

——科特迪瓦北部以及布基纳法索的个案

尤素甫·迪阿罗（Youssouf Diallo）

导 言

本章讨论的对象是布基纳法索西部以及科特迪瓦北部富尔贝人（Fulbe）游牧民的归属政治和身份认同转变。本文描述了他们在历史上以及在当代融入博博人－波瓦人（Bobo-Bwa）和塞努福人（Senufo）乡村社区中的不同层面，讨论了在哪些条件下一些富尔贝人改变其族群身份或者将自身与定居群体区分开来。

富尔贝人的牧民分散在从塞内加尔到埃塞俄比亚的整个西非草原带。富尔贝人在苏丹－萨赫勒地区已经生活了很久；相反，进入苏丹－几内亚地区则是相当晚近的事情。科特迪瓦是一个很好的例子，但在西非这并非孤例。牧民迁移到科特迪瓦北部可以归结为，这既是受生态条件制约的结果，也是出于政治理由。

在移民过程中，族群身份会随着趋同或者趋异进程的发生而有所改变，但是有时候很难看清楚这两种进程的全部模态。有些学者在讨论族群身份认同动力时，把变化进程区分为四种不同情形（Braukämper 1992：53）。其中的"化合"（amalgamation）和"融进"（incorporation）被阐释为趋同的基本形式。"化合"

是两个或者更多群体联合形成一个新群体的进程;"融进"则意味着一个群体接受了另一个群体的身份认同。趋异分为"外分"(division)和"内分"(proliferation)。经由"外分",从一个旧群体中出现两个或者多个不保留旧身份认同的新群体;然而,当从一个旧群体中出现一个或者多个新群体时(旧身份认同得以保留),这便是"内分"。

在趋同和趋异的进程中——我会采用上文提及的某些术语来进行描述,有很多因素能导致群体或者个人来接受别人的身份。不过,在这里也难以穷尽所有的不同因素。比如,缺少与人口发展相关的量化数据。那些数据会让我们考虑游牧民的数量、他们在一个社区停留的时间,以及他们融入其中的节奏。本章,我不去谈及所有这些因素,而是集中讨论联盟、宗教维度(伊斯兰教)、土地获取以及职业区分,这些都促进了富尔贝人的定居。

牧民、农民和商人

布基纳法索的博博人 – 波瓦人和科特迪瓦的塞努福人,在富尔贝人不同部族活动的边缘地组成了村落社区。对一切活动来说,村落都是最重要的单元。创立村落的家庭,拥有头人的身份。博博人和波瓦人在他们的社会组织、宗教以及政治和仪式生活中都相似(Capron,1973;Le Moal,1980)。

塞努福人分布的区域广大,从马里的西南部到布基纳法索南部以及科特迪瓦,在那里他们构成了最大的族群群体,被认为是重土难迁的族群。他们以农业为生计,但是也参与经济作物的生产并种植棉花。就人口数量而言,迪乌拉人(Dyual)是科特迪瓦北部第二大群体,他们与马林凯人(Malinke)一起构成了西非大草原上最古老的穆斯林群体之一，远途贸易曾经是他们的主要经济活动形式。这两个族群里的伊斯兰教学者都有助于伊斯兰教在西非大草原的扩张。鉴于迪乌拉人在远途贸易方面的能力和社会声望，一些塞努福人接受了他们的文化和语言，改变了自己的族群归属；另外一些，则在皈依伊斯兰教之后成为商人。

形成国家和远途贸易，是迪乌拉人在前殖民地时期西非影响中的两个因素，这对于伊斯兰教在塞努福人地区的传播是非常重要的。迪乌拉人的小型贸易群体沿着商路安顿下来，从尼日尔的中部延伸出去，向北达到草原带，向南到产出可可的地区。为了保证商路的安全，他们后来与当地武士的小群体合作，在 18 世纪成立了迪乌拉人的国家——孔（Kong）帝国。孔帝国政治组织发展的一个结果是，一些塞努福人被迪乌拉人同化。那些生活在商路沿线的亚群体也受到迪乌拉人文化的影响，因为他们早就与受到伊斯兰化的迪乌拉商人共居，而后者把纺织技术带给塞努福人。在科特迪瓦北部，在曾经连接孔帝国和杰内（Djenné，位于今天的马里）的古代商路沿途，甚至今天还能看到许多"迪乌拉化"的塞努福人。他们在家庭组织和社会结构上与其他塞努福人不同。"迪乌拉化"的塞努福人的村子分成不同居住区，被称为"卡比拉"（kabila），每个"卡比拉"由若干有着同样出身的家庭组成。在许多塞努福人的村子里，也可以看到乌迪拉人那种基于宗族的社会组织，在那里可以看到若干自治的乌迪拉人的居住区。

富尔贝人的牧民是该地区的第三大群体。富尔贝人穆斯林对于自身所在的塞努福人/迪乌拉人环境，有着一种具体的表达和适应。在过去的 30 年当中，富尔贝人从布基纳法索移民来到塞努福人地区，人口密度各不相同。此外，还需要考虑到另外一点：不同的物种和家畜品种有着不同的环境适应要求。最重要的差异是在弓背牛（bos indicus）和平背牛（bos Taurus）之间的差异，前者是由萨赫勒地区的富尔贝人带到科特迪瓦北部的。在苏丹－几内亚地区的气候湿润条件下，采采蝇（或者称为舌蝇，tsetse fly）是饲养弓背牛的决定性制约条件。这就解释了为什么对游牧民来说，能否在某一特定区域安顿下来取决于当地的环境条件，即便他们也会考虑到自然资源（水源，牧场）的可获取性，以及能否进入那些允许他们卖掉奶产品的商业网络。

多族群语境下的身份认同、所属特征以及自我认定

族群认同是一种区分性身份认同，对它的理解要以大社会语境——个人或群体在其中定义自身或者将彼此区分开来——为参照。本文关注的西非草原地带中的这一部分恰是这类语境（Amselle，1985）。科特迪瓦北部和布基纳法索西部的富尔贝人牧民、塞努福人以及博博人－波瓦人农耕群体，嵌入19世纪的更大经济网络（杰内城、廷巴克图城、孔帝国）和强有力的政治构成。这里没有可逃避之处。商路在这一地区交错，出于仪式、宗教或者经济的理由，重要的个人或者群体的流通在这里进行。身份认同的推动力，是长期历史的产物——在这一历史进程中，这一地区的不同族群和职业群体互相接触，以亲属关系、血统、居住地、宗教或者职业来定义自己的身份认同。族群称谓"塞努福人"、"富尔贝人"、"班巴拉人"（Bambara）、"迪乌拉人"，都是以这一模式、在这一层面上认定身份的例子。

已经有重要的人类学著作致力于对那些如"塞努福人""迪乌拉""班巴拉人"等族群称谓进行辨析式分析（Bazin，1985；Launay，1995；Förster，1997）。"迪乌拉"这一称谓，描述的是一个文化群体，也是一个职业群体，即商人。比如，一位年轻的富尔贝牧民改换了职业活动，从放牧转向经商，人们会说他变成了"迪乌拉人"，或者他正在做"迪乌拉"（也就是商业）。"塞努福人"（Senufo）源于一个迪乌拉语的词，商人们用这个词来描述"讲塞纳语（Siena，塞努福人的语言）的人"。法国的殖民地管理当局后来采用了"塞努福人"这个称呼，而塞努福人自称为"巴玛纳人"（Bamana）。有证据表明，这一族群称谓并无轻蔑之意，哪怕西非穆斯林泛泛地用"巴玛纳人"或者"班巴拉人"来描述那些非穆斯林（Bazin，1985；Trimingham，1970）。

劳动分工以及身份认同话语

在归属特征与自我认定之外，上文提及的例子清楚地表明，族群区分有着文化、宗教和经济的维度。农耕者塞努福人与邻居迪乌拉人，就是这种情形。大多数迪乌拉人自己以及塞努福人，都把迪乌拉人主要定义为商人和穆斯林（Launay，1982）。甚至时至今日，塞努福人还被迪乌拉人和富尔贝人称为"巴玛纳人"（不信神的人）。至于富尔贝人这一称谓（Fulbe 或者 Fula）在许多农耕社区中，富尔贝人（Fulbe 或者 Fula）一词都有"营生"的含义，用来指那些把放牧当作主要经济活动的人，而不论他们实际的族群归属是什么。在西非，富尔贝人社会身份的典型形象是"养牲口的人"。但是，如果不提及宗教——它代表了"富尔贝人特性"（Fulbeness）构成的一个参照点——的话，我们就无法谈富尔贝人的身份认同。伊斯兰教是富尔贝人身份认同中的一个本质因素，在日常生活中也起着核心作用。出于这一理由，年轻人很早就开始践行这一宗教。

与基于语言和宗教的外部属性相反，塞努福人经常以职业为标准，将自身与生活在其附近的其他群体区分开来。事实上，让塞努福人在面对相邻的迪乌拉人和富尔贝人时能展现强有力的身份认同和自我意识的标准，既不是语言也不是宗教，而是职业，尤其是农业。带有这层含义的"Senambele"一词，被文化上相似的铁匠少数群体用作一种职业标记，专门来描述塞努福农民。农业仍然是最被看重的职业，尽管会出现这种情况：有些塞努福人在皈依伊斯兰教之后，接受了迪乌拉人的生活方式和语言，改变了自己的族群归属。

我们将会看到，对职业专门化的强调也是塞努福人与富尔贝人族群差异的基础。在塞努福人的职业伦理中，养牛并不被看重（Förster，1997）。塞努福人认为这一经济活动是富尔贝人的专项，他们把自己的牛托付给富尔贝人，以便自己能有更多时间花在农作上——他们感觉自己与农作的关联更为密切。成为当地特别成功的农耕者，这种声望是塞努福社会看重的价值之一。这些价值评判也表达在田地里的工作上。在理想化的自我认定图景之外，现实问题也有其作用：塞努福人地区就属于科特迪瓦产棉带，自1962年以来即已高度融入市场经济。

科特迪瓦北部的富尔贝人

本节，我将首先描写移动放牧进入科特迪瓦北部的活动，而后再转向塞努福人与富尔贝人之间互动的某些模态。19世纪，布基纳法索西部的一部分被称为波博拉（Boobola），处于富尔贝人的巴拉尼（Barani）部落酋长——当地的农耕者要向其缴纳贡品——的政治势力之下。在这个部落酋长势力衰落、奴隶获得解放之后，富尔贝人丧失了那些依附劳动力，回到自己的牧民生活方式，有些人甚至再度以游牧为生。出于这些原因，巴拉尼部落的富尔贝人是最早经由马里迁往科特迪瓦北部的一批。1940～1950年，来自巴拉尼的养牛人为寻找牧场迁移到马里的桑（San）、库佳拉（Koutiala）和锡卡索（Sikasso）地区。他们当中的一些人在马里停留了若干年之后，来到科特迪瓦安定下来。对于那些生活在今天的科特迪瓦的马里富尔贝人来说，桑和库佳拉地区也是他们最重要的来源地。正如前文提到的那样，来自巴拉尼的第一批牧业移民发生在由解放奴隶及其后代而造成的生态、政治和社会变迁的背景下。富尔贝人群体的最早移民，部分也是由于巴拉尼部落头人滥用权力，对畜群课以重税。在马里生活了22年之后，他们在1962年进入科特迪瓦。

随后，富尔贝人进入科特迪瓦的移民潮，在1960～1970年从布基纳法索西南部而来。比如，除了来自巴拉尼的富尔贝人家庭，人们也能遇到亚分贝（Jafunbe）部族的成员，主要在Quangolodougou边境地区。他们属于非常早的第一批牧业移民。在奥罗达拉（Orodara）地区短暂滞留之后，他们于1969年进入科特迪瓦。

后来的两个其他因素，在促进牧业移民进入该国时也饰演重要的角色。首先是科特迪瓦的养殖政策，这增加了20世纪70年代来自布基纳法索和马里的牧业移民；第二个因素是随之而来的牧业经济发展，这使科特迪瓦北部对萨赫勒地区的富尔贝人具有吸引力，他们来到这里给牲畜所有者提供劳动，或者在那些已经建立起来的国营农场中找到工作。这些移民最初是来自布基纳法索摩西行政大区雅滕加省（Yatenga）和马里的莫普提（Mopti）的富尔贝人，他们主要移向孔（Kong）地区（Bernus，1960：302）。这些短期移民中的一些人，在挣了几年工钱以后回到原来的国家，另外一些人则在科特迪瓦北部成为长期受雇的牧民。

最重要的牧业定居地之一是富拉布古（Fulabugu，意为"富尔贝人的居住地"），一个位于与马里边界附近腾格里拉（Tengrela）地区的村子，第一批拥有畜群的富尔贝人从那里扩散到整个科特迪瓦。除了那些来自马里西南部、定期前往科特迪瓦中部的季节性移民以外，大多数富尔贝牧民首先在本贾里（Boundiali）北部以及今天的滕加里区安顿下来。

游牧活动在1960年以前，相对来说无关紧要；1961～1969年移民日益增加，1970～1975年则发生了显著的改变。富尔贝人在塞努福人地区的不规则分布，需要被放置在与地方政治以及牲畜的特殊分布的关联当中来看待。后者可以在科特迪瓦北部的若干个村子里看到。

根据1994年的官方统计，全国畜群中的1/3——其数额为130万头牲畜——属于富尔贝人，全国奶肉产品中的50%左右由他们的畜群提供（Ministère de l'Agriculture，1994）。科特迪瓦的富尔贝人口所具有的经济影响是重要的，这与他们作为族群上的少数群体的情形是矛盾的。

在富尔贝人的社会组织中，营地是最重要的居住单元。建营者家庭的成员形成核心居住地，来自建营者家庭家乡地区的群体加入进来。富尔贝人游牧营地中的所有居民都听命于身为长者的头人。

当某些条件成熟之后，富尔贝人就会做出在某一新地方建营地的决定。富尔贝人总是首先力图了解当地农耕者对他们的态度。一旦他们最后决定建营，标志性的动作即是建造一座清真寺。如果他们认为当地的社会条件是正向的，他们就会雇佣一些塞努福人邻居为自己建造草顶圆屋。清真寺的建造、伊玛目和教授《古兰经》教师的到来，标志了富尔贝人的定居化。

归属的政治与社会多样性的再生产

探讨族群性以及民族主义的社会科学著作会对两类归属的政治做出区分：自然归属（比如，经由血缘或者继嗣）和契约归属（比如，经由意愿或者选择）。我们会看到，这两种对于共同体的归属概念，在布基纳法索西部的博博人和波瓦人当中都可以找到。因此，在讨论社会身份和归属的政治时，就有必要尝试去理解乡村共同体对自身如何进行组织和形成结构，以及他们如何再产出社会多样性。

塞努福人以及博博人－波瓦人的农耕社会发展出一种以村落社区自治为特征的政治组织形式。自治并不意味着封闭。在这些无国家社会的政治格局中，村子是一个功能开放的单元，片区（村子的一部分）是在家庭之上最重要的指称框架。头人制（chieftaincy）在这里是一个带有共事特征的灵活机构。权力掌握在老人手中，他们集体掌握这一职位，其地位高于村里的其他群体。博博人、波瓦人或塞努福人的头人，是年长一代当中的最年长者。他可以将自己的权力交付给"片区长"（quarter chief），后者的仪式作用大于政治作用，因而能控制一部分土地。在这样的情形下，片区长可以利用交付给他的权力来设定其他人获取土地的条件。

　　作为一种普遍的规则，村里的老人担当仪式活动专家，尤其是在祭祀祖先中。保障村子的安全，是那位由长老会选出来的大地祭司的责任。在祭司的引导下，村子里的老人们"迎接"地方神祇或者向它们献祭以表示感谢。对于祖先，也有同样的敬拜活动：祖先会为村子好而介入，这样就能让村子下雨，或者传染病就不会找到村子。

　　创立村子的家庭享有创造人以及作为主人的地位，也是东道主。在这方面，大地祭司对于调停新来者与村子里神灵之间的关系也同样重要。正是调停人的角色，让博博人或者波瓦人的大地祭司成为土地政策的核心人物之一：决定或者实行允许新来者进入村子的政策，或者把可利用的地块分给他们使用。的确，这里的土地使用制度，对那些加入村落共同体的外来群体或者请求土地耕种的人都提出了条件。除了牧民，所有的人都需要满足一些仪式要求，以便获得使用土地的权利。在农耕者与牧民之间没有契约，尽管富尔贝人牧民在建立自己的营地之前，必须向村落头人请求给予土地。从农耕者的角度来看，游牧民与其他外来者不一样。他们与大地没有神圣的关系，并不坚守基于祖先崇拜的地方信仰，因为他们是穆斯林。要想获得对土地的使用权，富尔贝人不会被要求履行如农耕者一样的仪式责任。

　　塞努福人和博博人－波瓦人村庄的口头传统，强调他们的定居生活方式，只提及特定个人或家庭群体小规模的变更居住地，这些改变大都基于寻找可耕地、猎物或者铁矿石。在这里，铁匠、行游讲故事人和狩猎人是其中最具有流动性的因素。这出现在许多关于博博人建立村庄的讲述中：人们会经常讲到，一位猎人先在那个地方安顿下来，先前居住地的其他成员随后加入进来。说书者（griots）的活动线路是由仪式活动（葬礼）来决定的。对铁匠来说，他们不断寻找着在打造农具时所需要的铁。相关讲述中经常出现的情况是，铁匠们告诉村中的长者，何处是可以定居下来的好地方。

在博博人 - 波瓦人和塞努福人的村落中，尽管多数居民是生产食物和经济作物的农耕者，但是村中也有很多其他职业群体。经由乐于接纳那些有着特殊技术和职业技能的群体，社会多样性得以再生成。过去，农耕者鼓励有特殊技能的铁匠，或者拥有新型农业技术的农耕家庭和他们一起定居。除了铁匠，木雕匠人、制革工和牧民都属于那些促进了村社经济和社会生活多样化的群体。富尔贝人擅长饲养牲畜，人们允许他们安顿下来，以便鼓励他们与当地人合作并开展贸易。许多富尔贝人牧民应农耕者当中那些有牲畜之人的要求，在村子里继续住下去。

除了职业专门化、禁止跨族群联盟，在村落的整合与组织进程中，所在地也举足轻重。不同家庭生活在不同片区，但是彼此合作。他们让彼此有所区分，其标记可能是来源地、父系的姓氏，有时候是语言。他们当中的一些人，彼此保持着特殊关系。比如，富尔贝人被禁止与铁匠、说书者和乐手、制革人通婚，这些人属于与他们自己"可开玩笑者"这一类别。这种把亲近、互助和禁忌组合到一起的关系，对于避免冲突至关重要。

符号、话语和表征

牧民和农民在本地并非只争夺资源，他们也处于互补关系。这两个群体之间互补关系最重要的基础是，农民将牛群托付给牧民，而牧民卖耕牛给农民（Diallo，1996b）。这与一种广为通行的族群分工形式契合。比如，塞努福人不认为自己是养牛人，即便他们在牛群中投入了资金。罗赛尔提出了一种假说：塞努福人过去曾为牧民，只是后来才定居成了农民（Roussel，1965：73）。他指出，历史上塞努福人曾饲养过牲畜，其证据是他们用牛皮裹住死者。这一假说很难检验其真实性。

塞努福人今天所拥有的牲畜只是一种投资形式，但是在葬礼期间他们也宰杀大量牲畜。关于前殖民地时期塞努福人和富尔贝人之间的劳动分工，口头传承材料非常少。但是，根据某些资料，一些有牲畜的农民雇佣富尔贝人，把自己的畜群托付给他们。在科特迪瓦北部的某些地区，尽管受雇佣的牲畜饲养者的存在可以追溯至很久以前，但是他们的人口数量低。20 世纪 50 年代进行的人口普查表明，在整个地区只有 942 个富尔贝人（Holas，1966）。

富尔贝人，无论是受雇佣的放牧者或者是住在村子邻近并同意照护农民牛群的畜群主人，都会把牛奶分发给农民。反过来，农民可以用牛粪，在需要时购买或者借耕牛——那是专门为此用途而饲养的。富尔贝人的泽步牛（zebu）与陶林（taurin）公牛的杂交品种，是非常受欢迎的耕牛品种。泽步牛也是拉犁的好手，但是出于下文描写的理由，富尔贝人不喜欢出售自己的泽步牛。一些塞努福人基于与富尔贝人建立了良好的友谊，才能买到一头泽步牛犊。其他人则对于富尔贝人与泽步牛的关系，大出怨言。

泽步牛在富尔贝人的身份认同话语中扮演着角色，与地理、族群和宗教因素绑在一起。一个很好的例子是：一则神话提到泽步牛源自阿拉伯，专门由富尔贝人饲养。按照该神话的说法，曾经有一位圣人向神请求帮助，因为他有客人来访，而他不知道该拿什么招待客人。随后，四头母牛和一头公牛（它们都是泽步牛品种），从天而降。一位富尔贝人试着来驯服牛群，他赶着牛群跨过大海，穿越埃塞俄比亚来到西非。泽步牛这一品种是给穆斯林的，包括富尔贝人；而陶林牛品种则是法老的造物，神为其吹进了生命。那是被"不信神的人"接受的。陶林牛背上经常出现红黑颜色，这就是它们源于非信神者的证据。那些讲述这个神话、强调陶林牛的品种有着不信神之起源的富尔贝人也说，饲养陶林牛是经济上不得已而为之的行为。陶林牛的繁殖要比泽步牛更快，因为牛犊长大要快得多。

从上文谈及的情况看，拥有泽步牛是区分富尔贝人和塞努福人的一个重要标准。泽步牛这一品种对前者来说，是一种骄傲的资源以及群体身份认同的象征。尽管在科特迪瓦草原地带饲养泽步牛有着生态环境上的限制，富尔贝人仍然坚持保留泽步牛，并表达出他们对这一动物品种的依恋。从身份认同的角度看，富尔贝人用 na'i pulli 这个词来称呼泽步牛这一品种就非常有意思，因为它解释了这个品种如何被当成富尔贝人身份的构成因素。na'i pulli 一词在字面上的含义是"富尔贝人的牲畜"，清晰地表达了富尔贝人在一种族群文化意义上获取了泽步牛。① 无论如何，这样的话语用来标明存在两种族群认同，其差异是在两个彼此相关联的层面上：穆斯林（富尔贝人）作为泽步牛的拥有者，与之对立的是"不信神的"（塞努福人）陶林牛的拥有者。

---

① 用来指泽步牛的另外一个词是 senooji。这个词指出了它们的地理来源地在萨赫勒区（被称为 Seeno），富尔贝人的泽步牛是从那里被引入科特迪瓦热带草原的。

一些最初来到这里给塞努福人农民看护畜群的富尔贝人，已融入当地的群体，几乎不再记起自己来自哪里。这是一个彻底融入的过程，尽管富尔贝人还是保留了他们的姓氏。这些"被塞努福化"的富尔贝人全都接受了迪乌拉语，而不再讲富尔贝语。法国探险家路易斯·宾格（Louis Binger）在 19 世纪考察过该地的部分区域，提到一个类似的富尔贝人被同化到塞努福人社会当中的个案。他报告说，他曾经在滕格里拉地区遇到过一些富尔贝人，他们曾经接受了塞努福人的身份。他提到"黑"富尔贝人，指的是那些与塞努福黑人混合在一起的人，他们忘掉了自己的语言，践行着"拜物教"的宗教，但是他们保留了自己的姓氏和"种族类型"。① 宾格估算，在 Fourou 村的全部人口中，1/3 是富尔贝人，但是他们几乎都无法被认出来，因为他们不光放弃了自己的语言，也放弃了自己的饲养活动。"他们像塞努福人一样文身，像他们一样穿衣服，讲他们的语言，完全忘记了自己的语言，从事的职业也和同村人一样，除了某些典型的特征，他们根本不能被人认出来；他们仍然有着直而窄的鼻子和纤细的四肢，他们这一种族的明显标记。"（Binger，1892：Vol. 1，210）。

尽管宾格的种族偏见是不准确的，但是他对文化和族群同化现象的观察则是正确的。富尔贝人融入塞努福人社会的某些模式至今仍行之有效，而其他因素如婚姻或者宗教同化已经失效。这表明，富尔贝人与塞努福人之间在族群文化上的差异，

---

① 黑和白的对立是一种经常出现的模式。塞努福人用它来区分那些被完全同化的富尔贝人，与那些没有被同化的、保留着自身语言以及畜群饲养实践的富尔贝人。博博人也对那些迁移的牲畜饲养者与那些被吸纳他们当中的富尔贝人予以区分，他们称前者为红色的富尔贝人（flè pènè），后者为黑色的富尔贝人（flè dungwu）。

在过去似乎变得更加严格了。在形成差异的过程当中，宗教归属、分开的定居地、对资源的争夺都担当着重要的角色（Diallo，1996a）。主要的富尔贝人群体以及亚群体，讲富拉语（Fulfulde）不同方言的人组成了牧民社区，他们非常明确地意识到自己特殊的文化和经济位置。信仰伊斯兰教的富尔贝人住在村外，这很好地解释了这两个群体的空间隔离。富尔贝人的营地如同岛屿一样，与塞努福人分开。空间格局以及随之而来的日常生活中的互动程度，可以从他们对伊斯兰教的关系中得到解释，这加强了不同的共同体身份认同。似乎仪式也提供了一种对全球穆斯林共同体的归属感。富尔贝人认为自己与当地的迪乌拉人社区更近，超过了那些"不做祷告"的塞努福人，他们去迪乌拉人的清真寺做主麻日的祷告。他们也参加迪乌拉人的婚礼、命名仪式、丧葬仪式。非穆斯林的塞努福人辞世，富尔贝人在葬礼过后才表示哀悼。这一做法与伊斯兰教的行为准则相符合。

在过去的 30 年，塞努福农民和富尔贝牧民之间发生过几起冲突。这些冲突，许多都由损毁庄稼所引发。粮食的储存，尤其是山药和玉米，算是损毁庄稼。此外就是因为没有栏杆保护农地所造成的田地破坏。发生在旱季的损毁庄稼，要比发生在雨季的田地毁坏更为常见。

环境退化也是令一些农民忧心的问题，他们将土地退化归咎于富尔贝牧民。在农民看来，土壤贫瘠是因为牲畜踩踏土地、地上不能长草这一事实所造成的（Diallo，1999）。在本贾里，农民将水短缺问题与富尔贝人把牛群迁进村子连在一起。在他们看来，水源枯竭不光是因为畜群饮水，还因为牲畜蹄子造成的破坏，使水更快地从村子流向地势更低的地方。因此，某些村子里的塞努福人相信，通过禁止富尔贝人的畜群迁移就可以解决生态问题。这与把富尔贝人从土地上驱逐出去如出一辙。当地管理部门找不到令人满意的解决途径来处理损毁庄稼这一问题，当地农民对此很不认可。这导致一些塞努福农民自己找办法来解决问题，他们呼吁动用传统的猎手（donsow）。

富尔贝人在科特迪瓦是少数族群之一，与在布基纳法索情况不同——富尔贝人在那里居住的时间更长一些。他们在科特迪瓦这个国家里的存在，如今已经变成了一个政治问题。在1970年代创立了牲畜饲养和放牧产业之后，当地精英阶层不同意政府的那些项目——接受外来的富尔贝人并给予他们太多特权。富尔贝人的畜群从一个牧场赶到另一个牧场，由此造成庄稼损毁，这把现有的争议放大了。在科特迪瓦北部，这被利用来说服政府驱逐富尔贝人离开这个国家。来自北方的知识分子、公务员和政客们没有放过这个机会来强迫政府采取措施。选举候选人试图利用农民的不满，承诺解决庄稼损毁和土地退化问题，其方式是将富尔贝人遣送回他们的来源国（布基纳法索和马里）。这些冲突与政府的方案背道而驰，不时地会导致富尔贝人从某些地区迁移出去。紧张的族群关系导致许多富尔贝人从科特迪瓦移民出去。一些牧民回到布基纳法索，进入邦福拉（Banfora）地区，或者回到马里。

博博人–波瓦人当中的富尔贝人在族群身份认同上的变化

本节探讨的对象是那些被同化到博博人和波瓦人社区里、并改变了其族群文化归属的富尔贝人。这些群体属于那些对外来影响有着极为开放态度的族群。共居（即有着共同的居住地）带来的归属感，把群体成员——不管其族群起源如何——

联结在一起，这是村落共同体融合的第一步。在博博人和波瓦人当中居住着许多群体，他们或者经由血统关系而注定了跟博博人或者波瓦人家族、部族以及族群群体有"天然"关系，或者通过"契约"特征。富尔贝人的牲畜饲养者是属于第二种情况。

牧民渗入今天基纳法索西部的当地社会，是一个漫长进程的结果。这一进程始自 18 世纪，一些来自尼日尔河的内三角洲的小群体寻找牧场，他们迁移到博博人、波瓦人和马卡人（Marka）的村落。伊尔拉贝（Yiirlaabe）是那里最古老的富尔贝人的部族，他们后来担当了东道主的角色，接纳其他牧民群体。伊尔拉贝部族的人接受了当地的语言，并经由通婚与博博人和马卡人等当地人口混杂在一起，其结果是文化上的同化。对于 yiirlaabe 一词含义的不同阐释，都与身份认同的讨论相关。对于一些访谈对象来说，yiirlaabe 意味着"无所适从的迷失者"，指的是他们丧失了富拉语。这里也隐含着伊尔拉贝部族被同化到马卡人当中，其他人将 yiirlaabe 解释为"勇敢"。这种阐释也是 Mohammadou（1976：33）持有的观点，他写道："让富尔贝人的伊尔拉贝部族与众不同的，是他们的狡猾和勇敢。伊尔拉贝人的一切成就，都是通过武器来完成的。"

布基纳法索西部的伊尔拉贝部族绝不是征服者。根据口头传统，是西迪贝（Sidibe）部族和桑加雷（Sangare）部族领导了取得辉煌胜利的起义，首次提出富尔贝人身份认同在政治上的自我主张，并于 19 世纪初成立了巴拉尼（Barani）和都库伊（Dokui）部落邦（chiefdom）。在巴拉尼部落邦，西迪贝部族将伊尔拉贝部族的人排除在地方政治事务之外。

除了征服和霸权，在博博人和波瓦人的族群区域里也有对外来者的认可和同化的政策。每当一个居住地落成，村落的最重要群体都各归其位之后，这一政策就会发挥作用。博博人创立者毫不犹豫地鼓励其他相邻的亲属或者同一族群（即博博人或者波瓦人）来这里居住，并在新的本地社区当中分派给他们以重要的仪式任务（Le Moal, 1990）。成为"本地的"这一过程，或者说新来者快速同化的过程，是通过对责任的仪式性分工而发起的，这成为不同群体之间密切相互依赖的基础。被同化的群体，获得了成为本地人的优先地位，他们可以不再离开村子。以这种方式，勒纳（Lena，位于博博迪乌拉索地区的东部）的博博人把"拜物教的守护者"的角色交给那些从博罗莫地区的帕拉（Poura）过来的波瓦人。这些在勒纳找到居住地的波瓦人后来成为博博人，而且接受了其东道主的父系姓氏（Millogo）。一开始，他们是制造农作设备的铁匠，来到勒纳的博博人这里出售或者换取谷物。今天，就与被同化的富贝尔人的关系而言，已经不再可能从文化和社会上来区分出古代波瓦人与勒纳的博博人，他们都不与富贝尔人通婚。在博博人当中，广泛存在着这种类型的社会规范：两个博博人群体依据他们与第三方的关系，来定义自身；或者要求第三个群体来规范他们之间的关系（Le Moal, 1980）。

在富尔贝人和波瓦人的口头传统中，与博博人和波瓦人的联盟和友谊是重要的主题（Cremer, 1924）。按照其中的诸多讲述，富尔贝人受邀住在博博人－波瓦人农耕者当中，后者将自己的畜群托付给他们照看。即使在今天，那些想住在博博人或者波瓦人村子里的富尔贝人还仍然面对一种缔结契约的程式。这意味着他们达成了一个共识，在形成约定之时每个家庭的首领都要提供一只小鸡和一瓶米酒。在博博人和波瓦人的村子里，鸡被当作献给祖先的祭品，酒供年长者饮用。此外，富尔贝人家庭中的每一个成员都必须象征性地支付现金（5 法郎）"给面具"，这样在后来的撤离仪式上，"面具"（下面的神）就不会"击打"这些付了钱的富尔贝人。在那些有图腾动物的村子，富尔贝人可能会被告知如果以后在树丛中遇到图腾动物，不能将其杀死。在向祖先和面具献祭、亦被告知图腾动物的情况之后，富尔贝人变成了村庄共同体当中的一员。

富尔贝人进入社区的特殊整合如此深入，他们当中的一些人完全被同化了。在博博人和波瓦人当中的富尔贝人，其族群身份认同有所变化。桑加雷部族是在代杜古（Dédougou）和博博迪乌拉索地区融入力度最大的富尔贝人。在富尔贝人的语言当中，这一族群上的整合被说成是这些群体"进入"博博人或者波瓦人。人类学家发现，同样的比喻也为喀麦隆北部的博罗罗（Bororo）部族所使用（Burnham，1991：87；1996）；"入口"（entrance）这个比喻应用广泛，甚至在那些不讲富拉语的人当中亦是如此（Schlee，1994a）。在我们所感兴趣的这些地区，那些保留着身份认同的富尔贝人称那些已经被马卡人、博博人或者波瓦人同化的富尔贝人是 murube 或者 fulamuru。我在另外一篇文章中探究了 murunke 一词的语义场，为"装模作样的人"（Diallo，1997：102）。实际上，在其他富尔贝人看来，murube 是那些"啥都不知道的人"，即他们不会讲富拉语。人们也会把他们说成对富尔贝人的文化一无所知。那些"加入"波瓦人、马卡人或者博博人当中的人，即便他们仍然保留着富尔贝人的家庭姓氏，他们已经不是富尔贝人了。这些富尔贝人讲波瓦人的语言，在文化上被同化了。只有通过姓氏才能让人知道他们是富尔贝人（桑加雷部族）。

我们还可以提到另外两个例子，即桑加雷部族的富尔贝人融入巴惹（Baré）和勒纳的博博人村落里。当时正是应博博人农耕者的要求，都库伊（Dokui）的富尔贝人起初定居在今天的博博迪乌拉索城，后来又生活在巴惹村属于萨努（Sanu）姓氏的博博人当中。今天一些富尔贝人已不再讲富拉语，已经部分地被同化，跟当地人一样住在同样的片区里。巴惹村的博博人把完全融入的富尔贝人与那些保持"富尔贝人特性"的人予以区分，称后者为 flè pènè（"红色富尔贝人"）。生活在巴惹村博博人当中的其他富尔贝人与他们联姻。博博男人与富尔贝女人结婚所生的孩子，在巴惹村被称为 fla-si。fla 或 fula 这两个词，是迪乌拉语中"富尔贝人"的对等用语。si 这个词也被用于迪乌拉语言中（shiya，即族群或者种族），博博人对此有若干种理解方式（Le Moal，1980：61）。fla-si 一词并不真正标记着一个新族群群体。在这一个案当中，它更多指的是部族身份，而不是族群差异。fla-si 与说书者或者铁匠通婚是禁忌。

富尔贝人是一个倾向实行内婚制的群体。他们的宗教以及游牧式生活方式可以解释，他们与定居的农耕者通婚会有困难。即使如此，至少对于那些变成定居者的人来说，与农耕者缔结婚姻联盟还是可能的。在巴惹，据说富尔贝人男人与博博女人之间的婚姻，比富尔贝女人与博博男人之间的婚姻更和谐。博博男人与富尔贝女人之间婚姻的问题，在于博博人以农业为基础的谋生方式（Schlee，1994b）。与那些习惯于在田地里工作的博博女人形成反差的是，对富尔贝女人来说，这种工作非同寻常，因此她们对于跟一位博博男人结婚的想法感到犹豫。博博人认为，这类婚姻会以离婚而告终。科特迪瓦的塞努福人，这里的每一位女性都得负责一块田地，她们也表达了同样的担心。

在博博迪乌拉索以东的勒纳，富尔贝人从放牧转向农耕的情况，与 1915～1916 年的反殖民主义起义相关。博博人中的年长者讲述说，村民将自己的牲畜托付给富尔贝人的桑加雷部族，而后者又将这些牲畜和他们自己拥有的牲畜一起托付给其他富尔贝人，后者抓住起义的机会带着全部牲畜逃跑了。其结果是，桑加雷部族的富尔贝人建立了自己的居住区，称为"富勒它"（Flèta，即"富尔贝人的住地"）并转向农业。随后的同化也是经由联姻来完成的。他们变成了博博人，采用了他们的父系姓氏 Millogo 以及他们的语言和文化。"富勒它"参加村里的宗教活动和文化活动，他们完全变成村子的成员。禁止与铁匠通婚以及他们当前的图腾动物是猴子这一事实，这是两个让他们在今天与其他博博人相区别的因素。

另外一个群体，是那些富尔贝男人与波瓦女人的婚姻带来的后代。他们被称为"博博富拉"（Bobo Fula）。在代杜古（Dédougou）地区可以看到这些人。他们不应该被错当成是这一地区的西迪贝部族的富尔贝人。相当长时间以来，这些人已经成为定居者，以波瓦人的语言（bwamu）作为第二语言。而西迪贝部族的富尔贝人，仍然是牲畜饲养者，主要饲养他们自己的陶林牛群。在旱季，牛群在放牧者的看管下迁移到洛比（Lobi）地区，并不是全家都陪同他们。

综　述

对富尔贝人的族群性进行分析，除了考察宗教与生产方式之角色外，也需要包括进民族国家担任的角色，本文未对此予以阐述。本文的目标在于讨论布基纳法索和科特迪瓦的富尔贝人、塞努福人、博博人和波瓦人之间跨族群关系的不同模态。我们已经看到，塞努福人和博博人－波瓦人的居住地，是先前孔帝国的迪乌拉人影响范围的一部分，后者在政治和经济上的影响，在整个地区都得到强调。在历史上，富尔贝人与博博人和波瓦人都有着密切的关系。在科特迪瓦北部，他们和塞努福人有着同样的生态环境，并争夺对资源的控制。在科特迪瓦大草原这一生态环境下，富尔贝人的经济体系被证明是有适应能力的，饲养泽步牛的知识及其专长，是其身份认同的一种表征。伊斯兰教是富尔贝人的另一重要身份认同因素。

本文试图让读者看到，移民与身份认同是彼此关联的现象。富尔贝人在其扩张、定居化以及政治支配的长期进程中，有时候他们的某些方面会被同化。当他们在很大程度上与定居群体混合在一起之后，会经历对自身族群身份认同的修正，这偶尔也会有利于新群体的出现。总体而言，富尔贝人的身份认同强烈地与经济（养牛）和宗教（伊斯兰教）相连。

5　一个非洲小镇的身份认同进程与政治史

——以西非贝宁的当基塔为例 *

蒂勒·格拉茨（Tilo Grätz）

导　言

本章讨论的是西非国家贝宁当基塔地区，历史上集体身份认同的构建。我要探讨的主要论题是，这一地区将社会差异和文化差异政治化的条件。

当基塔是贝宁西北部的一个小镇，在今天的西非草原地带也有类似的定居点。该镇有移民历史，其居民在数次移民潮中从不同地区来到这里。自从殖民地时期以来，城镇面积和人口数量都在增长，具有经济、宗教、文化和语言上的异质性，是交通枢纽以及行政和经济中心。

通过这一个案研究，我将讨论迄今所知的关于西非地区集体身份认同构建的知识，从当基塔的地方权力差异入手来分析跨族群之间的关系。我认为，将差异政治化的各种尝试对于该

---

* 本文的写作主要基于 1995～1997 年在贝宁西北部进行的人类学田野调查，综合了参与观察、叙述访谈、对社会事件的口述史所进行的分析以及档案研究（位于诺沃的国家档案馆）。当时的情形，主要是在实施地区分权新法律之前的情形（Grätz，2006）。自那以后，在市级行政层面上发生了很多新改变。然而，不管怎样这里的主要观点没有被撼动。本文最初以德文出版（Grätz，2001），收入本书时对德文本进行了一些修正。

地主导的身份认同进程尤为重要，而这一进程主要与政府角色以及该地区文化与政治经营带来的效应连在一起。

首先，我将描述这一地区中有着多层面整合与排斥的（大型）社会－经济群体，这些群体首先形成了独特的道德空间。其次，我会探讨其形成的条件在政治上非常重要，并探讨过去和今天的那些彼此冲突的利益群体。最后，我将提出一个适用于当基塔这些群体之间（未明言的）契约关系的模式，这类契约关系包含着非正式的惯例，而这些惯例也在被不断重新协商。

对研究区域的简要描写

自从贝宁最近的行政管理改革（去中心化）以后，当基塔（Commune de Tanguiéta）变成了一个地区，下辖五个城市和农村县（arrondissements）。大约有 2700 名居民住在城镇中心，住在该地区的一共有 75000 人（Institut National de la Statistique et de l'Analyze Economique，2014）。当基塔由市长领导，经选举产生的地方参事会（conseil communal）来进行管理。这个小镇上有若十国家服务单位和卫兵队。这里位于贝宁的西北部，在阿塔科拉山脉的山脚下，部分地区在该山脉的北坡。这一地区也包括彭贾里国家公园（Pendjari National Park）。当基塔地区由恩达宏塔（N'Dahonta）、Tanongou、Cotiacou 等较小的农村县以及镇中心组成。

居民的生活来源主要依靠农业，即种植作物的收成，放牧大小家畜，狩猎和采集，经商以及若干种增值生产形式（比如，熏鱼、酱料添加剂，在城镇里尤其是生产高粱啤酒）。农业遇到的问题是，降雨量变化非常之大，总体上土壤流失。由于有大量岩石地带，可以有效使用的耕地与人口密度之间的比例相当差。花生和棉花被当作经济作物种植。在当基塔工作的人当中，有很多中小商人、零售店主，也有服务业的雇员。就人们使用的语言来讲，这里是一个非常异质化的地区，有许多语言群体，他们大多采用登迪语（Dendi）①（Zima，1994）作为第二语言和常用语言。

界定当基塔的社会关系和族群关系：主要的社会 - 经济群体

我尝试从"客位"视角（也就是说，当事者群体也许只是部分地持有这些看法）来重构这一共同体最重要层面上的集体身份认同。我提出一种社会 - 经济分析模式作为一种可能的范式。我认为描述当基塔居民某些支配性的、全面的整合形式是可能且有用的，这并不一定会淡化这一地区集体身份认同中那些多重而混合的维度。

从这一角度入手可以呈现出来四个大单元——在各种交换和冲突情形下持续发挥作用的集体身份认同：

- 最早定居者"农耕者群体"的成员
- 随后移居而来的"商贩和工匠群体"的成员
- 公职人员以及来自其他地区或者其他国家的小企业者
- 富尔贝人"牧民"

---

① 登迪语与桑海语（Songhay）相关。随着商人群体的移民，该语言从今天的尼日尔和贝宁西北部扩散出去，有不同的方言。登迪语遍及整个阿塔科拉和博尔古（Borgou）地区作为通用语言。登迪人作为一个族群名称是非常具有扩容性的，把讲登迪语的人都包括进来，尽管两者的祖先迥然有别。

这一分类首先是依照社会 - 经济标准来进行的。[①] 在严格意义上，这里所采用的职业类别并不能覆盖当基塔这些群体的全部。这也是为什么我在上文提到这些群体时用了引号。尽管如此，这些职业类别很大程度上塑造了这些群体占支配地位的自我感知，影响了共同体内的公共空间，这与群体成员实际上花了多少时间在该职业活动上、从该职业的经济活动中获得多少收入无关。

这种宽泛意义上的划分有其理由，因为这些基于社会 - 经济状况的分类与其他主要类别（内婚制、工匠行会、宗教、语言等）相匹配，也与那些涉及殖民地与后殖民地行政管理（关于社会公正、道德标准等）的公共话语相呼应。下文我将以若干个案为例来进一步说明。

正如下文将要讨论的那样，这并非仅是关于这些群体之间在经济与社会上的互补性[②]——内婚制以及对于生成社会距离至关重要的其他因素也有利于此种情形。造成这些差异的，是日常生活实践、对当地环境实际层面和象征意义上的获取、象征性交换的模式、在修辞上对自身与他者的区分，这些也糅杂对地方历史的不同看法，并因此而生成区分。这些可能会潜在地打破共居形式以及对本地社区的多方融入，正是通过表达不同的利益，差异可以被政治化。我们必须面对共居的精细规则，以及多重融入本地社区的进程。[③]

---

① 由于人们通常具有多重身份，包括宗教、政治或生活方式的取向，越来越多的交叉性质的语言、经济和亲属关系上的分歧，我在这里提出的角度，只能被视作该地区集体身份认同构成中可能存在的一种角度。

② 参见 Müller（1989）关于丁马里的内婚制群体中经济互补性和劳务分工发展情况的个案研究。

③ 作为共同体的当基塔还是一个多元主义的政体。在我看来（在术语使用上与本书中的其他作者不同），沿着社会 - 经济差异线路的整合，呈现为融入（脆弱的）关注地方利益的政体当中，在社会和文化意义上的整合则非常有限。

最早定居者"农耕者群体"的成员

这一类别包括的成员主要为农业从业者、讲古尔语（Gur）群体的全部成员，他们有共同的文化特征和社会特征，比如宗族结构、宗教、定居形式等。在过去的若干世纪里，他们从北部和西北部移入阿塔科拉地区（Tiando，1993；N'Tia，1993），部分是因为要寻找新的定居机会；部分是社会对立和军事对立造成的结果。他们使用的语言有所不同，但是绝大部分人都能听懂、能讲近邻的语言，这些语言经常都与自己的语言相关，在很多情况下可以发现，一种语言中有来自其他语言的借词。[①] Gurmancèba，Natèmba，Tankamba，Waaba，Burba（Notba）和 Bèbèlibè 都可以属于这一类别。[②] 在当基塔所属的村子里，住的几乎都清一色是某一"农耕者群体"的成员（也有若干富尔贝人的）。在城镇，他们的成员主要住在几个区里（尤其是 Tchoutchoumbou，Yarika 和 Porika）。这一情况主要是大量人口自 1950 年代末期涌入的结果。这些群体之间有着多层面的社会关系和文化关系，互相参加对方的成人仪礼并经常通婚。

---

① 某一"农耕者群体"的成员通常讲其邻居的语言。近年来移民的语言——豪萨语和登迪语——被掌握的程度非常有限。市场上使用简单登迪语。商贩们只能用古尔语说一些简单的单词和数字，大多数是用比亚里语（Biali）。劳务移民以及那些在一定程度上受过职业培训的年轻知识分子经常能更好地掌握北阿塔科拉地区的登迪语。在当基塔的城市里，登迪语变成了通用语言，为大多数年轻人使用。

② 就语言学意义上而言，认为这些语言中的绝大多数属于奥蒂 - 沃尔塔（Oti-Volta）语族（Manessy 1975）、沃尔特（votaïque）或古尔（Gur）语族（这里使用了简化的拼写方式），在文化上互相关联并属于一个连续的社会 - 经济群体，这是有其理由的。这肯定只是一种观点，提出这些观点的学者有 Köhler（1958），Dittmer（1975）和 Aimé（1994a）等，不过，这很少能反映目前群体关系或者各群体的自我感知。

随后移居而来的"商贩和工匠群体"的成员

殖民时期之后，穆斯林移民主要居住在当基塔的中心区域，尤其是今天的 Djindjiré-Béri 和 Goro-Bani 区。在非洲内部的贸易往来进程中，也是为满足新行政管理中心对于货物和服务的要求，他们在这里安顿下来。不同形式的贸易是这里最为重要的活动，这里的许多居民也从事农业，并与服务业中的其他就业形式结合在一起。这些人可以被分成三个比较大的族群：豪萨人（Hausa），他们是来自尼日利亚和尼日尔的移民，主要是商人和屠宰者；来自尼日尔的泽尔马人（Zerma）；来自布基纳法索的莫西人（Mossi 或者写为 More）和来自尼日利亚和贝宁其他地区的巴里巴人（Bariba）、约鲁巴人（Yoruba）、阿贾人（Adja）、伊博人（Igbo），后三者来到这里要晚一些。这些移民群体的第二代在这里出生，他们把当基塔当成自己的家乡。除了约鲁巴人与伊博人，他们都在这里永久定居，与自己父母来源地的关系并不密切。

一部分商贩抵达这里是经由商路（Aimé，1994b；Bachabi，1980；Brégand，1998；Dramani-Issifou，1981；Kuba，1996；Lovejoy，1980）。在殖民统治时期，他们有可能在这里为商队提供安全的驻地和驿站，即所谓的商队驿站（caravansérails）。本文涉及的移民，发生尼日利亚与加纳之间的传统商道上——该商道自 18 世纪便已经存在。越来越多的巡回商在这一地区安顿下来，正如那些匠人们一样，后者一开始是为了满足商队的需要，后来也是为了服务殖民地管理当局及其工作人员。像西非的其他地区那样，最终形成了"宗格"（zongo，亦作 zango），即以穆斯林商人和匠人为主要的城市中心，工匠也在此从事农业和养殖业。

一开始，"宗格"通常都位于与农耕民居住地有一定距离的地方，有自己独有的规则——该规则受伊斯兰教的影响。"宗格"的主导人物是馆驿主人（owners of hostels），服从宗教和政治权威。"宗格"变成了外来者居住地的同义词，其特征为信仰伊斯兰教并使用一种覆盖全体居民的共同语言。我在下文还会谈及"zongo"一词的含义。尤其是在移民期的开始阶段和1960年代，特定群体可以在一定程度上等同于某一专门职业，甚至倾向于贩卖某种商品。比如，一开始豪萨人只做牲畜贩子以及屠夫，莫西人是理发师，泽尔马人是铁匠，伊博人商贩做配件买卖。

在当基塔的中心地区，豪萨语是一种极为常见的语言，登迪语却是整个地区居民当中使用最广的主导语言。同时，登迪人变成了"宗格"居民的一个同义词，即便它所指的是来自不同地区的居民。那些最早将登迪语——从那时开始一直在转变——作为通用语言带到这里的群体，在族群文化意义上是桑海人（songhay）或者泽尔马人。

公职人员和来自其他地区/国家的小企业者

殖民时期以来，许多公职人员从那些有着更为发达的教育基础设施（读写技术）、行政管理以及商贸相关技术的地区来到这里。这些人来自丰（Fon）、约鲁巴、巴阿同努（Baatonum）、阿贾等族群。当地公职人员（fonctionnaires）的数量不是很大，尤其是教师群体，仍然来自本国的其他地区，其他这类"移民"包括小企业者和商贩等。这些人的融入程度非常有限，因为他们本来只考虑在这里短期滞留。他们中的大多数人会在自己的家乡结婚，在那里投资建房。这些人当中，只有为数不多的退休公职人员留在这一地区。如果他们是"地方职员"，他们在家庭之外讲法语，但也有一些人，尤其是小企业者，登迪语水平非常好。

富尔贝人牧民

这一地区较为边缘的群体之一是富尔贝人牧民。所谓的边缘，指的是他们倾向于在空间上将自己的定居点设在远离其他人的地方，他们只是融入社区的共同活动，并表现出高度的内婚制。富尔贝人男人的工作是做受雇的放牧人，贩卖牲畜；女人售卖牛奶和奶酪。富尔贝人大多是穆斯林，经常能精通相邻族群的语言，其处境特征是：受的正规教育的水平相对较低，因为学校的课程安排并不总能与富尔贝人的工作节奏或者孩子们的放牧任务相符合。在富尔贝人群体内部，需要划分三个类别。

第一个类别是其祖先从19世纪末以来，已经从马里和今天的布基纳法索为寻找新牧场移民而来，如今他们已经在很大程度上变得具有定居性质，也在农业领域务工，与其他农耕者有密切接触。他们当中鲜有季节性迁移的情况出现。第二个类别是由那些已经成为定居人口的人组成的小型亚群体，他们是工匠、商贩和地方职员。第三个类别是那些游牧民，过去的30年里他们经常自北方穿越这一地区，尤其是在旱季。

这里所展示的区分模式，与贝宁的官方族群划分完全不相符合，后者是基于语言上的边界（Ceccaldi，1979）。但是，首先凸显那些语言差异之外大单元上的差异是有道理的。这些大单元符合在居住区、经济模式上的明确差异，尤其是这些群体有强大的内婚制趋势以及其他形式的内在整合。就我的分类而言，如下因素是确定标记的最重要标准：

- 不同的移民时期以及人们优先选择的居住区域
- 经济上的专门化以及由此形成的互补形式以及利益冲突
- 日常共存的不同形式
- 语言上的差异以及婚姻规则
- 用不同的宗教和文化实践来标记差异和边界（Barth，1969a）
- 不同种类的自我展示以及特殊的官方准则和道德规范
- 历史材料被政治化并成为话语资源（最初定居者/后来者，等等）的程度

对自身与他者的感知：在宗教与文化实践中所见

对"他者"的刻板印象一如既往地存在着，尤其是在老一辈人当中。这里所指的，不光是不同的宗教实践，也有更为普遍的日常行为模式。比如，大多数农民对伊斯兰教有很大的疑虑。他们把伊斯兰教视为从前那个庞大而进行军事扩张的帝国的宗教。他们也经常把清真寺和《古兰经》学校日益增加的影响视为负面。每天去做祷告被认为是令人懊恼的事情。比如，对许多农民来说，商贩是一些只考虑自身经济收益的人。另一方面，对于穆斯林公民来说，"他者"是一些无视重要食物禁忌、过度饮酒、性放纵、在宗教上为"不信神的人"。当然，

不管居民间实际的关系如何，这些刻板印象保持不变。就当基塔的城市区而言，人们也可以从地域范围的角度认为，这是划定日常实践、生成区别的象征空间（Bourdieu，1979）。（这些象征空间）一方面是不同居住区的产物，但又不限于那些区域。在当基塔的镇中心，没有大型的米酒市场作为每周集市的一个组成部分，这与该地区的许多村子正好相反。这样的市场可以在通往城边的 Tchoutchoumbou 区找到。大多数米酒酒吧（卡巴莱）都设在镇中心之外。

相反，大多数清真寺都位于中心地带。快餐店和咖啡馆占据着紧挨市场的地方，沿主路并环绕着中心汽车站，由穆斯林经营和光顾。这些都是建造得非常简单的摊位，供应茶、咖啡、面包、炒鸡蛋。可与之比肩的售货亭在整个西非随处可见，尤其是在汽车站。人们聚在这里，讨论本地的商业情形，观察抵达的车辆，做些小买卖。这里的主导语言是登迪语，在某些情况下是豪萨语。当富尔贝人进城买东西或者看医生时，他们会在某些自己比较喜欢的摊位上见面。这里很少公开供应酒品。其结果是，在市中心（紧挨着小酒馆的地方）的公共空间，文化差异的微型空间被建立起来并得到那些承认归属的日常仪式的证实（经由问候仪式、所热衷的谈话话题，等等）。人们可以在这些公共空间中观察到，不引人注目但是每天都在产出的差异（Desjeux，1994）、不同层次区隔的建构，后者与其他层次上的共同活动以及紧密的个人关系形成对立。不过，城市的发展不允许严格保留这些地域界线。有些酒吧，尤其是最近几年建成的，都在紧挨着穆斯林居住区的地方。

在社会联盟方面，原则上在这一地区几乎没有农民与穆斯林商贩之间的联姻。这两个群体中的成员，尤其是年长者，在对这一事实的解释中，不光提及不同宗教的成员之间的不相容性以及"传统"，他们也会谈及在两个社区都存在的不信任和通行的禁止规则。在实践层面上，青少年之间——尤其是在当基塔城镇，那些一起上学、一起进行职业培训的人，在迪斯科舞厅或者录像厅里会面的人——的交流日益深化。最终，的确还存在一些违反这些规范性规则的年轻情侣。在某些个案中，有某些公职人员在其受训期间或者在其工作的城市与妻子相识。相反的情况，比如商人的女儿与农民的儿子联姻则非常罕见。

经济差异、利益冲突与互补性

在时间的进程中，在上文描述的大单元之内，小群体之间发展出不同的交换形式，从暴力对抗到带有互补性质的婚姻关系，不一而足。

正如上文表明的那样，今天那些讲古尔语的"农耕者群体"成员，尤其把共同的语言和居住地作为社会与文化差异的主要因素，其显著特征是永不停息的整合与裂变。这注定了一种双重的进程：经由联姻以及与邻里关系不同宗族的整合，以及单一分支或者人群为寻找新居住空间时而持续切分。整合与裂变本身也给"农耕者群体"带来了语言和文化发展上的重要动力。不同语言彼此穿透，讲这些语言的人彼此关联。同样可能发生的情况是，最初移民的语言被采用，或者后来移民者的语言占据主导地位——经常是由于人口构成的因素，但这并非唯一因素。获取土地、清理工作、对居住空间的仪式性占据，在每一次移民当中都极为重要，今天这些都反映在神话和宗教仪式当中。另一方面，在所有这些群体当中，部族总是焦点——父系继嗣群体①以及（先前的）居住群体②作为长期以来支配性的参照点。几乎每一个这样的部族今天都声称自己拥有一块特定的土地，或者是该土地最早的定居者，即便该部族已经不再拥有那个地区、已经散开或者已经因为婚姻而被"混杂"了。每个部族都提到一位神话中的祖先，经常是一位最早的定居者，正式遵守食物禁忌、婚姻约束以及外婚制原则。亲属关系与外婚制构成了自我定义的核心要义，即便在今天也通过日常的问候形式、谐戏关系等获得象征式确认。另一方面，官方的、社会-语言意义上定义的族群单元（Byerebe，Natèmba，Gurmancèba）之间的相互理解和交流进一步发展，尤其是在殖民地时期之后。他们共有许多独特的文化特征，尤其是成年仪式（哪怕其中的某些是从邻居那里学来的），与成年仪式关联在一起的年龄分级群组、婚姻和确认祖先的规则、地域整合以及语言因素。

基于现有的民族志描述，此处要讨论的论点是：在当基塔地区，最重要的群体身份认同与不同道德空间的展开相连。我采用的这一说法，指的是人们取向的社会-文化框架，它们包含着关于规范的想法（包括那些有所冲突的、随着话语讨论而形成的想法），尤其是涉及那些在日常公共交流中"正确"行为的看法，以及在过去和现在对这些看法的阐释和评判。这些不同的看法，首先出现在不同的经济活动中，但也涉及其他方面，比如宗教活动，超出了纯粹的"职业认同"，因为它们与

---

① 血缘的深度以及对亚分支的定义，甚至部族与部族之间的界定，都会很不一样。

② 基于原初定居地的地点、墓地以及土地神龛。

一整个系列的不同日常仪式以及公共交流中的修辞因素连在一起，而这些则与"职业认同"无关。

我对"道德空间"（moral space）一词的使用，参考了约翰·朗斯代尔（John Lonsdale）的"道德族群性"（moral ethnicity）概念（Lonsdale，1993，1996；另见 Lentz，1993），在一定程度上也参考了詹姆斯·斯科特（James Scott）的著作（Scott，1976）。在我的定义中，道德空间包括对于（在一个特定地区一个特定人群当中的）行为方式、规范和社会价值的全套集体感知，在宽泛的意义上，这也包含了实际处理日常生活的条件。它（道德空间）首先被用于个人行为上，群体一员所具备的理想的个人美德，但是也用于常情、社会组织形式以及审美标准。按照朗斯代尔的说法，这些集体感知从来不会被绝对界定（Lonsdale，1996：99）。相反，它们是这些道德族群性各自空间内不间断的争论和冲突的题目。那些与断裂和整合绑在一起的关于差异性的讨论，在公共交流中发展出来（Schlee & Werner，1996a；Horstmann & Schlee，2001）。在这一个案中，不同身份认同模式经由更多的因素获得了重要性，尤其是随着合作的职业性利益群体的发展。经由劳动分工和交换，他们形成了不同层次上的互补和（大多出于经济动机的）冲突，或者利益分化。

道德空间是日常互动的社会空间，在这个社会空间中分类不断被重新协商，其独特之处在于社会整合的条件，以及对其进行划定的文化标记。这些取决于对道德行为的感知。

为了在我的个案研究中描述这种道德空间的出现，我将先描述当基塔的穆斯林商贩和工匠的情况。他们主要生活在 Goro-Bani 和 Djindjiré-Béri 区。无论现在还是过去，他们的日常生活都以独特类型的商业活动、生活方式、服饰、语言和社会规则为特征。豪萨人屠宰者是这些群体之一，这一例子可以最好地说明这些特征。

个案一：豪萨人屠宰者

当基塔屠宰者的组织是一种行会。他们的领导者，尤其是屠夫头（sarkin fawa）来决定谁可以得到屠夫许可或者去卖肉、谁去当学徒工、什么时候屠夫被允许屠宰一头动物、什么时候进行卫生检查。他们也试着去控制价格。每天有不同的屠夫轮流使用当地的屠宰场。他们各自从牲畜贩那里购买牲畜（每天1~2头，有些屠夫自己就是牲畜贩），然后将肉卖给零售肉贩，这些人再到市场上特定的摊位去出售。

一个人只有在完成了长时间的学徒训练之后，才可以成为屠夫。诚实和体贴的个人美德、作为一位（最好是已婚的）穆斯林模范的个人历史，是获得独立屠夫身份的先决条件。目前，当基塔所有屠夫都是豪萨人。在本文写作之时，有两位学徒工原本是布鲁巴人（Buruba），两个人都娶了豪萨女人，皈依了伊斯兰教，与妻子的家庭生活在一起。这相当于他们已经成为豪萨人家庭的"养子"了。

就如同在西非其他有可比性的地区一样，伊斯兰教是最为重要的身份标志，当基塔的少数群体商贩和工匠都是穆斯林。因此，伦理感知是一项重要因素，这可以被认为是道德空间的一部分。我想使用"'宗格'伦理"（l'éthique du zongo）这个概念，这是阿基尔（Michel Agier）在描述洛美（Lomé，位于多哥）商人区时使用的词（Agier，1982）。这个用词在当基塔也是举足轻重的，尽管有着细微差别。

阿基尔认为，"豪萨人"一词首先等同于对这样一群人的描述：他们源于同一大地区（苏丹西部大草原），坚守着作为商贩区居民都要遵守的、共同的基本道德原则。原则上，在整个西非到处都可以看到"宗格"区。尤其是谈到那些从其他地区移民到加纳、贝宁、多哥、尼日尔、尼日利亚和布基纳法索的穆斯林商贩区时，人们大多使用"宗格"① 一词。尽管其居民并非完全是商贩和移民，在大多数地区他们都被认为是"外来人区"，与"本地的"或者"当地人的"居住区形成对立。"宗格"可以追溯到豪萨商人的第一次移民浪潮，被人类学家描述过，其中有可可商人（Adamu，1978；Lovejoy，1980）、屠夫（Cohen，1965；1969）和士兵（服务于殖民政权）。"宗格"成了下列说法的同义词：

- 穆斯林社区
- 商人共同体，外来穆斯林商人的庇护所
- 伊斯兰教法受到尊重的地方
- 进行没有欺诈的自由贸易，获得信任、经纪、借贷可能性等的地方（Nicolas，1964）
- 长者、有成就的商人以及受尊崇的大家族（豪萨语：maigida）之家长受到尊重的地方
- 特殊的婚姻规则能受到尊重的地方

"宗格"描述了一个最初为（移民而来或者皈依的）豪萨

---

① 豪萨语中的 zongo（或 zango）一词经常在法语中被译成"商队驿站"（caravansérail）。豪萨人是最早长途迁徙来到西非这一地区的商人群体之一（参见 Adamu，1978）。其中可可的贸易路线最广为人知（Lovejoy，1980）。正如 Adamu 描述的那样，在这些迁徙的历史起源当中，不容易区分出那些"纯粹的"商人与那些在旅途中兼做生意来赚取生活费的伊斯兰教学者。

人的地方和社区。同时，这也是一个模范的伊斯兰社区，每一
个细节都能复制，这使得贸易扩张成为可能。Warms（1994）
和 Launay（1982）描述了迪拉人（Djoula）相似的社区模式。
在库马西（Kumasi，位于加纳），"宗格"变成了伊斯兰教社区
的同义词，日益为来自布基纳法索的莫西人移民占据了主导地
位（Shildkrout，1974；1978）。

当基塔的 Goro-Bani 和 Djindjiré-Béri 区过去确实被称为"宗
格"，在当基塔西南的边界镇 Boukombé，还可以找到一个叫
"宗格"的区。"宗格"是外来穆斯林商人的聚会点。他们在那
里可以找到地方睡觉或吃饭，也能做生意上的事，直到今天依
然如此（Shildkrout，1978）。如果他们要停留较长一段时间，
"宗格"给他们提供内部整合的基础，如果他们遵循明显的基
本行为规则。①

不同道德空间的构成和持续，也可以展现为形成半自治的
社会场域。②"半自治社会场域"（semi-autonomous social field）
是萨莉·莫尔（Sally Falk Moore）在法律人类学当中提出来的
一个概念（Moore，1978）。按照莫尔的说法，每个社会都存
在着一定程度的法律异质性，也就是说不同的正式与非正式
规范并存或者交叉。这里不是完全自治的领域，因为在这类
场域的发展中，国家间接地影响了许多一般性条件，一直在
进行着干预，甚至部分卷入其中。在当基塔的个案中，可以

---

①　这里的"内部整合"一词，指的是在本地社区内的一个部分群体之内的社
　　会聚合力。我沿着些学者的思考路径，比如 Elias & Scotson（1990）（他
　　们用"圈内人"这个词）以及 Elwert（1982）。

②　在这里，我指的是在日常生活的非正式领域里发展出来的特定的标准和规
　　范、制度、等级序列以及制裁的形式，与"官方的"国家规定或者被认可
　　的秩序有所不同。

确定若干这类场域。比如，集体劳工组织、酿造与消费组织、某些贸易、走私、入行、平息冲突、出租车和汽车站组织、牲畜贸易组织以及屠夫行会，等等。那些涉足这些领域的人，愿意将外来者或者不顺从的人排除在外，尤其在那些物质资源有限的地方。

排他性通过各种方式得以维持：内婚制、准入规则、垄断知识、语言，甚至隐形暴力。在"宗格"里建立起来的道德空间，与其居民作为外来者的定义并不相符：les gens du zongo（"宗格"人）或者 les zongo（zongo）。这些词被用得越来越少，不过"登迪人"已经成为这些群体的同义词。可以说，在过去几年内出现的部分身份认同是一种"聚合"。五个根本性因素让这一进程变得容易：（1）穆斯林社区的道德空间；（2）共同的经济专项化；（3）在其他地方，登迪语作为与豪萨语对等的通用口语，即作为一种共用的语言；（4）国家政策（尤其是在 1970 年代和 1980 年代）；（5）这些群体内的联姻。

个案二：Tchoutchoumbou 区的社会整合与分化

这个区是由小型家庭院落（conscessions）组成的集合。每个庭院都由几栋建筑物和仓库构成，为一个大家庭所拥有。该区的人口密度相对要低一些。各房子之间的空地较大，被用来种植蔬菜、小米和烟草。由于土地分块占有情况，该区内的划分割相对清晰，与周围的村庄有所不同，后者的房屋大都散落在各处。该区住着不同族群的成员（他们各自都有不同的语言）：Natèmba（他们占多数），Byerebe 和 Gurmancèba，他们基本上都是"农耕者群体"。这种划分是过去几十年内接连不断的移民带来的结果，尤其是 Natèmba 人的移民。在这里有很多卡巴莱（米酒酒吧），彼此相距不远。卡巴莱是呵护邻里关系的重要场所，也是 Tchoutchoumbou 有着不同社会 - 语言背景和地区背景的人每天公共交流的地方。

该区有两个并行的趋势。一方面，社会 - 经济和日常文化整合在邻里中变得越来越重要。混合的伴侣关系和婚姻有日益增加的趋势；另一方面，地方起源上的差异在公共话语中得到强调，尤其是与政党和协会形成关联。

自 20 世纪 60 年代以来，社会整合一直在增强，退伍军人和低阶白领（fonctionnaires）工人大量迁入本区。Tchoutchoumbou 最重要的日常关系是邻里关系。越来越多的经济交易发生在邻里之间，他们属于不同的亲属群体和语言群休。这些关系主要是由女性来决定，她们彼此有着大量的交换与合作关系，比如共同酿造啤酒、种植共有的田地、帮助做家务和照顾孩子、参加共助资金会（tontines）。男人们也彼此合作，比如收获庄稼和建房。当基塔城市里的情形与那些亲属关系原则在道义经济中起重要作用的小社区有所不同。在当基塔的城区里，内部整合因为邻里彼此会讲对方的语言被强化了。几乎所有的孩子都会讲邻居的语言，加上登迪语，他们能掌握三种活的语言。区的负责人，一位 Natemba 族群的男性，得到大多数居民的认可，而且在地方委员会当中，没有按照明确的配额比例在那些以社会 - 语言定义的群体来分派代表人数。尤其是经由婚姻而改变族群归属的趋势，在当基塔非常之强。

人们愿意跟原籍地、讲同样语言的人（在这种情况下，是否为宗族成员并不十分重要）建立关系，邻里当中的社会关系的多样性因此受到限制。这些关系经常建立在那些相识时间长、一起工作过（比如在军队里，同为退伍军人）、一起上过学或者有相似的政治观点的男人之间。个体居民，尤其是老人，当然与他们的原籍地保持着密切的关联。但是，他们与老家的接触频率差异很大。有些人每月至少会去一次原籍的村子，有些甚至在那里种地；另外一些人则很少这样做，也就是说他们只在大型节日或者在直近亲属的葬礼上才会出现。不过，有些人——主要是从前的或者现在的属于 Natèmba 或 Gurmancèba 的公职人员，在他们自己家乡的村子里以及在当基塔都有自己的房子。他们总是回到村里小住。作为有影响的男性和管理者，他们可以被称为"大人物"（Sahlins，1963；Bakel et al.，1986），经常活跃在地方政治当中。他们需要来自家乡的支持，也需要适当增强这份力量。他们在村子里有妻儿，在城市里也有，往往都有摩托车。维护在原籍地的关系，是他们个人职业发展策略的一部分，这允许他们能撤守到这些村子里，在有个人需求时利用这些关系（比如，生病或者照顾孩子，但是也在需要举办宗教仪式时，等等）。

近年来出现了将居民的语言和来源地差异进行政治化的趋势，新兴的政治群体尤其乐于把强调差异当作一种修辞工具。假如没有这种趋势，在当基塔那些绝大多数居民为农民的城区（Yarika，Porika），日益增强的社会整合可能还会有更长足的进展。这有几个原因，一方面，这总体上基于不同邻里社区之间激烈争夺发展援助项目。在这种情况下，不同社区的居民找到那些移民到当基塔的亲戚或者同乡，请求他们在当基塔的重要委员会里为自己说话（Grätz，1998）。在政党的活动当中尤其如此，他们的代表和候选人倾向去关注基于语言和地区的"族群"选区。他们首先转向那些把自己视作"当地之子"的那些人，并不顾忌极端化某些标记来针对其他族群，尤其是当该地区有其他政党的政客在其他选区活动时（这并不排除不同政党的候选人在同一族群选区内竞争。在这种情况下，他们也发表针对彼此的过激言论）。在另外一些情况下，政治上的整合会更大一些，正如我们在下文看到的那样。

当基塔跨族群关系的契约性特征

在考察当基塔社区目前的社区政治关系时，我们可以发展出一种关于大型"我们"群体之间一种（不成文的）契约关系的概念。我认为这些都是非正式的规则，它们划定了实际空间和象征空间，但是也规范了潜在的经济交换以及对资源和官职的获取。这是一种不待明言的"协议"，为的是不让这里所描述的社会差异和利益冲突之程度，变成社区内公共话语的主导领域。比如，在"工商"群体成员与"农耕者群体"之间的非正式协议，可以用简化方式来描述：后者在人员上和机构上（通过外来的支持，即经由地区的政府工作人员）占据了社区的公共论坛、机构以及行政办公室中的多数（甚至超出了区范围以及官方的比例），而前者则有意识地在这些领域保持退让。这些领域包括社区的管理职位，其中有社区长和秘书，以及周围社区的社区长和秘书。其他重要职位包括那些有影响的"发展协会"以及更多地方协会，比如"父母协会"（association des parents-elèves），土地准发委员会以及社区广播电台"当基塔乡村地区广播"（Radio Rurale Locale Tanguiéta）的指导委员会（Grätz，2000）。

反过来，存在着一种没有被官方质疑过的经济影响上的不平等："商人"有积累资本并控制资本、物流以及服务的机会。那些批发商、酒吧店主、录像厅主、打工农民、天然气站所有者以及其他有机会进行资本积累的人，几乎无一例外都是登迪人和约鲁巴人。好多小商贩也抛头露面了，比如"生产者协会"——一个主要来自棉花种植产业的小企业主的联盟——的主席。在当基塔，"经济权力针对政治权力"的老生常谈并非简单地是一种贯穿性的、结构性的原则。那是对一种趋势的描述，被目前的政治发展（多数人的选举，农民有着人数上的优势）以及经济潮流（食品国内市场的增加，经济作物生产的减少以及政府消费）所放大。

这里重要的因素是：目前重要并可行的政治整合形式、共同的利益，以及来自过去的经验，对历史事件的记忆，比如1970 年代的对抗。

族群皈依的条件

此处"皈依"（conversion）所描述的，是改变为其他群体的支配性身份认同。这些皈依发生在个人身上，体现为日常的社会、经济和文化实践有所改变，而不会导致其根源痕迹全无。在当基塔，有若干因素允许特定之人从一个参照领域到另外一个，或者增加他们在社会 - 文化身份认同中的层面。在很多情况下，一开始这是一种职业策略。这些改变与不同规范之间的协商绑在一起：人们需要满足这些条件，以便获得他人的尊敬。比如，在 Goro-Bani 的一桩个案当中，两位屠宰师傅有着布尔巴人（Bulba）祖先，但是"皈依"为豪萨人。他们实际上被一个豪萨人家庭收养了若干年，娶了豪萨女人，变成了穆斯林。另一个案是当基塔的一位成功商人，原本有 Byerebe 人祖先，也皈依伊斯兰教，但像他们这样的商人，还保留着与亲戚的接触。他们经常从自己的大家庭中雇佣工人和助手。常见的情况是，如果有选择的话，他们更愿意从自己群体那里买东西，这不光是出于语言上的原因。这些个人在原本的群体中没有被排除在社会网络之外。因为他们经济情况优越，人们期待着从他们那里获得经济上的帮助。这些商人这对类要求从来不会完全拒绝，尽管会把它们予以限定（并非不会带来问题），因为他们的确需要对资本进行再投资。一方面，他们发现自己被俘获在两个所属群体各自对自己的期待之间；另一方面，这些小企业主将自己的行动范围扩展至支配性身份认同当中，尤其是作为一个受到认可的穆斯林，将他们的关系扩展到城市，以便能没有任何问题地继续自己的经济活动。最终，他们在经济上的成功很大程度上取决于他们把控并维系自己名誉的能力，尤其是要在那些他们希望与之做大买卖的人当中。

那些属于"农耕者群体"、最近开起了裁缝店以及开始做小买卖或者粮食交易的女性，有必要在这里提及。在当基塔，这样的女人为数不多，但是她们积攒起为数相当可观的资本。她们去马德力（Matéri）地区（Gouandé，Matéri，Tantéga）的周例市场，因为她们出色的比亚里（Biali）语言知识，在那里能获得最大的收益。这是一个相对新近的发展。

这里所讨论的关于社会文化排斥的各种集体观点以及对他人的整合，影响了当基塔公共交流的社会规范。它们生成了不同的社会空间，在这些社会空间里，差异性在日常生活中被产出、被感知，被添注意义。更为简单地说，在当基塔的个案当中，基于上文提到的"'宗格'伦理"原则（Agier，1982；Shildkrout，1978）；或者关于商人的道义经济（Evers & Schrader，1994）与"生存伦理"（或者说是"小农的道义经济"，Scott，

1976）被置于彼此对立的状态中，即便与此相关的经济参照点被日益改变着。

本地行动与政治整合的复合层面

自 1990 年 2 月的全民大会以来，贝宁的政治变革一直以政治与经济有计划的自由化为标志。在贝宁的政治舞台上，有不同的政党、非政府组织、新媒体、日报以及独立电台。在经济方面，小企业主和商人被鼓励扩展自己的活动；在国家行政管理方面，事情只是在最近才有所改变。权力下放的法律得以通过，这允许产生由当选的议员与一位负责人组成的共同体，因此取代从前那些由内政部单方命名的专区区长（sous-préfet）。

不过，过去几年来，迄今为止站在对立面上的本地居民群体在政治上的整合变得非常明显。这种整合基于共同立场，即针对于己不利的政客，以及居民们相似的投票行为。因此，尤其是就政治而言，出于反对外在世界的动机，甚至在冲突群体之间都达成了战略上的联盟。在那些有着互补关系的经济网络作为一个整体受到危害的地区，也可以看到这种情况。如果政府不改进道路交通网络或者收的过路费太高，那么商贩、司机、车主以及农民也会联合起来，因为这些问题会给周例集市带来负面影响，而这些集市对一个地区来说至关重要。这些都是本地共有的问题，在过去几年促成了意在加强共同利益的共同活动。

结论与展望

一位当基塔的居民或者在那里出生的人——用当地贝宁人

的说法是 fils deTanguiéta（当基塔的儿子）①——可以把自己认定为"农耕者群体"或者穆斯林的"商人群体"中的一员；某一城区的居民，在那里他与其他人保持邻里关系；作为宗教团体的一员；作为某一小语言群体的一员或者作为某政党的一员；作为某一职业群体的一员，等等。但是，正如我们在上文表明的那样，这些类别并非任意的，在某些情况下也是互相排除的。非常重要的是，我们要在这里强调，这些归属形式在个人层面上意味着完全不同的东西。比如，作为登迪人可能意味是一位被公众接受的穆斯林；可能意味着会尊重"家庭传统"；可能意味着作为新商人而接受一种泛式群体身份认同；可能意味着认可某些道德准则。

这些集体身份认同中的若干项汇聚到一起，放大了容括和排斥的趋势。比如，屠夫通常也都是穆斯林；登迪人，与在其他情形下的豪萨人一样，变成了一个职业协会的代名词，与一种工作伦理和容括的道德范畴绑在一起，这些也允许对皈依的标准进行定义。对某一特定身份认同的强调也可以在"农耕者群体"当中看到，这在过去的几年里经历了政治化——基于（认定的）祖先、语言，尤其是地区强势。"发展援助协会"（associations de développement）是由那些以地区资本为根基的政客们组织的，他们能够在当基塔以外重新组织网络，可以动员人。全国性政治舞台上的政治家们最初是在这些个人身份认同当中寻找一种根基，他们想成为 Byerebe 人或者 Natemba 人的

---

① 在某种程度上，这种情况似乎与帕拉库（Parakou）镇上的公共话语类似，那里的"当地人"，即最先到达的那些群体的代表（巴里巴人，富尔贝人等），并不完全承认"后来者"（尤其是来自南方的人），即便后者是在本地出生的（见 Bierschenk，1999）。

"自家的"（in-house）候选人。但是，这一本地社会关系的政治化又是基于成功的叠加式界定：作为"地区的儿子"（fils de terroir，或者更好是"当基塔的儿子"，Bako-Arifari，1995），一位公务员或者政客，他是全体居民的参政代表。作为"当基塔的儿子"的政客是能够被接受的，尽管存在上文描述的社会－文化异质性。以这种方式行事的政客，比那些光在族群牌上下注的人会更成功，尽管他们必须平衡利益冲突以及复合式归属。在本地政治当中，没有自动的"裂变原则"（segmentary principle）。每一个当下的政治问题都形成了自己的追随者和反对者，以及不同的话语联盟。

这里所描述的当基塔支配性的集体身份认同，是从社会－经济与社会差异的交互作用中发展出来，划定了对自我和他者的感知，并形成利益群体。共同体之内的整合（一如限制冲突）并没有沿着共有的社会和政治文化的制度安排，而是经由地方性以及全国性因素，比如选举以及政府当局的干预，也经由日常生活的改变，尤其是年轻一代。

这些看法都能支持我的阐释：这一地区集体身份认同的政治化，是历史发展的结果，被来自行政管理、经济和文化的外来干预凸显或者制造为一种公共议题。这与本地区的经济变迁平行地发生，但是也有一些部分并不相干。因此，集体身份认同政治化的阶段，不能总是简单地被等同于那些争夺获取通道或者经济参与的冲突，即便这些问题也总是出现在政治行动者的论说中。我预言，长期来看这里描述的道德空间会发生转变，这是该地区总体上社会与经济转型不可避免的结果，在中等规模城市以及行政机构的大型所在地这已经初露端倪。它们重新强调了差异性，直至引发了分化。比如，如果为争夺新资源、变得有限的资源或者形成决定时出现了地方性冲突的话，某些群体会拿文化差异或者社会差异说事儿，会采取实际行动或者只停留在修辞层面上。

冲突消解方案倾向于认为冲突之源不是"族群"问题，而是法律的问题，机构的角色会变得重要。接下来的重要举措是：去中心化法律的落实、行政改革推进、建立有财务预算权的社区委员会，以及进行地区选举。

6 跨国实践与后苏联的集体身份认同

克劳斯·贝西·汉森（Claus Bech Hansen）

马库斯·凯泽（Markus Kaiser）

随着苏联的解体，后苏联空间（post-Soviet space）的身份认同问题得到集中讨论。学者们将先苏联的加盟共和国作为形成身份认同的实验室，产出了大量成果，其中尤其以那些关乎后苏联时代民族/国家认同感（national identity）（如 Finke，2014；Rasanayagam，2011）、苏联的民族政策（如 Martin，2001；Suny，1995）、把国家予以民族化（Brubaker，2011）为最。与此同时，在对集体身份进行比较分析时，苏联遗产中那些向心的、同一的力量很少被注意。这尤为令人感到吃惊，因为任何在苏联旅行的人，都会感到相当明显的相似性，比如卡夫卡式官僚做派、社会行为、文化规范、建筑特征。学者和居民都似乎普遍认为，在这些后继社会里，人们不光共有许多社会、文化和政治实践，也有一种明显的"作为后苏联人"（being post-Soviet）的感觉，这表明苏联的遗产在后苏联空间持续影响着人们的身份认同。

本文，我们把那些来自研究资料中关于集体身份认同的洞见、关于空间和结构的概念，与它们对形成身份认同的影响三者组合起来。的确，我们设定每一个体的人都有多元的、动态的身份认同，它们有不同的功能，适合每个人所持的不同角色和所处位置。我们分析了苏联各个国家的社会过程和文化习俗的相似之处，我们认为尽管出现了新的民族国家身份认同，但这些东西可以被理解为后苏联的集体认同。

后苏联地区的集体认同

卡琳尼娜（Ekaterina Kalinina）回忆自己在国外学习的经历时谈道，大部分她的朋友都来自"苏联和其他社会主义国家"，他们的友谊部分基于相似的语言，部分由于"我们共有的集体记忆和经验……同样的文化代码"（Kalinina，2014：16）。在他们看来，"集体性的东欧经历和记忆有一种非常特有的身份认同"，这让他们走得更近，与那些西欧人拉开距离。[1]

当许多苏联人（在一定程度上东欧人）在遇见西欧人时，他们都会有那种"有所不同"的感觉。恰好是这种"非常独特的身份认同"，在后苏联地区的公民当中的共通感，是我们感兴趣的核心。我们姑且称之为"后苏联集体身份认同"。[2]我们想看一下那是由什么组成的，是如何被再产出的。我们寄希望于这一研究结果能有助于对苏联时代留下来的巨大遗产进行研究。

自列宁开始的苏联政策制定者明确意识到，社会、文化和职业上的关联能形成并强化集体的凝聚力。其结果是官方身份认同生成的二级体系：一方面，苏联政府促进地方身份认同来确保政治支持，其手段是形成民族以及通过苏联民族政策来扶持地方文化和语言（Hirsch，2005；Martin，2001；

---

[1] 卡琳尼娜在她的研究中阐释了媒体如何影响身份形成，同时把"身份认同"理解为一个动态的，而非静态的进程（Kalinina，2014：35）。

[2] 我们使用"后苏联"一词，意指的不唯是 1991 年以后的时期，而是指 1991 年之前和之后的连续性。

Simon，1991）;① 另一方面，国家推进一个"超民族的"（supranational）苏联身份认同（与美国建国的"熔炉"观念类似），它涵盖了所有的苏联民族，经由全联盟范围的整合力量，寻求在联盟国家与其人民之间产生情感纽带（Bennigsen，1979）。严格地说，地方身份认同（比如，乌克兰的或者拉脱维亚的）与苏联身份认同是有等级序列的。考虑到后苏联集体身份认同的本质是越国界的，尤其是苏联身份认同的遗产在这里就特别值得关注。

苏联身份认同的本真性一直是学者感兴趣的问题。带有宣传性质的"新苏维埃人"（New Soviet Man）以及那些或多或少带有些贬义的"苏维埃人"（Homo Sovieticus）和"苏沃克"（sovok）都被提出来，用以捕捉苏联集体身份认同的某些方面，这些过去是、现在依然是高度政治化的。西方关于苏联身份认同的看法深受文学作品的影响，从亚历山大·齐诺维耶夫（Alexander Zinovyev）对苏联身份的嘲讽式解释（1986）到阿瑟·库斯勒（Arthur Koestler，1941）、乔治·奥威尔（Orwell，2013）和亚历山大·索尔仁尼琴（Solzhenitsyn，1974）史诗般的小说。② 当然，像艾历克斯·英格尔斯（Alex Inkeles）和雷蒙德·鲍尔（Raymond Bauer）（Inkeles & Bauer，1959）这样的学者，早年完成了备受瞩目的著作，但是在1991年之前受限于资料获取的可能性，未能进行深度研究，呈现出一种人为的、高度建构性质的身份认同未免让人感到酸涩。

---

① 这是一把双刃剑，因为对"本国的"文化、传统和民俗化的投入，导致了国家认同感的发展，这抵抗进一步实现了苏联计划（Hansen，2013；Kamp，2006；Khalid，2007；Northrop，2004）。

② 关于"苏联人"概念史的一项极为出色的批判性综述，将重点尤其放在北美就"苏联人"与自由主体之关系进行的讨论，参见 Anna Krylova（2000）。

事后看来，苏联集体身份认同的明显建构性不足为奇。毕竟，安德森（Anderson，1983）、盖尔纳（Gellner，1983）和霍布斯鲍姆（Hobsbawm，1990）——我们只列举几位有影响的建构主义思想家——已经令人信服地展示了身份认同的"人为的"本质，而安东尼·史密斯（Anthony Smith）则解释了为什么尽管如此它们仍然势在必行（Smith，1987）。毫不奇怪，学者有理由认为，生成苏联集体身份认同的官方努力成功了，尽管其程度肯定不如政策制定者以及苏联计划支持者所希望的那样（比如，Hellbeck，2006；Khalid，2007；Kotkin，1995；Yurchak，2006）。该论点基于这样的假设：苏联时期的持续时间之长和强大的整合力量让国家、民族、民众之间有着超乎寻常的相互关联，这不光影响了日常生活的所有领域，而且也产生了感情纽带。这些感情纽带最好被理解为"共有的社会关系"，用马克斯·韦伯（Max Weber，1968：40-41）的话说："基于当事各方的主观感觉他们属于一起，不管是感情上的还是传统上的。"不过，大多数这类研究在理论上都是模糊的，与对记忆、传统、语言、象征和制度的研究组合到一起（例如 Bassin & Kelly，2012；Suny，1999）。

我们仍然很难说苏联的共通感是否比地方身份认同感弱，比如作为俄罗斯人或者乌兹别克人。同时，可以肯定的是，在后苏联时期这种共通感无疑在消退。当然，这种情况的主要原因是苏联的解体，这意味着从前生成集体身份认同的主要力量之一已经不复存在。取而代之的是15个独立的共和国，每一个都在寻找他们自己特有的、民族国家的身份认同。在苏联地区的西部边境，这些身份认同叙事经常把苏联时期当成一段压迫/占领时期，而在南部地区则保持着较为中立的态度。

因此，虽然在民族身份认同形成的层面上，其发展远离一个涵盖苏联地区全部民族的总体身份认同，许多政治、社会和文化上的相似性仍然存在，让人们看到地区共有遗产仍得以保存（Kaiser，2001；2003）。况且，后苏联时期的具体经历也为大多数公民共有，这些包括后苏联期间政治上的不稳定、经济和物质上的艰难、接踵而来的危机导致的不安全感，以及国家解体后意识形态上的真空状态。这些经验实际上影响了后苏联国家的每一个家庭，带来了更多的让人成为一体的因素。此外，在分析后苏联的集体身份时，我们会面对一个复合的拼图：民族身份认同、身份整合、出身以及共有经验感觉的纠缠——那些共有经验是在苏联期间和苏联解体后产生的。

社会学与社会人类学关于身份认同和身份认同形成的研究，可以有助于我们理解共有身份认同和实践这一复杂的拼图。在马普社会人类学研究所近期的一项研究中，学者们将集体身份认同定义为变量式表征，它们包含了规范性质的诉求，给个体在与其他人、他们周围的世界以及与他们自身的关系当中以指向；"认定"（identification）指的是个人对于集体身份的回应或者处理集体身份认同的方式。综合起来，集体身份认同和认定进程"必须考虑到特定社会、文化和历史境况，**并且**考虑到系统勾勒出来的变量"（Donahoe et al.，2009：31；着重号为原文标出）。

该文提到的变量因素关联着"集体身份认同的维度""集体身份认同的标记""身份变量"，包括不同身份认同之间的语义关系，以及在不同社会情境或者在有所改变的情境下对行动主体的重要性（Donahoe et al.，2009：12–18）。"维度"可以是国籍、族群、性别、地区等；"标记"是那些感应性质的数据——用于指出个体对于某一特定集体身份的取向，比如，是这个或者那个国籍/民族，是在他们的自我理解当中或者在他者眼中；身份认同的"语义关系"可能是互补性质或者对立性质（即一个人可以说一位欧洲男性黑人或者是一位去俄罗斯打工的乌兹别克移民，但是一个人很难同时是犹太人、天主教徒和穆斯林），或者他们可能会对应不同层次上的泛化或者特殊化，正如欧洲人、法国人、巴黎人之间的区别。最后，身份认同对行动主体可能会有不同意义，取决于其在特定社会情境下的突出程度以及在从一种情形到另一种情形下的渗透性和稳定性。

前文提及的这项研究（Donahoe et al.，2009）聚焦了身份认同的形成和当事主体的认定过程，另外一些学者则讨论在全球化时代——以日益增加的流动性和信息交换为标记——这些进程是如何发生的。在社会科学领域，相应的讨论导致了我们对全球性和地方性之概念的范式转换：传统上我们会认为这些是从根本上对立的，但是今天我们更倾向于认为是互为依赖和相辅相成的。正如我们在"全球的"当中发现"地方的"，如今我们不把地方性理解为一个静态的实体，而是一个有渗透性边界的场地，以社会实践和社会建构为特征（Appadurai，1995；1996；Freitag & von Oppen，2010）。换句话说，"社会的"（the social）已经被解除了其地域性的成分；"社会"作为某种有地域性限定的概念，已经逐渐解体。

若干学术领域代表人物对集体身份认同形成所做的分析，其背后都存在基本设定，对全球性与地方性之关系的重新设想，会对这些设定造成一定后果。政治学家们基于韦伯式的对于国家和国家权威的理解,① 早就认为民族国家是在宏观层面上组织和控制社会的支配力量。"社会的"之重新布局以及表明那些介入"国家权威、国家民众和国家地域的相合性"的亚国家或者"从下至上"因素之重要性的证据足够多,已经引发了对国家中心主义（state-centrism）以及"方法论上的民族主义"（methodological nationalism）的批评（Faist，2004；Wimmer & Glick Schiller，2003）。这一批判的结果是强烈的"跨－主义"（tran-isms），诸如跨民族主义（transnationalism）、跨地区主义（transregionalism）等趋于抬头。通过认可网络、组织（诸如政党、商会、雇主协会和教会）的重要性,以及跨（多）国边界、跨惯常的地域性国家成员身份的信息交流,这些"跨－主义"力图去消弭民族国家在分析上的首要地位（尽管也无法否认其核心角色）（Pries，1999）。

对"社会的"之理解发生了改变,这在社会和文化人类学学者处也有回响,他们进行微观层面上的工作,研究空间、彼此关联和日常生活实践。在这一层面上,民族国家,尤其是在那些制度薄弱的国家（比如阿富汗）的重要性有限,这使得学者越来越多地谈及"跨地社会"（translocal society）（Schetter，2012）或者"跨地性"（translocality）（Hannerz，1996；Freitag & von Oppen，2010）。尽管国家机构功能失调,比如在那些失败的国家,但是这些社会很少是静态的。事实上,与之相反的情况才是典型：随着对国家机构依赖的减少,地方的或者跨地的关系、组织和机构变得越发重要,甚至成为组织日常生活、

---

① 马克斯·韦伯将国家和国家的权威理解为"建立在人口上有代际连续性、地域意义上固定的空间中,有民族政治共同体存在这一设定基础之上"（Faist，2004：5）。

联结不同地点上的共同体的主导力量。

关于集体身份认同、认定过程、全球化与空间的争论，为分析苏联地区的身份认同提供了强有力的工具。的确，后苏联集体身份认同的复杂本质，反映在上文引用的卡琳尼娜的描述中。在她的经验里，对于后苏联集体身份的自觉认定，只出现在面对西欧人的那些非苏联身份认同之情形下。就个体的后苏联集体身份认同经验而言是有启发的。尽管在后苏联地区，人、城市、结构、机构和实践有着令人瞩目的相似性，这些事物本身并不能保证一种后苏联集体身份认同的凸显，即人们与之主动认同。的确，考虑到对个人来说各种不同的可用身份，对身份的择定似乎蜷伏在一种休眠的状态，只有在特定的情形下才变得凸显出来，比如遇到共同性或者差异性（Schlee，见本书导论；Baberowski，2006）。这一角度是非常有启发性的，因为它会让我们想到两点：首先，诸如回忆、经验和实践生成了一个后苏联集体身份认同的基础；其次，合适的刺激会引发个体的自觉身份择定来作为回应（Bentley，1991：173；Bourdieu，1977）。但是，这种转变是怎样发生的呢？

本文我们认为，共有的社会和文化实践造成了一种能让后苏联集体身份认同得以传输的方式。我们分析了在后苏联地区的不同时间，它们经由社会性的互相关联、相遇、交换、集体记忆、社会进程和经验，建立规范上和行为上的代码。今天，这些实践继续存在，跨越国界，保证了这个地区持续的高度整合（Kaiser，2001；2003；相反的观点，Tlostanova，2015：38）。依循马克斯·韦伯（Max Weber，1968：40-41）关于共同体关系的概念，我们这样理解这些跨国的社会和文化实践：它们不仅是这一跨国共同体关系的表达方式，也是其运送者，穿梭于该身份认同在后苏联地区的再生产中。这种跨国共同体关系最好被理解为一种文化认同，它基于真实或者感知的、能产生一种共享遗产和归属感的经验和记忆。这一文化认同始终处于协商当中，不时地与个体有意识地去与之认定的其他身份认同（国家的、族群的、职业的等）相冲突，但还是相辅相成（Holliday，2010：175－176）。况且，我们称这种文化认同为后苏联集体身份认同，认为在后苏联空间，这些共有的社会和文化实践继续生成那些能再生这种文化认同的相遇、经验和记忆。作为一种结果，我们希望能给那些从身份认同与实践之关系这一话题中生发出来的若干问题提供答案：有理由将那些代表后苏联国家社会和文化实践的、明显的跨国共同性，理解为一种后苏联的集体身份？在什么时候那些实践以及与之相应的身份认同不再是苏联的或者后苏联的，比如说是乌克兰的、格鲁吉亚，或者塔吉克的？认为解体的苏联国家遗产造就了共同的身份认同，这种看法有说服力吗？如果确实如此，这种状况还能持续多久？

下文，我们首先在第一个描述性部分当中回忆一下已有的关于后苏联地区身份认同的争论。接下来，我们回到对那些在苏联地区不同日常生活领域中跨国实践的分析。我们绝不想尝试给出一个完整的、我们认为能说明后苏联集体身份认同的特征清单。[①] 相反，我们只想用粗糙的笔触标划出许多主题，包括贸易、流动性、非正规经济、社会化、仪式和传统，在那里我们发现跨国实践——我们认为这能说明一种后苏联集体身份

---

① 在研究集体身份认同的意义时，我们遇到了可资利用的经验数据问题。因此，波罗的海国家有充足的关于身份认同的数据，从中亚国家获取数据受限制，这严重妨碍了研究工作。

认同。回顾这些主题，我们发现苏联遗产存留下去并影响当前身份认同形成的多种方式。最终，在第三部分，我们讨论后苏联集体身份认同的可能未来——作为后苏联空间中一个显而易见的现象。

1990 年代的期待、预言和讨论

在苏联解体之后，关于新近独立的苏联共和国作为国家将会如何发展，人们花费了大量笔墨。大多数在苏联时期变成了政治实体的加盟共和国，并无国家前身（Hirsch，2005；Martin，2001；Simon，1991）。许多共和国如俄罗斯曾经是多族群国家，潜在受到离心力的威胁。自决权被普遍地接受了，但是在苏联空间上演的各种力量，给不确定性以及关于集体身份认同会如何影响单个国家的轨迹这一讨论留下了很大空间。

很少有人怀疑波罗的海国家（今立陶宛、拉脱维亚、爱沙尼亚）会"回归"稳定的西欧民族国家共同体。这一叙事基于这些国家明确的前身，那是在第一次世界大战之后、帝国解体期间随着民族国家形成而建立起来的，而后因 1939 年《苏德互不侵犯条约》签订后苏联入侵而受到损害。相似的情形出现在乌克兰西部，民族的宏大叙事在强烈的民族意识当中找到表达。观察家们很快就再次发现，这种民族意识先是展示在 2004 年和 2005 年的"橙色"革命当中，此后在乌克兰的独立广场起义当中，导致了雅努科维奇在 2014 年的下台，使得乌克兰"追赶"上了 1989 年的革命（Kappeler，2015）。

对苏联西北边缘的预期，基于关于某种程度民族意识的历史证据，但是关于其余的后苏联国家，学者们远没有这样的把握。与波罗的海国家形成反差，白俄罗斯、摩尔多瓦以及位于中亚和高加索的国家，没有或者说几乎没有历史先例。结果是，甚至在苏联解体之前，学者和其他人已经考虑到中亚地区泛突厥主义忠心者（Pan-Turkic loyalties）的力量，以 20 世纪初期的运动为参照来支撑其推测（Bennigsen，1979）。

中亚和小亚细亚合在一起形成了一个连绵不断的大陆，处于古老的商道十字路口，以人口的高流动性为标志。在这些地区和沿途商路，依据裂变原则组织起来的各社会中的异质性居民，形成了各不相同的多重身份认同。然而，1991 年获得独立的每一个中亚国家都没有复兴泛突厥主义，而是成功开启了一个集体认同形成过程，强化了自己过去的辉煌，并以直言不讳的原生主义风格找寻各自民族文化的永恒根基（Denison，2009；Kudaibergenova，2014；Williams，2014）。比如，乌兹别克斯坦政府花大力气将本国利益合法化，通过重新阐释地区历史来建立一种全国性的乌兹别克身份认同（Jacquesson，2010；Jacquesson & Beller-Hann，2012；Schatz，2014）。这也包括重新评价昔日统治者，如帖木儿这类引人瞩目的做法，把他视为最了不起的乌兹别克民族英雄（Hegarthy，1995）。

回头来看，在中亚基于逆发展经济模式（进口替代、孤立、开启资源经济、依赖援助的发展）而出现的若干成功，但各不相同建国进程中，乌兹别克是其中之一。与全世界学者的预言相反，"自决权"被工具化，来打造各自的民族国家，政治精英继续通过对历史进行小心翼翼地族群解读而构造"自我"。这不应该由此便得出肤浅的结论，认为苏联的集体身份认同已经被新的、地方的、区域的以及国家的身份认同击败。相反，正如我们在接下来的篇幅中要讨论的那样，这些不同的身份认同随着时间的流逝，通过跨国的文化实践和社会实践都活生生地存在着、交织在一起、有所改变并重新生成。

跨国实践与后苏联空间

爱德华·索亚（Edward Soja）提醒我们，"社会化与空间化错综交织、彼此依赖，经常在冲突之中"（Soja，2009）。受索亚的启发，人们倾向于认为苏联的解体导致了苏联社会化的既有模式与后苏联地域的新型空间化之间的冲突。然而，如上所述，这种不一致不应该导致这样的错误假设：令人震骇的苏联解体，消解了紧密编织在一起的苏联时代的社会、经济和文化结构。事实上，我们在下文中要分析的就是从这一遗产中发端出来的跨国社会和文化实践。

贸易、迁移和非正规性

要追踪后苏联地区的互相关联性以及相应的实践，最简单的方式之一便是考察在时间长河中人与物品的流动。考察这些模式让我们能深入地洞察行动主体的相遇——这些人从共同性和差异性入手来看待彼此的交往——并揭示他们那些不明言的动机、感知到的机会以及心态地图。所有这些，对于我们理解跨国文化和社会实践以及身份认同形成，都是具有决定性意义的。

尽管丝绸之路会在苏联的南部边境地带再度出现是普遍的预期，但是由于在苏联期间曾被中断，沿着历史上的商路进行的贸易活动要远远低于苏联解体后形成的各国之间的贸易。俄罗斯仍然是主导的地区力量，其对于后苏联的其他共和国所具有的重要性，不亚于世界上的主要经济体如中国和美国。在2012年，哈萨克斯坦几乎有40%的进口来自俄罗斯，而吉尔吉斯斯坦、乌克兰和立陶宛也达到了大约 30%。如果将数据扩展到俄罗斯之外，而是也包括其他后苏联共和国，那么这些数字分别达到 58%，51%，48% 和 46%。反向的数据，即苏联解体后形成的各共和国直接对其他后苏联共和国的出口额，数字也是类似的。在 2014 年，几乎 50% 的乌兹别克斯坦出口额是去往俄罗斯和哈萨克斯坦，而乌克兰全部出口额的大约 40% 都去了后苏联地区（*Observatory of Economic Complexity*，2015）。截至 2015 年 1 月 1 日，生效的欧亚经济联盟（Eurasian Economic Union）虽然只包括俄罗斯、哈萨克斯坦、吉尔吉斯斯坦、白俄罗斯和亚美尼亚，但无疑有助于巩固后苏联地区贸易集团的整合，这不仅体现在经济上，而且也体现在社会、文化和政治上。

不可否认，集体身份认同的存在并不能从整体贸易数字中推断出来。然而，这些确实表明了在大区域内的相互关联程度：超越了政治边界，但仍在后苏联空间内。因此，贸易体制结构通过高度现代化的贸易路线促进了相互接触，这些得益于苏联时代的网络、传统的联系、贸易条约，尤其还有俄语——这在大部分后苏联地区仍为通用语言。显然，这些贸易模式的变化正在出现。中国以及大地区的出口经济国如土耳其和德国等，在进口规模上数字很高，但后苏联地区内的货物交换反映了 1991 年以前的模式。

这些模式在当前的小商品贸易和移民领域更为明显，其结构不仅让人看到路径依赖、网络和信任关系，也让人看到在苏联时期出现的心态地图（mental maps）、品味和习惯。今天在后苏联空间的小商品贸易大体上取决于已经建立起来的集市网络，它们合在一起是一个广泛的分销体系，尤其是在该地区的南部。主要的国际性集市，如阿拉木图的 Barakholka，比什凯克的 Dordoi 和杜尚别的 Korvon 都是批发市场，吸引着提箱而来的商贩。这些市场上的商品被分销到地区的集市上，比如在阿拉木图的 Altyty Orda，阿斯塔纳的 Shanghai 市场以及比什凯克的 Madina 集市，在那里提供给终端顾客（Kaminski & Mitra, 2010）。不可否认，这些市场上的大多数商品来自独立国家联合体（CIS）之外。2001 年，艾维斯和凯泽发现，乌兹别克斯坦的小商品贸易只有 20% 是在独联体地区生产的（Evers & Kaiser, 2001；2004），而其他人的研究（Alff & Schmidt, 2011；Alff, 2013；2014a；2014b；2015）则表明，哈萨克斯坦和吉尔吉斯斯坦市场的商品（包括纺织品）主要来自中国。不过，关键的是，我们发现苏联时代的商路仍在持续，这表明在后苏联空间中非正规领域贸易的彼此关联。这是贸易协定和小型贸易的盈利结构带来的结果，在后苏联不同地区的批发市场允许商人在进出口方面有利可图。来自中亚地区的便宜物品被运向北部以增加利润，出于同样的目的，莫斯科的廉价物品被运往南方。因此，国界线、经济和价差是跨境贸易的一个资源。

与后苏联空间内的基础设施以及频繁出现的交易模式相应的，是那些与品位、习惯以及人际关系网络等相关的那些无须明言的特性。比如，在国际和区域集贸市场中，吉尔吉斯斯坦已成为乌兹别克斯坦、哈萨克斯坦、俄罗斯和塔吉克斯坦集贸市场的主要服装供应商。正如吉尔吉斯缝纫厂主所说的那样，这不是出于赢利考虑，而是因为吉尔吉斯斯坦买家和卖家与中国竞争对手相比，能够在商品和时尚方面更好地把握后苏联客户的品位。

后苏联时期的贸易关系不仅因共同的品位、时尚和习惯而得到促进，而且也源于在苏联解体之前产生的持久网络。苏联各共和国之间相对较高的流动性让数十万非俄罗斯人在俄罗斯定居，同时与作为"家乡"的某一共和国保持联系，并在连接不同地区的贸易网络中担任促进者。例如，这种便利范围，可以从提供住所到通过提供姓名或地址用于登记目的，以达成官方所要求的文件。

然而，后苏联国家之间的非正式贸易并不总是依循已建立的网络结构进行。奥尔佳·萨苏科维齐（Olga Sasunkevich）在分析白俄罗斯－立陶宛边界的"班车贸易"时富有说服力地表明，商业决策也可能基于个人的自发性而不是既有的网络（Sasunkevich，2013）。例如，跨国运输往往采取日工的形式，出口商委托一个愿意并能够将商品运过边境的人。

由于这种非正式贸易无论是个体化的还是网络化的，在整个后苏联时期都是普遍存在的，我们将在下文进一步阐述非正式的结构。在这里重要的是强调：在后苏联空间中流行的特别贸易形式以及其中包含的实践，持续地将该地区绑在一起。的确，在严峻的经济条件下维持生计，让自己适应资本主义强加给他们的不舒适的工作条件，"让体系运行"以便能做成生意，这些都是大多数在后苏联空间中的人所共有的经验，并在一定程度上增强了他们的集体身份认同感。简言之，那些有着苏联地区小型贸易标志的社会进程和实践，发生了跨越时间和空间的转移。它们基于对已建成体系的深入了解，反过来也重新产出这一体系。①

---

① 这种关系网络和实践不仅限于后苏联空间，相反，它们确实是世界各地的现象。横跨苏联时期边界的关系网络有不同情形，关于在吉尔吉斯斯坦的维吾尔人，参见 Steenberg（2014）；关于在塔吉克斯坦的阿富汗人，参见 Kaminski & Mitra（2010：46）。

当我们分析流动性的其他形式时，会非常明显地看到在苏联与后苏联时期之间的连续性存在类似的模式。自1991年以来，尤其是从苏联南部边疆地区向俄罗斯移民，受到学者和政策制定者的高度关注。这些大量的"内部"移民——本国经济状况不佳以及家乡有政治冲突是移民的驱动力，而独联体地区的签证制度使之成为可能——表明了一个事实：存在一些苏联时代形成的心态地图以及与此相关的实践，它们在后苏联时代也指引着移民潮的流向。今天，许多中亚和高加索人认为，莫斯科、圣彼得堡和基辅是富裕的先进城市，在那里他们可以获取经济优势和教育，从而过上好日子，一如他们在1991年以前所做的那样。有一些可以追溯到苏联时期的图景和设想，经由交往、旅行和记忆而再生和改变，影响了后苏联共和国中许多人的代际心态地图。事实上，俄联邦的大学如圣彼得堡国立大学或者位于罗斯托夫的南联邦大学利用这些纽带，在中亚教育年展会上招收讲俄语的大学生，正如2016年2月在阿拉木图发生的那样。这些学生在学期间，只要在俄罗斯生活三年就可以取得俄罗斯公民身份，这是俄罗斯应对人口危机的手段。要保证苏联解体后形成的各国间持续地保持高水绝的整合，这些实践绝对极为重要。

对俄罗斯大都市生活的设想，导致移民数量居高不下，特别是在后苏联空间的南北轴线上。仅从独联体国家，俄罗斯在2013年就有大约42万人移入（俄罗斯联邦统计局2013的数据），其中大部分人是因为俄罗斯劳动力短缺，并且俄罗斯承诺给移民提供更高的工资和教育水平。这反映在2008年之前在格鲁吉亚进行的调查中，教育和工作在移民原因列表中名列前茅（Länderanalysen，2009，http：//www. laender-analysen. de／）。俄罗斯富裕的大都市意味着增加收入的希望，这并非空穴来风。2010 年对塔吉克劳工移民进行的问卷调查显示，其平均收入是在塔吉克斯坦收入的十倍（Zentralasienanalysen，2010：8）。类似的数字也出现在涉及乌兹别克斯坦的调查中，所有劳工移民中的 20% 来自那里（俄罗斯联邦统计服务 2013 的数据）。

不出所料，苏联的斯拉夫地区的移民有着不同的迁移模式，尽管这些自 1991 年以来已经发生了变化。直到 2010 年，俄罗斯是乌克兰人的首选目的地；在 2011 年，以色列、德国和美国合计的乌克兰移民大约占 55%。尽管数据不完整，但对俄罗斯移民来说，类似的模式是明显的。在 2012 年，他们青睐的移民目标地分别是美国、以色列和德国（Migration Policy Centre，2013a；2013b；关于俄罗斯内部移民，参见 Brunarska，2014）。毫无疑问，俄罗斯人和乌克兰人的心态地图与中亚人不同，但来自后苏联各地的移民似乎是出于类似的动机——希望获得富足繁荣，不管这些希望是让他们去了俄罗斯还是俄罗斯之外的美国。况且，这种移民模式上的差异不一定与这样的想法相抵触：苏联国家的成员——从乌克兰到中亚——属于彼此关联的同一地区的感觉。

后苏联空间内的移民模式典型地反映出，存在一些已有的网络，与小型贸易的网络类似，这些也可以追溯到苏联时期。这些网络极大程度上依赖于长久的、依循族群和亲属关系而形成的纽带，遍及俄罗斯的大都市以及不同的前加盟共和国，这些网络引导着移民在后苏联空间中迁移。一旦进入俄罗斯，移民依赖他们的关系网络来安排就业、住宿和社交生活。Ayupova（2011）和 Rahmonova-Schwarz（2012）因此被称为"中亚的、有亲属纽带的跨国移民"或者"后苏联跨国主义"。① 移民们活动在那些他们在俄罗斯得遇的信任网络当中，对那些规范他们在俄罗斯和故乡平行生活的社会准则、价值观和世界观进行重新考虑和协商，形成一种独特的"居间身份"（"in - between" identity）身份认同——这种身份为"家乡"和移民国的地理二元性所定义。

鉴于拉蒙诺娃 - 施瓦茨（Rahmonova-Schwarz）所说的跨国社区相互依赖性，社会和文化实践也跨越国界影响集体身份认同。早在苏联时期，或长或短的外出已经变成了苏联公民生命周期中的一个重要组成部分——无论是服兵役，受教育还是就业。在今天的中亚地区，跟移民相关的这种"通过仪式"对男性成员而言几乎没有改变。对于中亚人来说，移民国外（去俄罗斯）一段时间，让自己在经济上获得独立，然后回到自己的本国成家立业，这是从毛头小伙子变为成熟男人之路上的重要步骤。移民以及许多与之关联在一起的实践正在被经历着、被传递给下一代。

这有着不同的后果：移民流向对身份认同的影响，不光涉及那些移民本身，也包括接受国的人。近年来，在俄罗斯这已经导致了移民与右翼民粹主义者之间的紧张关系，尤其显著的是 2010 年对立群体在莫斯科的冲突（Balmforth，2013）。无

---

① 只有少数社会人类学家对中亚地区的移民或中亚移民在俄罗斯的日常生活以及相关的文化、法律或政治问题进行过深入的民族志研究（Ayupova，2011；Olimova & Bosc，2003；Reeves，2007；2008；2011；2014；Rahmonova-Schwarz，2012；Röhner，2007）。相反，大多数分析是由社会学家进行的，然而这些分析倾向于强调宏观经济，侧重于汇款流动的经济后果（Anderson & Pomfret，2005；Hill，2004；Kursad，2008；Lukashova & Makenbaeva，2009）。

论是以积极还是消极的方式，就目前而言，移民有助于提升地区的整合，同时保证现存移民关系网络的再生产，以及它们与俄国大都市的社会发生关联。移民的关系网络跨越边界的同时又覆盖后苏联空间，它们不仅促成了移民的生活计划，也让那些关于后苏联地区彼此关联的观念保持活力并代代相传。

现在，我们简短地将注意力转向非正规性。就目前的形式而言，非正规性——被理解为一套不受监管、不纳税的行为，以利于达成预期中的结果[①]——是苏联时期的遗留物，对官方国家机构的不信任、缺少现代官僚管理的安全、资源稀缺、依赖保护人－代理人关系等因素的"致命的"组合，使得"人际关系"（blat）在日常生活中变得不可或缺，并成为巨大的影子经济的基础（比如 Collins，2006；Fitzpatrick，1999）。无需说，与上文所讨论的移民或贸易模式形成对比的是，对于非正规的做法，苏联政府从来没有正式地推进或者压制。相反，正如约翰斯通（Timothy Johnston）令人信服地指出，非正规性属于典型的"栖息策略"（tactics of the habitat），被理解为一系列资源或者处理策略（Johnston，2011），苏联公民在生活的各阶段会转向它们来克服官僚机构的障碍或者日常生活的窘迫。

从苏联到后苏联的国家转变几乎没有对此造成任何改变。相反，除了波罗的海国家以外，苏联在20世纪90年代快速而全面的崩溃，往往让官僚机构毫发无伤。与日益增加的短缺和不确定性合在一起，非正式的网络和结构实际上没有改变，这

---

① 参见 Helmke & Levitsky（2004）以及论文集 Giordano & Hayoz（2013a）。

是高度腐败与瘫痪的司法结构常有的必然结果。① 从杜尚别到摩尔曼斯克，从利沃夫到符拉迪沃斯托克，人们转向"走后门"——基于亲属关系、友谊或保护人、腐败的非正式关系网获得上最好大学的渠道、工作分配、获得粮食和商品保证、挣钱或成功迁移到其他国家（比如 Kaiser，1998a；1998b；2005；Leontyeva，2013；Sik 1994a；1994b；Nee，1992：1 - 27；Wheatley，2013）。

在整个后苏联空间中，非正式性系一套普遍的和典型的实践。它也是生活在这一空间内不同地区的人，在涉及共同性和差异性时的话语标记。并非罕见的是，来自西欧的访问者可能会听到某人说"我们在这里做事情不一样"。与此同时，批评性地评论非正规性可以被当成一种方式，来区分不同的后苏联空间内的民族。比如，一位俄罗斯人会很容易认为在苏联南部边境地区的人比他们更倾向于介入非正规活动；一位爱沙尼亚人很可能会把同样的话放到俄罗斯人身上。简而言之，在非正式性中，我们可以观察后苏联集体身份认同的一个层面，它也用来区分地区层面上的（独联体针对西欧）和国家层面上的（俄罗斯针对乌兹别克）的身份认同。

社会化，仪式和文化消费

在过去的十年，许多学者研究人们对社会主义时代的怀旧情绪巨流——尤其是在俄罗斯，尽管人们在欧洲那些前社

---

① 非正规性随处可见，即便在有着高透明度的高度工业化国家。事实上，这是正规性必然会有的影子，尽管在多大程度上被用来指引正规的和非正规制度，有着显著的不同，取决于研究的对象（Giordano & Hayoz，2013b；Giordano，2013）。

会主义国家也能观察到这一现象。博伊姆（Svetlana Boym）和玛莉亚·托多洛娃（Maria Todorova），也许是最著名的怀旧情绪研究者，各自以不同方式让我们更好地理解社会主义怀旧的演化、含义、话语形式和各种功能（Boym，2001；Todorova，2010）。对于后苏联空间中的广大公民来说，这种怀旧情绪并不是要回到苏联的政治体系，而是表达了对往昔的伤感情愫。因此，虽然我们承认"怀旧"是后苏联集体认同形成的构成方面，我们更为整体上地谈及仪式、规范、消费以及与之关联的实践，其中包括但不限于怀旧。最好做这样的理解：这些是一种共有文化的遗产，是苏联时期社会与文化政策渗入社会所造成的结果，不过这些在今天似乎并无害处，因而也有召唤力量。我们要问的是：它们如何有助于后苏联集体身份认同的产出并与当地的民族因素相整合，并以有所改变的形式存活下来？

一些学者正确地强调了在涉及身份认同形成中文化消费与集体行动的重要性。我们在开篇时提到的卡琳尼娜（Kalinina，2014）的研究已经令人信服地展示了当代俄罗斯如何通过媒体把后苏联的怀旧情绪为我所用，而基姆泽（Stefan Kirmse）的研究则展示了全球媒体对于当代青年文化的重要性（Kirmse，2013）。大众传媒为所谓的仪式化消费提供了机会，表明了仪式化的传统、文化消费与已经形成的实践之间的缠绕。这种仪式化消费最广为人知的例子，也许是每年除夕夜都要回放的一部于1976年诞生的喜剧电影《命运的嘲讽》（*Ironiya Sud'by*），电影描述了一位男子在新婚前夜从单身派对上酩酊回家，神志不清地从莫斯科到了彼得堡，进到一套他误以为是自己的公寓，实际上那是一位年轻女性的居所。在经历了许多混乱和对抗之后，他与原来的新娘解除了婚约，与他在彼得堡公寓中偶然结识的这位年轻姑娘结了婚。

《命运的嘲讽》提出了对后苏联集体认同形成仍具有重要意义的主题。后苏联空间的任何居民，都会对电影里关于苏联城市规划、建筑设计和室内装潢——其实际结果是在完全不同的城市里有着同样的公寓——的幽默渲染表示赞赏。正如在德国和北欧国家，电影《一个人的晚餐》（*Dinner for One*）是除夕夜必不可少的一部分，年轻人和老人坐在电视机前看《命运的嘲讽》如今已成为一个世代相传的传统，与之相关的实践也成了传统（典型的食物、饮料和庆祝新年的方式）。这些电影在席卷许多苏联（和社会主义）地区的流行文化怀旧浪潮中也起着举足轻重的作用，特别是导致了社会主义时期物质文化有着令人瞩目的复兴（Beumers，2012；Todorova，2010）。这在大多数情况下是一种城市现象，对于那些出生于20世纪70年代或以后的人来说尤其具有吸引力。它起源于斯拉夫语区，尽管高加索和哈萨克斯坦的城市中心也有类似的发展，这促进了当前的集体身份认同过程。

在除夕夜观看特定的电影，这只是贯穿整个后苏联空间的诸多文化实践之一。其他活动包括每年庆祝"胜利日"（5月9日）来纪念战胜"纳粹"德国，元旦（1月1日），国际妇女节（3月8日）以及大多数国家的国际劳动节（5月1日）。① 虽然只有少数几个国家能安排与红场相比的游行（实际上，大

---

① 在若干年后，5月1日仍然是假期，但庆祝的原因已经改变，这取决于本国的特定缘由。例如，在哈萨克斯坦它已成为哈萨克斯坦"人民团结日"，而波罗的海国家取消了"胜利日"庆祝活动，他们因1939年的《苏德互不侵犯条约》丧失了其独立性。

多数后苏联共和国的领导人参加莫斯科游行)①，"胜利日"的集会或参观纪念碑对很多人来说，也是集体纪念活动的一部分很多，包括那些在苏联晚期以及后苏联时代出生的人。"国际妇女节"的庆祝活动明显不同于世界其他地区那些大体上有可比性的事件——在世界其他地区少有或者没有具体的传统做法。然而，在后苏联空间，如果一个男人没有恰如其分地庆祝这一天——给他的妻子或者伴侣送鲜花或者礼物，邀请她赴精心安排的约会，以晚宴和看剧或者类似高端文化活动而结束——就会让人感到心寒。

一些学者分析了苏联的大众庆祝活动（Adams，2010；Rolf，2006），尤其是"胜利日"，它围绕着人们共同经历的创伤和胜利，将苏联地区的民众联结在一起，仍然是后苏联空间中最重要的节日之一。研究表明，"胜利日"在俄国人的集体意识中占据独特位置。在中亚亦如此，"胜利日"是一个人们参与共情与表达敬仰的日子；在乌克兰，70%以上的民众认为这是一个"伟大的日子"（Nikiporets-Takigawa，2013）。

例如，在乌兹别克斯坦，"胜利日"的庆祝活动通常开始于全家人前往离家最近的城市中心，汇入街头人群，街道两边的建筑物上和政府的宣传牌上悬挂着层层叠叠的旗帜和节日标语。就如同他们在参观一个巨大的街头活动，家庭成员走在市中心大街上或者漫步公园，孩子们在玩耍，父母们乐得一天不用上班，俄罗斯和本国有名的流行歌曲从数百个食品摊位或者

---

① 为纪念第二次世界大战胜利 70 周年，哈萨克斯坦总统下令举行历史上规模最大的游行，但将其移至 2015 年 5 月 7 日，以便纳扎尔巴耶夫于 5 月 9 日参加莫斯科的庆祝活动，http：//www. rferl. org/content/kazakhstan - victory - day - russia - nazarbaev/26999245. html。

大喇叭里播放出来，环绕在广场和街道的上空（Adams，2007：207 - 211）。

在 1991 年之前，"胜利日"和其他苏联节庆的庆祝活动展示了共同的苏联文化，以及各共和国文化和民族遗产的元素。1991 年以后，这两类要素都仍然存在，但是有着不同的组合并且侧重点有所改变。尽管在整个后苏联的空间里，对"胜利日"的庆祝无处不在，但它的纪念活动有了各种后苏联时代的调适，苏联"人民的友谊"等一些整合信号已被本国的口号所取代。

正如劳拉·亚当姆斯（Laura Adams）在参照乌兹别克斯坦的个案所指出的那样，这种"本国化"（nationalizing）的发展是后独立时代的一个核心特征，当人们在区分了世俗的和宗教的节日时，这就会变得更为明显（Adams，2007）。在那里，世俗节日如"胜利日"和"国际妇女节"促进了公民身份认同的形成，而宗教性的庆祝活动则滋养了族群 - 国家的身份认同。尽管在非伊斯兰教的共和国不那么大张旗鼓，但是这种质性差异在所有后苏联国家以及他们独立后的国家认同形成中都是典型的。此外，世俗的庆祝活动实际上仍然与过去一样，而非世俗的意识倾向于将苏联的和非苏联的实践组合到一起。

对后苏联空间中公众节日的研究，得到关于私人仪式以及过渡人生仪礼的补充，后者经常被用来加强、表达或者改变地方身份认同。比如，苏联时期的（被认为如此的）、传统的宗教实践——曾经被苏联当局严加限制的——有着非常令人瞩目的复兴。学者们有说服力地指出，在中亚，这种做法可能被理解为要表达私人对日益增加的这类国家控制政策进行抵抗（Roche & Hohmann，2011：119）。在后苏联的塔吉克斯坦，这使婚礼会持续数日，并组合了一场宗教婚礼（nikoh）、一场传统婚礼（tuy）和一场公民婚礼仪式。自然，具体的婚礼仪式取决于当事家庭是世俗取向还是宗教取向。一些宗教感强的家庭在宗教婚礼中仔细地"清洗"了所有的苏联影响，另外一些家庭则将宗教的和传统的塔吉克因素在婚礼仪式上整合到一起，以示炫耀（同上：120～122）。

尽管宗教取向与苏联取向之间存在明显的矛盾，但在其他后苏联国家，多数婚礼都倾向于将这些取向以非冲突方式整合起来。作为阿拉木图一场婚礼的嘉宾，罗伯兹（Sean Roberts）观察到，在上午的宗教仪式后，伊玛目刚一离开，"几个年轻人就把伏特加酒和干邑白兰地摆上每一张桌子"（Roberts，2007：349）。这类世俗的与伊斯兰教仪式并存的例子不胜枚举，但是还有若干其他实践更为巧妙地暗示了苏联的遗产。例如，在穆斯林婚礼的着装方面，一般要求新郎穿西式套装，往往只带一点他的"民族"身份的小小标记（在乌兹别克斯坦，典型的是戴穆斯林的圆帽）。相比之下，女性经常穿传统服装或者民俗服装。在公民婚礼的仪式之后，典型的做法是新人要去一个在感情上非常重要的公共广场，比如胜利广场或者独立日广场，在那里表达自己的敬意并献上鲜花，当然也不会错过在那里拍照的机会。婚礼随后的庆祝活动不光包括传统的舞蹈和仪式，也包括现代的通俗音乐，尤其是来自俄罗斯的音乐。

上文描述的跨国仪式和实践成长于特定的苏联历史、文化和社会语境。在后苏联时期，它们一直存在下来，在或大或小的程度上发生了改变，经由来自新的民族的、文化的或者社会的影响，或者先前被压制的行为。它们通常都经历了内容上的调适，但是在结构上它们复制和延续了一种作为一个互为联结地区之成员的感觉。

我们在上文所描述的仪式和社会、文化实践并不多，但是许多例子中的一个小样本可以用来支持我们的观点。的确，举隅可以很容易地扩展到包括准则和价值体系的生产当中。与那种错误的推测——苏联国家及其意识形态的崩塌可以与苏联价值体系的消失等同起来——正好相反，许多苏联的价值，比如涉及经济平等、福利服务、人际行为等，一直都存在。与此相似，关于"良好"教育和高文化水的准则实际上也并无改变地在所有后苏联社会中保存下来。事实上，后苏联国家的教育规范似乎要比西欧国家面对的变革更具弹性，而后者川没有经历过这种动荡。此外，对"制度"诸如社会性别与性、宗教、育儿实践和青年文化等的研究，也产生了令人感兴趣的结果，并表明苏联的遗产会将其长长的身影，投射到后苏联地区的集体身份认同之形成当中（比如，Wegren et al.，2010）。

后苏联集体认同——何去何从？

本章我们分析了通过社会相互联系、相遇、交流、集体记忆和社会过程以及既定的规范和行为准则而出现的各种后苏联的跨国实践。我们认为，这些做法使该地区保持高度一体化并再生了一种跨国文化认同，人们可以带着自觉意识去与之认同。当个体遇到差异性或共同性之时，这种认定就特别可能发生，尽管这并非先决条件。

我们用"后苏联集体认同"来指从苏联遗产中产生的文化认同。但是，苏联——可以说是产生苏联集体身份认同最重要的力量——之解体，提出了这一问题：在其他标记（如乌克兰的、欧洲的或者欧亚大陆的）成为主导性的修饰词之前，我们言之凿凿用"后苏联的"这一形容词来描述在苏联地域上形成的身份认同和实践，这一做法还能持续多久。显然，这从头到尾取决于个人的择定。但是，其可行性也取决于对那些源于苏联时代的实践的保存，以及社会－文化和政治发展的各方面。当然，在涉及后苏联集体身份认同的持续存在时，一个最为重要的因素当然是时间和代际变化。因为随着时间的推进，新一代没有生活在苏联的经验，只有对苏联时代生活的想象。与此同时，新生代的出现并不一定意味着生活在苏联空间的民众会不再选择那种后苏联的集体身份认同。事实上，集体性的择定并非仅仅是一个从内里成长出来的进程，也是一个可以从外部强加给某一群体的——种族灭绝的冲突残忍地提醒人们注意到这一事实的存在。换句话说，完全没有受到往昔苏联影响的新生代，也可能会经历（强制的）择定——其手段为遭遇共同性和差异，或者为"他者化"的话语（正如那些发生在西方国家的情况，参见 Tlostanova，2015）。我们在本章开头时提到的卡琳尼娜的经验，也许至少部分地是这类影响的结果。

同时，苏联国家的整合，如欧亚经济联盟，也可能导致人们择定后苏联集体身份认同，这有赖于政治修辞以及与之相伴随的彼此关联程度。相比之下，把苏联的加盟共和国整合进欧盟估计会加速这一进程——最终让后苏联集体身份认同的感觉消失，代之以一种属于欧洲整合计划的感觉。类似地，在格鲁吉亚或乌克兰发生的政治冲突和暴力冲突同样可能加速身份认同改变的效果。此外，政治发展也将影响未来在后苏联空间中集体身份认同的形成。

尽管这些因素对维护或重建"后苏联性"（post-Sovietness）有着重要意义，毫无疑问，在未来的某一未知时刻，它将不复存在。在中亚的边远地区和农村地区，人们失去讲俄语的能力可能是这一过程的早期标志之一。毕竟，过去的多元文化和多民族国家，一旦有足够的历史积层叠加在其上面，纵使它们对后来的地区发展有影响，也会失去号召力。说直白一些，尽管古罗马的文化、法律和语言对今天的欧洲意义重大，但是很少有欧洲人意识到自己与罗马帝国有任何形式的自觉认同，因此，关于"后罗马"身份认同的讨论也就毫无意义。

7 同生共存——泰国南部多元存在的变迁

郝时亚（Alexander Horstmann）

导　言

在泰国南方以穆斯林为主体居民的边境省份，自 2000 年以来血腥暴力事件持续不断，其结果是死亡人数超出以往，并导致了军事化、骚扰、侵犯人权、种族清洗以及难民数量增加。[①] 佛教徒与穆斯林之间——至少人们在媒体上所看到的——彼此有着深深的憎恨。当媒体在播放那些尸体遭到焚烧或者人被砍头的残忍画面时，宋卡湖盆地周围则一片安宁，和平关系在这里得以继续。不过，最南方省份的暴力成为宋卡湖盆地佛教徒与穆斯林之间关系的背景，并让我们提出这一问题：处于这一冲突边缘上的人，在多大程度受到这些广为传播的图像影响。[②]

我以自己在宋卡湖地区长期的民族志田野调查为依据，尝试解释为什么人们能够维持和平关系。基于我在宋卡湖盆地搜集到的关于多元宗教动态的资料，我认为和平共存的核

---

① 这方面的经典研究，参见 McCargo，2008；关于社区暴力的深度民族志，参见 Marc Askew，2009，亦参见 Saroja Dorairajoo，2004，其信息有非常丰富的描述。

② 参见 Bubandt & Molnar（2004）。

心在于存在一种机能式团结（organic solidarity）（Horstmann，2007a）。这种团结来自对多重因素的复杂安排，其中有文化资源（口述历史、习惯法和宗教伦理）、赞助网络，以及社区头人的道德承诺——要积极地在宗教区分之外的关系上有所投入。南传上座部佛教和伊斯兰教被嵌入带有祖灵崇拜的等级序列关系。本文无意于将佛教徒与穆斯林比邻而居的关系浪漫化。我不会认为泰国南方的本土宗教是一种和平关系的资源。非常可能发生的是，政治进程是充满敌意的。正如我在其他研究中解释过的那样，和平共存并非一种静态的、历时的真实，而是一种动态的体系（因此，处于共时性当中它也是脆弱的）。①

我把对文化差异的地方管理、本地行动者的政治立场和定位，以及他们让自己与外来行动者联合或者在社区资源管理上抵制他们的影响等情况，都连在一起来考察。然而，资本主义竞争日益增强、环境与农民生活条件恶化、流离失所以及文化上的碎片化使得共存变得极其脆弱，差异被着重强调。② 关于差异的想法所包括的东西，尤其以那些依照宗教界线而区分的文化认同与社会认同为最，这些想法否定了身份认同之间的多重关联和交叉，强调了它们的政治动员。

变化的动力可能会以不同方式影响社区。在某些社区，佛教徒和穆斯林之间的文化边界线可能会被加强，穆斯林的经济定位可能会非常边缘。在另外一些情况下，社区可能在道德上和实际上都"筋疲力尽"，这是说人们在生计领域已经无法生存，文化上被连根拔起，但是在处理文化差异上还保

① 参见 Horstmann & Seraidari（2006）。
② 参见 Keyes & Tanabe（2002）。

留某些交流与变通的因素。[1] 不过还有一些社区，社区首领更相信自己，采取有意识的策略来避免冲突。在这些不同应对方式中，宗教仪式的复兴绝非反映了同质的回应——指向和谐共存方向也好，或者敌意与仇恨也好，而是对于影响人们生计的同一进程做出的一种非常多样且带有反思性的回应。[2]

本章的结构基本如下：第一部分，我先提供宋卡湖地区简要的历史与地理背景，而后再讨论这一问题：思考（多元宗教）共存能带来的理论意义。我认为，族群认同不能被视为理所当然，族群分类并非身份认同和社会凝聚力的先验决定因素。多元宗教的仪式提供了一个舞台，在那里传统与现代性对话，地方性进程与全球进程交织在一起，族群身份认同是被协商和存在争议的。我提供洛坤府塔沙拉县一桩对建村者进行祭拜的民族志个案，来描述多元宗教仪式的转变——这造成族群和宗教分类日益严格。我认为，多元宗教仪式的转变反映了特定行动者的政治定位。在第二部分，我会分析那些影响民众生计的政治和经济结构，描述跨国伊斯兰教宣教运动、泰国国家的扩张，以及市场的扩张作为变迁的主要影响因素。这些影响制约了佛教徒和穆斯林的生计，但是也提供了更有力的机会和愿景。我认为，传统信仰和仪式文化与现代性相和、与标准化的国家仪式以及跨国仪式和全球化仪式共存于一种并不轻松的关系中，产生了冲突和张力。其结果是一幅散乱的画面，在每一个社区里，族群和宗教的范畴都以不同的方式被争夺；在农村地区，

---

① 许多社区发现自己无法追赶上农业变迁，深受环境以及物质遭受剥夺之苦。有些社区会全部迁移到城市中心，比如合艾（Hat Yai）。

② 关于泰国南部的关系、多重关联以及交叉，参见 Horstmann（2004）；关于宋卡地区宗教共存的情况，比较早的描述有 Burr（1974）。

对族群和宗教身份认同的强化，让家庭和不同代际之间出现鸿沟。

本项研究的语境

本文研究的区域是宋卡湖盆地，包括宋卡府和洛坤府的部分地区。单马令（Tambralinga）是东南亚最古老的王国之一。[①] 泰国南部西海岸的克拉地峡是从大陆通往东南亚岛屿的一条重要商道，沿路有着佛教影响，并与伊斯兰教影响交叉（参见Montesano & Jory，2008）。随着泰国国家的扩张，宋卡湖地区变为受南传上座部佛教主导，这一点已得到主要寺庙遗迹的证实。在泰国南部的建国进程、叙事以及国家表征中，这些寺庙担当着重要的角色。穆斯林作为移民在宋卡湖地区安顿下来，有时候也作为奴隶，其角色不重要且边缘。因此，宋卡府、博他仑府和洛坤府主要是佛教徒占多数、有少数穆斯林人口的省份。然而，在某些行政区，佛教徒和穆斯林的数量大体相当。在这里，佛教徒和穆斯林比邻而居。不过，随着时间的推移，这些社区的宗教界线越加明显。

佛教徒和穆斯林日渐通过更为明显的宗教服装和身份认同使彼此区分。比如，在博他仑府的塔莫（Tamot）县，塔莫村是一个佛教徒社区，华昌村（Ban Hua Chang）是一个穆斯林社区。但是，两个社区的历史进程是交织在一起的。佛寺是建在穆斯林墓地和祷告房（surau）的遗址上，而华昌村曾经是佛教徒居住区，有一个佛窟。塔莫的墓地曾经是穆斯林的墓地，已经逐渐被信仰佛教村民接手。塔莫村和华昌村完全切换了：信

---

① 参见 Gesick（1995）。这是一部非常好的宋卡湖地区地方史。也参见 Jacq-Hergoualc'h（2002）。

仰佛教的村民住在土地肥沃的山谷里，穆斯林住在土地不那么肥沃的山上。从这个意义上说，宗教景观和资源利用反映了该地区的权力关系。在塔莫，改宗的事情曾经发生，从佛教到伊斯兰教以及从伊斯兰教到佛教这两种情况都有。不过，当泰国国家的在场处于势力增多之时，塔莫的贵族精英们皈依了佛教。其原因可能是，皈依佛教会使得（向上的）社会流动以及进入地方权力精英阶层变得容易。今天，在跨国改革派力量的影响下，伊斯兰教不再容忍改宗佛教的情况。

佛教和伊斯兰教在宋卡湖地区都已有数百年的历史，可以被视为本地宗教。两种宗教都与传统的仪式和信仰体系融合在一起。一百年前，村民们与大自然和谐共处，甚至比今天更相信精灵的力量，尤其是祖先灵。这些信仰不光保持到今天，精灵信仰甚至还得到复兴。在宋卡湖地区，存在一种非常有趣的佛教徒圣人传统，其中一些圣人在南方人当中非常受欢迎。佛教和伊斯兰教在宋卡湖地区都有非常有意思的变体，并与祖灵信仰共同存在。因此，泰国南部发展出独特的仪式文化和艺术，组合了祖先崇拜、南传上座部佛教和伊斯兰教元素。比如，穆斯林相信，在共享餐之后其祖先会来访，而佛教徒在十月份的仪式上，准备了大型祭品向祖先祈祷。

然而，全国僧伽会和跨国伊斯兰教宣教运动已经让村民们分化，有时候会让他们面对放弃祖先崇拜的压力。一些宗教领袖继续实行旧传统，同时也在深受那些号称代表着现代性之力量的强大影响。人们发现自己置身一种处境：传统信仰与更为正统的信仰并存，佛教和伊斯兰教二者皆如此。近来，关于暴力的媒体画面在这三个边界府通过电视、网络、光盘等传播，已经催生了关于佛教和伊斯兰教在泰国共存状况的讨论，而泰国的佛教徒一直移民前往宋卡湖地区的安全地带；一方面，在边界地的各府，佛教徒村民一直保持着对佛教徒少数群体的团结，因为一直持续地移民到宋卡湖地区的安全地带；另一方面，宋卡湖地区的穆斯林加入了像跨地域的伊斯兰宣教运动，比如"伊斯兰传道会"（Tablighi Jama'at），然后前往位于惹拉和曼谷的传道会中心。一方面，一些佛教僧侣已经对穆斯林持负面态度，这很容易被反伊斯兰教运动利用，而一些伊玛目也在佛教和伊斯兰教领域之间划出明确的分界线；另一方面，一些宗教领袖保持着某些机能式谦让（organic civility）、政治联盟以及横向关联的形式，以防止在自己的社区内佛教与伊斯兰教之间产生敌对。本文也会指出，宋卡湖流域的居民虽然日益趋向宗教教条主义，但是仍然与传统的祖先信仰捆绑在一起。因此问题在于宗教糅杂文化与更为正统和教条式运动之间出现的紧张关系。我认为，很多地方都有这一特征，但大多都没有得到解决。

我在本文中提出，尽管国家从未承认泰国南部的多样性，更倾向于谈论泰文化主题，人们自己发展出思考这一多样性的策略。国家从来没有对南方的多元宗教传统感兴趣，而更多地把那里视作佛教徒传统，试图把"玛诺拉"（Manora）传统整合进来。从福柯的视角来看，国家的目标在于将这些文化传统正规化，给它们以一种泰国独有的特色。然而，泰国南方文化中的许多地方保持了其变通性，抗拒国家或者佛教僧伽的主导策略。

机能式谦让与宗教仇恨

泰国南部发展起来的仪式传统回应了多元宗教背景下的需求，一开始有着超越族群和宗教差异的潜力，尽管这种潜力已经逐渐丧失。对仪式文化的分析，有助于我们理解人们如何给多样性归类、质疑社会秩序或者改变仪式的含义。因此，仪式被视作有改变力量的和"有效的"，不是具有加固性质的和传统的。[①] 从这个角度看，传统与现代性相合并且保持一致。人们用精灵信仰来讨好并面对商业化、合理化、正常化以及文化裂变的力量，因此为现代性"赋灵"。[②]

泰国南部、缅甸、印度尼西亚和菲律宾南部一直发生的小规模地方社区暴力表明，我们迫切需要思考在多样族群下的共存形式。[③] 许多研究聚焦出于族群动机的冲突，可是关于不同族群的人是如何生活在可持续的和平状态下的情况，我们所知甚少。在这一语境下，戈梅斯（Alberto Gomes）等人就"机能式团结"或者"机能式谦让"的观念提出了非常重要的看法（Gomes et al. , 2006）。他们认为，只有研究人们对和平地共存所动用的模式，我们才可以理解为什么在一些语境下会发展出强制和暴力，而在另外一些背景下，尽管有着颇为紧张的状况却不会发生暴力。[④] "机能式谦让"的概念并没有掩盖或者否定竞争和冲突，但是凸显了对这些差异的认可和实行，将仪式实

---

① 因此，我倾向于这样的仪式概念：强调仪式对社会秩序的协商，而非仅仅强调其再生成，尽管有时候仪式的确再度生成了社会秩序和规范性秩序，但是在另外一些时候则对其进行挑战。参见 Henn & Koepping（2008）。

② 参见 Knauft（2002）中关于另类现代性之出现的观点。

③ 有学者指出，先前研究著作的质量受到那些关于本质文化以及传媒用语的简单论点的损害（Bubandt & Molnar, 2004）。这里我只想提到几个避开了这两个陷阱的著作：Gravers（2007）；Robinne & Sadan（2007）；Montesano & Jory（2008）。

④ 我认为，人们有时将文化资源投进和平，有时投进暴力，这取决于政治上的嵌入环境。宗教上的杂糅主义与冲突并非相对而立，宗教杂糅有时候可能会激发敌意。因此，Bubandt & Molnar（2004）认为，习惯法的政治在暴力中也是一个决定性的角色，而不光是在和解中。关于泰国宗教杂糅主义的出色讨论，参见 Kitiarsa（2005）。

践当作一种行动框架，而这又与更加世界主义的理念相关。正因为在地方暴力行为的背景下，宗教会变得政治化，社区首领不得不意识到暴力的危险，必须发展出一套运行机制，让他们能在暴力发生之前有效地平息争端。在这一语境下，思考这些问题是值得的：在共存语境下，人们如何设想不同的邻居；人们通过哪种分类来描述自己的身份认同，以及如何让自己与他人有所区别。其目标在于确立不同的分化模式，表达和动用族群身份、互动和多样性。仔细审视仪式传统能让人发现社会参与的地方模式，这种社会参与对民族国家以及全球宗教的感知有很大不同，它也提供了一种看待多样性的视角，在这里族群分类不是身份认同以及社会凝聚的先验决定性因素。因此，我非常乐于接受"只有确定了网络及其表达方式（在邻里之间、社区之间、村落之间以及跨国网络之间）"才能研究族群分类这一观点（Robinne & Sadan，2007：308）。在宗教政治化的语境之下，社区网络落到正统佛教徒或者穆斯林之手，这些运动以及支配话语来组织、规范并表述族群与宗教立场。然而，表达身份认同的地方底层人模式也被重新激活，这也许确实能抵制把人贴上标签而放进固定的差异表格当中的做法，以便能坚持"南方人"的共同身份认同——在这些地方，人和村子之间的本地纽带尚未被教条式的族群身份认同进程碾压。这一角度使得我们能够去分析在一个变迁的世界中，关于族群立场和宗教立场的永久协商。它给我们提供了一条时间线，我们从中有可能观察到身份认同以及边界线如何变得更加严格，以及在（身份认同）明确隔离之前的情形曾经如何。

宋卡湖盆地的多元宗教仪式

　　关于祖先神的宗教信仰融入了日常生活，代表了泰国南方社会的实际秩序。在多宗教仪式中，人们让多宗教之间的关系再生成，也再生成作为共同体的自身并超越差异。这一宇宙观不限于文化领域，而是包括了政治和经济联盟、口头历史传统、习惯法以及地方知识。宗教和传统权威被用来防止社区中的敌意和仇恨，调停争端，防止暴力。表达在仪式中的变通性和流动性，允许佛教徒和穆斯林之间的跨文化婚姻，以免它在社区中造成紧张局势。多元宗教仪式允许各种类型的跨文化相遇和横向纽带，比如在神媒、治疗者和患者之间的复杂疗愈关系。

这是一种宗教糅杂文化，也是一种指向标：村民们将穆斯林的保护神和佛教的圣僧视为他们共同的祖先。在多元宗教仪式中，佛教徒和穆斯林的身份被置于神灵信仰的宇宙观之下，还没有政治性意识形态的碾压功能。国家仍旧大体上对当地知识和社区的智慧一无所知。自20世纪90年代以来，村民们对传统受到冲击的应对便是振兴多元宗教仪式、把它整合到一个更有意识、有效果的策略和工具当中，用来应对泰国南方的文化危机和分化。南传上座部佛教的复兴与一种另类发展模式携手并进，后者瞩意重建社区及其传统。在这一反省活动中，寺庙热衷于保护环境、水资源和社区森林，组织在大自然当中的祈法远足和野餐活动。在象征性地交换食物、姿态和金钱的过程当中，共有关系不断获得新内容。不过，多元宗教仪式的展演，除了能更新社会纽带并带来新鲜力量以外，也能让人看到在一个变化的共同体中，文化和宗教的竞争。①

在博他仑府塔莫县的两种宗教的仪式上可以观察到这一点。

_____

① 关于印度北部一个杂糅仪式和朝圣中心里激烈的文化和政治竞争的个案研究，请参见 van der Veer（1988）。在这一个案中，文化竞争导致的结果是严重的暴力。因此，宗教糅杂也可以导致暴力。

在塔莫村的共同墓地上举行的公共仪式，在该地区已经获得一定名声。宗教领袖们喜欢将这一仪式展示为和谐共存的理想图景，然而南传上座部佛教和伊斯兰教都在社区的自我展示中争夺支配性的角色，它们都对祖灵崇拜持负面态度，而该仪式最初正是为祖灵崇拜而设计的。普通人交换食物和祷告姿势，佛教僧侣和伊斯兰教的伊玛目则坚持宗教上的正统性。一些伊玛目可能不再参加这种有佛教僧侣的多元宗教仪式，一些伊玛目则可能活跃在伊斯兰教改革运动当中，比如"伊斯兰教传道会"，但仍然参加该仪式，以便确认穆斯林方面对于和平共处这一共识的承诺（见图7-1）。

图7-1　两个宗教的仪式（郝时亚 摄）

在泰国南部东海岸地区，一种多宗教活动颇为流行，那便是舞蹈戏剧表演和叫魂仪式"玛诺拉歌舞"（Manora Rongkru）。[①]在这一仪式表演中，被抬升为最高地位之先师和神祇的伟大

①　关于 Manora，参见 Horstmann（2009）。

祖灵，被人用歌唱和舞蹈请到人间，为的是与生者和家庭成员团聚。"玛诺拉"传统上被用于解决家庭和社区的争端，包括佛教徒和穆斯林对神灵的献祭。后来，"玛诺拉"被当成一个展示名望和魅力的祈求兴旺的仪式。国家基于在泰国南部的扩张策略，曾经尝试着把"玛诺拉"民间传统整合进国家叙事，把它当成泰国佛教的民间传统，但是这一尝试没有完全成功。泰国南方民众将"玛诺拉"传统看作一种南方传统、反映了其族群与宗教上的多样性以及对祖灵崇拜信仰的坚守。"玛诺拉"已经被重新设置以满足泰国南部人们的现代需求，呼唤那些能对付不知名的市场力量以及日常生活中的不安全感的神灵。人们想恢复一个和平的往昔幻象，在疗愈上投入金钱。

形成国家以及市场扩张的现代力量可能会削弱传统权威，得以复兴的地方运动则日益在精神基础上结成网络，协调活动来逆流而动。这些地方网络是由地方知识分子和年轻的活动人士共同推动的，他们聚焦教育、医疗和可持续发展。然而，要改进农村人生活水平的地方运动受到资源开发的阻碍，而后者又经常被包装为开发项目。商人和犯罪分子在政界投入资源，以便能深入推进自己的财富积累策略。在塔莫县，行政区负责人以"开发"的名义运行一个项目，砍伐社区森林来建造一个实用性颇为可疑的水库。他的委托人正在忙于买卖土地和木材，从中获取高额利润。水库被一些荷枪实弹的人看守，他们威胁大寺庙瓦塔莫（Wat Tamot）里的活动人士，如果他们胆敢让这一个案为公众所知就杀死他们。这一项目包括穆斯林的保护人网络，具有让佛教徒反对穆斯林的潜在可能性，并威胁了两者的和平关系。

泰国南方佛教徒－穆斯林关系与共存模式

在宋卡湖流域，佛教徒和穆斯林之间的联姻经常发生，双向改宗亦是如此。有时候，新郎改宗信伊斯兰教，在新娘家里住一个月之后即再改回佛教。双重的或者暂时的宗教归属是为了取悦新娘的家庭和新娘家的祖先。这类变通性当然与正统信仰者有抵触，后者称村民生活在一种"无知状态"当中。对社区来说，这是一种最为顺畅的方式来规范那些如果处理不当就会特别敏感的议题。跨文化婚姻能举办多种不同的多元宗教仪式：所谓的"双教仪式"（佛教和伊斯兰教），即穆斯林在割礼的前一天净身一天，带一盘米饭和鸡蛋拜访一位和尚，去安抚佛教徒的祖先；在多元宗教的舞蹈戏剧中以及附体的"玛诺拉"仪式上，穆斯林的神灵附在佛教徒的身体上（Horstmann，2009）。

我的研究表明，跨宗教的婚姻在不同时期有着不同的社会地位。因此，一百年前，在博他仑府的塔莫，随着国家建成的程度深化，社会地位高的新郎新娘倾向于皈依佛教。改宗似乎是一个机会，因为在佛教立国的泰国正在加强其在场感之时，佛教许诺社会的扩容和流动性。如今，只有较低层的佛教徒男性倾向于娶低层的穆斯林女性。在伊斯兰教日益普遍的情形下，这些低层男性大多都改信伊斯兰教。跨宗教婚姻曾经一度与社会声望相关，如今已今非昔比。涉及的宗教之间也存在竞争。一位年轻的男性佛教徒改宗被认为佛教失去了一个灵魂。因此，方丈会鼓励年轻的新郎在皈依伊斯兰教之前出家当和尚。因此，在泰国南部，即便婚姻也不是和谐与平等的标记。佛教徒－穆斯林的关系也不能被浪漫化。相反，不同类型的多种空间和地点可以被区分出来。在讲泰语的宋卡盆地，若干世纪以来穆斯林都生活在泰国国家的影响日益增长的情形中以及泰族的霸权下。讲泰语的穆斯林身上的许多特征，都是由于这一无须明言的知识：只有通过认可泰国民族主义的核心象征，才有可能实现社会流动和获取资源。族群间的竞争被 20 世纪 90 年代的全球化动力给进一步加速了。

在佛教徒和穆斯林阵营当中，正统力量都在增长，并趋于削弱传统权威。南方边境上的各府，马来人的本土文化，尤其是疗愈仪式，正日渐在各种压力下被边缘化，而这些压力来自改革派的伊斯兰教教师、从南亚和中东归来的人、宣教复兴运动和持续的暴力。遍及各地的对于神灵力量的信仰、音乐、表演以及疗愈领域，通过那些传教者以及中东归来者的净化话语而受到严厉的批评，这些人认为泰国南方的穆斯林传统是离经叛道的。

南传上座部佛教作为主导宗教，通过把神灵力量纳入佛教节会仪式，将其收摄在佛陀和僧伽的权威之下。泰国南部的文化传统被认为是佛教的，因此其多元宗教的遗产被纯净化。祖先崇拜被视作原始传统，而南传上座部佛教被展示为一种文明。不过，祖先崇拜与当下对佛教圣僧诸如龙普托大师的崇拜和敬仰紧密相连。然而，对龙普托大师的敬仰已经积极地推进了泰国南部的民族 - 国家的稳固（Jory，2008：292 - 303）。在洛坤府、宋卡府和博他仑府，不管是佛教徒还是穆斯林，村民们都讲南方泰语方言。尽管许多穆斯林都是马来人战俘的后裔，但是他们大多都不会讲马来语。尽管在博他仑府有 18 所伊斯兰教传统的寄宿学校（pondok），只有那些在北大年府（Patani）就读的教师能使用从阿拉伯语翻译过来的译本（kitab jawi）进行教学。与在北大年府不同，博他仑府的寄宿学校并不代表着捍卫马来亚穆斯林的身份认同（Madmarn，1999）。

在洛坤府、宋卡府和博他仑府，佛教徒称穆斯林村民为"廓开"（khaek），这个词有两种不同含义。其一，"廓开"指的是"客人"。在泰国南部，"廓开人"（khaokhaek）非常强有力的与伊斯兰教连在一起，就如同泰国人与佛教连在一起。"廓开人"指的是所有来自南亚和西南亚（印度，巴基斯坦和伊朗）、在泰国定居的人。在北大年府、惹拉府和那拉提瓦府，"廓开人"这个词有很强的贬义。在与泰国人相关时，穆斯林称自己为"廓开人"，因此，从佛教改宗伊斯兰教被称为"变成'廓开人'"。讲马来语的穆斯林很少与讲泰语的穆斯林接触，他们认为后者已经被泰国佛教的宇宙观所玷污。直到最近，伊斯兰教草根运动的工作已经从北大年地区南下延伸到湖盆地一带，他们的改宗决心使其几乎不放过泰国的任何一个伊斯兰社区。这一旅行文化涉及对地区的重新绘制，要在所有的清真寺和街道上有"伊斯兰传道会"的重头在场，以及重新想象伊斯兰教景观——这是全球伊斯兰社会的乌托邦相连。但是，即便在南方的边境府，也有佛教徒－穆斯林关系友好的领域，尽管这一领域正在日趋缩小。在当地，从小就一起长大的佛教徒和穆斯林每天早上在咖啡厅见面，交流新鲜事。佛教徒与穆斯林的关系一直建立在友谊的基础上。在一些地方，双方还缔结婚姻，尽管佛教徒的一方会面临很大的改宗压力。穆斯林知道去找佛教的神媒，反之亦然，尽管这一做法很是为正统信仰者所不齿。总而言之，穆斯林－佛教徒之间的关系以含糊性和脆弱性为特征。一方面，穆斯林和佛教徒似乎让一个仪式领域得以存在，使社区内的冲突可以得到平息。那些被政府任命为社区首领的长者，不认为在社区事务方面国家是竞争对手，他们让国家留在仪式领域之外。另一方面，在对佛教徒－穆斯林之间关系产生影响方面，在宋卡湖盆地与在南方边境各府有着根本上的差异。

在宋卡湖盆地，穆斯林少数群体数百年来都处在泰族的支配之下，泰族佛教徒则大规模主导了交换规则。穆斯林参与这些规则，是基于妥协的动机。妥协的特征不是和谐或者平等，而是确立权力条款以及穆斯林的少数群体角色。穆斯林是一个非正式佛寺网络中的成员，该网络是由充满热忱的方丈组织起来的。他们看到这一网络的价值，称之为佛教徒议会，不同宗教之间的利益问题可以在这里讨论。伊玛目以尊崇第一位祖先——人们认为他是穆斯林——为由参加两种宗教仪式，尽管该仪式在很大程度上由佛教僧伽和信众参与者主导，因为伊玛目退出这一仪式会给佛教徒与穆斯林之间的关系造成严重后果，尽管仪式已为佛教僧侣和参与的信众所主导。

佛教徒领袖为修复清真寺捐助或者为重要的伊斯兰仪式准备礼物，而穆斯林不为佛教徒准备甜食。佛教徒在双宗教仪式上变换成穆斯林的祷告姿势，而穆斯林不变换成佛教徒的祷告姿势。这样一来，这种关系大体上是不对等的，佛教徒社区在某种意义上将这种变换强加给穆斯林。然而，除了强加的交换以外，有很多临时的互动在进行，在那里族群的和宗教的归属只担当着一个小角色。

宋卡湖盆地的宗教糅杂主义与反宗教糅杂主义

当穆斯林和佛教徒彼此在北大年地区划出明确界线时，在宋卡湖地区则发展出一种新文化：尽管宗教之间的分界线没有被否认，差异却以一种具有同理心的方式融入本地结构。这种部分地消解宗教边界最为壮观的表演，是一个带着宋卡地区混合宗教元素的仪式。

南传上座部佛教与伊斯兰教在宋卡府和洛坤府相互影响，在马来亚半岛则彼此竞争。讲马来语的穆斯林所受的暹罗影响是分步骤进行的。在地方层次上，村民们在公共空间中不分彼此。信佛教的村民大体上有着共同的、同质的社会和经济结构；佛教徒和穆斯林过去都非常信仰强有力的神灵，这些神灵与村民们的环境、稻田、海洋、森林和高山相关联。哪些地方最早是讲泰语的佛教徒、哪些地方是穆斯林定居下来的，并非总能一清二楚。在宋卡府的新汗岗地区（Singhanakon District），苏莱曼苏丹的陵墓表明，早年有一位穆斯林长官（jao müang）定居在此，只要他对中央权力表示忠心，就会为暹罗王容忍。这些重叠的领域反映在涉及这些村庄成立的神话和传说当中。在克莱（Klai）河畔的塔萨拉（Tha Sala），村民们认为这个居住点的成立者是一个来自赛布里（从前的吉打）的力大无比的士兵。他迁移到洛坤府，与泰国王子合作，娶了一位泰国女子，后来失势，只好逃回克莱河。在这里他遭到暹罗军队的追击，在战斗三天之后阵亡，把克莱河水染成了红色，尽管他的身体一直还是温热的。保护神的神媒是一位泰族男性，他的母亲是中国人，他娶了从前神媒的穆斯林女儿并皈信了伊斯兰教，尽管他内心仍然是一位泰族的佛教徒，继续参加佛教的祈福法会。一位富商说自己修复了这座小清真寺，也在班帮桑（Ban Bangsarn）建了第一座佛寺。他的女儿们住在碧差汶（Pethburi）、曼谷和洛坤府，她们也同样信奉创始神灵的力量，这个神灵会保证村子的安宁，保护它免遭不幸。沿着克莱河有很多小屋子（sala）献给"托克莱"（Thuat Klai），神灵住在那里，被所有村民崇拜——佛教徒、穆斯林和中国人都一样。①

图 7-2　塔莫的农民为僧侣铺成活人地毯
（郝时亚　摄）

村民们每年都为敬拜"托"（Thuat）而举行仪式，在仪式上他们可以请求一种恩赐，在神灵满足其所请之后他们必须有所回馈。他们为这位喜欢把斗鸡作为消磨时间的神灵提供的祭品有槟榔和叶子，还有用面粉、椰奶和糯米制成的甜食。只是要避免有猪肉，以免冒犯穆斯林的禁忌。这一年一度的仪式结构随着村子的族群组成而有所不同，存在中国、穆斯林、佛教徒的元素。仪式的日程开始于 8 月，在帮桑；结束于 9 月，在山上。比如，在帮桑的村子里，二月份在佛教徒居住的河滩上举行仪式。定好日子以后，就会搭建帐篷给村民遮阳，妇女们准备典型的中国饭菜，有米粉和好多在周例集市上买来的蔬

---

① 这些描述基于我自己在塔萨拉村的观察。

菜。神媒这样召唤"托"的神灵："亲爱的托，亲爱的父亲（por），我们很久没有见过你了。请来到我们这里，让我们分得一份你的法力和力量，保佑我们免遭不幸。"在这种场合，只有为数不多的穆斯林会加入这个仪式，大多数人则敬而远之。那些参加的人并非作为穆斯林，而是生活在一个多信仰的村庄里，作为佛教徒的亲戚而参加。佛教徒村民这样对我说，他们是按照佛教徒的方式"为我们自己"做的仪式，献祭就如同平常献给庙里和尚的一样。

年长的村民们回忆说，30 年前，佛教徒和穆斯林村民都热衷参加仪式，穆斯林热忱地敬拜穆斯林的神灵。这位如今已 87 岁的老神媒象征了东南亚社会多样性的整合，因为来自中国、伊斯兰教和佛教的影响都体现在这位神媒身上。他身体尚且健朗，一个人住在帮桑海滩椰树园中的平房里。他映射了一个时代——无论佛教寺院还是伊斯兰教的清真寺，都不能收拢为全体村民所接受的创始人崇拜。然而，即便在帮桑这个沉睡的小渔村，现代性也来势凶猛。在帮桑，穆斯林部分，现代的草根宣教运动的成员每周造访伊玛目和其他村民；在佛教徒的那部分，占村里少数的佛教徒无法为寺庙提供新成员，方丈和唯一的僧人都年事已高。然而，在四月的浴佛节，远至泰国中部的和尚跟这里的和尚一起举办仪式。这些到访的僧人也让村子在十月的盂兰盆节的活动中避免了有寺庙而无人的尴尬，这时节，每一个生活在村子以外的人都会赶回来，纪念祖先，饲食饿鬼。虽然临时而来的和尚与正统的草根宣教运动伊斯兰信徒都没能取代创始人崇拜的本地宇宙观，但是对于参与的社区而言，"托"的神灵已经变得边缘了，按照一位神媒的说法，已经消失到山里去了，那里的非法定居者与国家发生了冲突。我在本章的结尾会再回到这一个案，展示富有影响的国家代表如何收摄神灵。

改宗发生在洛申府，但是它们不是来自社区之外的因素（比如，劝人改宗的团体），而是处理宗教差异的当地体系中的一部分。在多教派的塔拉村，泰语是村民沟通的主要媒介，每个方向上的改宗都发生在婚后，改宗的方向受到丈夫和妻子分别所处社会环境的影响。尽管在正统的伊斯兰教中，皈依佛教是被禁止的，但是它仍然会发生，对于"拼凑式"家庭而言，甚至多次改宗也并不罕见。在这个社会当中，因为婚姻而改宗的故事不胜枚举。改宗之所以发生，是因为人们认为妻子和丈夫应该信同样的宗教。在宋卡湖的村庄，对祖先的信仰要比在泰国任何其他地区都更为强烈和明确。卡斯滕（Janet Carsten）在兰卡威岛（Langkawi）附近进行研究，就在泰国－马来西亚边界线上的另一侧，她认为：在强调血缘的社会里，亲属关系映射出来的更多是未来，而不是向后看到的过去。亲属关系也有超出"血"（blood）之外的空间和社会维度：同胞关系，正如就一般意义而言的亲属关系一样，必须通过在房屋的空间内将子女社会化而生成。大多数村民的祖先都来自外部，外来者被融入本地社会，甚至成为"本土的"（Carsten，1997：256）。村民的成员身份，有赖于承认自己是关系体系中的一部分，这一体系与祖先以及村民的宇宙观准则绑定在一起，而不是个人的族群身份。[1] 出于这个理由，当祖先的神灵附在孩子身上时，村民必须让祖先满意。忽视祖灵会招致不幸和疾病。在这一宇宙观秩序当中，村民们对集体祖先既不区分

---

[1] 在这一思考线路上，参见 Platenkamp（2004）的（结构主义）观点。

宗教也不区分性别。当村民们不再认可祖先，而是转向其他那些能提供社会流动和名望激励的机会和网络时，问题就开始出现了。

来自田野调查的一些小插曲可以说明当地信仰的持久性。在宋卡府的森合纳空（Singhanakon）行政区的班纳莱（Ban Narai），我去找目前村子里的伊玛目。知道塔萨拉村内部分化的情况之后，我小心地询问在班纳莱的佛教徒－穆斯林之间的关系状态。老伊玛目告诉我，他的母亲是佛教徒，村里几乎所有穆斯林村民都有佛教徒的祖先。当湖区的经济情况变得更为困难时，一大部分人口移民到合艾。很久以前，当资源还丰富而且在原来的村子里"寺庙太多"时，穆斯林村民从其他地方迁移到这里。这时，年轻的伊玛目，即老伊玛目的儿子，加入讨论。安抚那些附体在孩子身上、让孩子生病的佛教徒祖先，对他们来说这是唯一的治疗手段。因此，他的妻子已经准备了一盘糯米、鸡蛋和槟榔叶子带到一位和尚那里，而和尚本人是在村子的穆斯林区出生的，接生的是一位穆斯林助产婆。伊玛目与和尚一起去了学校，以泰国南部的形式结成了"戈绿"（glö）这种仪式性友谊。① 当第一个孩子以这种方式被治愈之后，伊玛目为三个孩子重复了这一程序。

在班纳莱我遇到了一位在收割稻米这种辛苦工作后正在休息的老人。这位老爷爷回忆说，过去他常常举行有着混合式宗教元素的仪式。为了安抚祖先的负面力量，穆斯林在举行割礼之前，必须举行受戒这一最重要的佛教人生礼仪。这个受戒仪式除了一个细节以外，均跟佛教的仪式相同：头发剃光，身披

---

① 在泰国南部，"戈绿"（glö）是一种紧密社会关系的形式，把个人终生连在一起。参见 Horstmann（2004）。

橙色长袍，但是这个仪式不是在寺庙举行，而是在私人家里的井边。这只是一场临时的改宗，但是要与神灵相安无事，这是必要的。如果神灵被忽视了，人们相信在行割礼时会流血过多。①

在班纳莱，村民们和我讨论他们的经济状况。这个小村子濒临消失，因为大米价格低廉，肥料价格昂贵以及环境条件恶化，许多人都已经离开。我们遇到了一对老夫妻：丈夫曾经是一名佛教徒，但已经改宗伊斯兰教。经过一番犹豫之后，这位老太太告诉我们，她在"玛诺拉"仪式中饰核心角色，生活在湖区的家庭已经举行这个仪式几百年了。昂贵的准备工作需要对表演者和服装进行大量投资。在五月里的一个特定日子，表演者整天整夜地跳舞来纪念祖先。在"玛诺拉"仪式中，神媒展演者（nora）能获取祖先的神灵力量，从而在生者与死者之间建立起联系（见图 7-3）。"玛诺拉"仪式选择神媒青睐的祖先，如"塔雅伊"（tayai）先祖一样，不在意性别、年龄辈分和宗教归属。那些发现自己有病或者要到离家很远的地方去的孙男弟女们可以请求"塔雅伊"治愈自己，或者在旅途中供"塔雅伊"饭吃来保护自己。这一与死者之间的互惠原则被称为"还愿"（käbon）。在"玛诺拉"仪式上，被治愈的人不得不为祖师跳舞三天三夜，表演"玛诺拉歌舞"。在这个仪式上，神媒展演者的神灵力量被转换为一个更高的地位，神媒此时是师（khru）或者治愈者（krumor）。神媒的治愈能力来自祖先的神灵力量。

---

① Ryoko Nishii（1999）描述了在萨屯（Satun）的一个类似仪式，穆斯林必须与他的佛教祖先斩断关联。在这一个案中，将一件白色衣服盖在装有水、槟榔和钞票的杯子上。

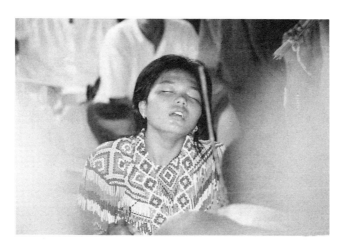

图 7 - 3   "玛诺拉"展演者（郝时亚　摄）

　　这种力量，就像佛教天神的帮助一样，也是传统的疗愈师所寻求的，他们将传统草药与冥想和附体组合在一起。"还愿"（käbon）是泰国南部多宗教村落中互惠关系的基本原则。村民们能够对保护神、圣僧、"玛诺拉"展演者提出自己的愿望。如果他们的愿望被满足了，那么该人就得捐钱、办宴席或者唱会来敬神。

　　在这里，外来人与自我以一种引人入胜的方式绑到一起。这个例子表明，世界宗教没有取代宇宙观的秩序。相反，它被依照村民的本地需求而零碎地接受。神灵的力量对于一位被佛教徒祖先附体的穆斯林儿童来说可能是一种威胁，但是也可能是一种治愈力量，可以被动用起来帮忙。祖先崇拜是宇宙观秩序的一个根本性的部分，在农民社会的多元空间中提供了仪式交换的基础。

　　这种创新和接受文化，在 20 世纪八九十年代得到农民中的社会网络的支持——在非政府组织的帮助下开始了保护环境和地方资源的活动。这些人也致力于在社区的政治决策中有机会发声，并通过在生态产品市场上出售其产品而成为独立的经济中介人和经纪人。在这些网络中，人们经常能够无视宗教差异：因此，在洛申府，保护神"托克莱"（Thuat Klai）被用在一场反对修建堤坝的游行当中。[①] 类似的是，在一场反对修建天然气管道——管道毫不留情地切段泰国南部的稻田——的游行中，当地人与佛教徒的非政府组织在这一共同目的下团结起来，再次弥合了族群和宗教差异。20 世纪 90 年代，公民社会组织在泰国南部蓬勃发展，成为小规模渔民自力更生的一支重要力量。

在这里我再度回到洛申府塔萨拉村的保护神敬奉有所改变的重要性。在塔萨拉，萨戈奥（Sa Geo）行政区的跨克莱河大桥在这里，"托克莱"的画像如今在它的神龛里，像佛一样的位置，如今因为要修建一条四车道的高速公路要被移除。其间，主要的仪式被推迟了一年，以便不打扰保护神。保护神的大神像在曼谷做成，像佛教那样的坐像，但仍然穿着穆斯林的衣服。在此之前，"托克莱"只是农民们崇拜的诸多神灵中的一个。树林寺庙或者稻田里的村神保护农民免遭不幸或者被盗。在过去，"托"不需要画像或者装饰，而在沿克莱河的许多小神龛当中放置庞大的、单独的雕塑，这是最近的发展。萨克奥庙（Wat Sa Keo）桥的一个主要旅游景点，如今被一个自我任命的、有影响的国家权力代表们组成的委员会管理，其中包括村长、行政区官员以及小学老师。瓦萨克的小学校长通过将"托克莱"的传说整合到泰族的民俗当中，让本地信仰得以恢复。

---

① "托"是保护神，是社区的第一位祖先和创建人，人们相信他让土地和水都能为人所用。

这些传说被收录到教科书当中，教给小学生，他们被鼓励以传说中的英雄为榜样。

大多数社区以自己的方式举办仪式，绝大多数神龛还是在这一权力集团以及保护人网络的手中。除了神像以外，神龛也被用更持久的混凝土而重新建造，作为地方发展规划的一部分，得到行政区的资助。"托克莱"与随后的佛教神和中国神一起受到膜拜。在"托"的神龛旁边，建起了一座铁皮顶的小棚子，来保护参与仪式的五位和尚免受烈日之苦。通过强调其中的非伊斯兰元素，"托克莱"的神话在泰语佛教社区里得到重新阐释。由于"托克莱"是一名威武的士兵，他的形象如今在洛申府的军队中非常有名。洛申王国在暹罗对泰国南方进行扩张时担当着突出的角色，据说这位保护神曾经保护了战场上的士兵。如今，"托"被赋予的新含义对于相关社区已不再重要。在本章余下的篇幅里，我将探讨那些侵蚀宋卡湖地区佛教徒与穆斯林交换关系的力量。

泰国南部伊斯兰宣教运动的新面孔

虽然穆斯林在洛坤府占少数，但在塔萨拉最早的定居者当中也有他们，其中包括来自北大年府、惹拉府以及那拉提瓦府的战俘和移民。尽管我的信息提供人（讲泰语的佛教徒）说，穆斯林只是人口中很小的一部分，住在海边并专门从事捕鱼业，但是塔萨拉的穆斯林实际上从事很多活动，包括做买卖、组织周例集市和园艺业。对于那些不拥有土地的人来说，短期外出到索叻他尼府（Surat Thani）、攀牙府（Phanggna）和甲米（Krabi）的种植园、工厂和旅游设施去工作，是为了谋生所必须的。

村子里的佛教徒和穆斯林以互为对方的庆典节日准备甜食或者为葬礼捐助，来表达对彼此的关爱。不过，最近以来，塔萨拉已经成为跨国宣教运动（Tablighi Jama'at al-Dawa）的展示地——该运动是发端于印度的宣教和虔敬运动，自 20 世纪 70 年代初期开始在东南亚扩张，活跃在任何有穆斯林生活的国家，包括英国和法国。[①] 宣教运动在 1927 年发端于印度，与新德里的迪欧班德派（Deobandi）关系密切。他的发起人穆罕默德·伊莱斯（Mohammad Ilyas）重新诠释了伊斯兰教，强调其宣教的特征，以针对当时右翼印度教运动那种进攻性的传教活动。宣教运动聚焦仪式而不是教育文本，其重要的目标是将它的讯息传播到自身社区以外的地方。[②]

村民们把这个伊斯兰宣教网络称为"宣教"。许多人并不知道这个运动的领导人集中在印度和巴基斯坦。在塔萨拉，传教人首先介绍位于惹拉的宣教中心（markaz）的讯息。现代的宣教运动如今给宗教糅杂实践施加巨大压力，将社区分化成伊斯兰教的支持者和反对者。在莫艾兰（Mokhalan），穆斯林社会的转变非常戏剧化，因为宣教团实实在在地接管了清真寺的空间。和在泰国的其他地方一样，清真寺必须在曼谷的穆斯林教席（Chularajamontri）的总部办公室登记注册。然而，在莫艾兰，年轻的宣教团成员把伊玛目的助手从清真寺里赶走，称他是个百无一用的懒汉，不愿意起床准备早祷告。这个村子包括一个家族，他们自己就是宣教团的高级领导者，其中之一曾经在

---

① Dawa，就意味着"祷告呼唤"，在传教意义上被重新解释为"走出去并讲道"。

② 关于"宣教团"的历史和意识形态以及它如何变成一种跨国运动的说明，参见 Masud（2000）一书中的文章。关于在泰国南部"宣教团"的新出现，参见 Horstmann（2007b）。

宣教学院（Tablighi madrassah）或者说古兰经学院（Quaranic college）学习。这位"毛拉"（伊斯兰教的知识分子）是宣教团惹拉中心的一位高级领导人，他在那里主持给从南亚来到的团员进行祷告。惹拉的中心主要是领导者组织行动的中心，团员在那里从泰国出发到外国去。那些"上路"的本地村民包括村子里的资深头人以及当地的伊玛目。本地村民变得热衷宣教，他们实际上控制了清真寺的空间，尤其是唤人祷告，并领导了主麻日的大祷告。清真寺的告示牌写有目前清真寺的活动消息，包括宣教团成员来去的日期，读起来如同宣教团的"名人录"一般。宣教团极为国际化，那些曾经在巴基斯坦长期滞留的当地人成了重要的掮客，他们作为乌尔都口语的翻译，进而在南亚和东南亚之间搭建了一座桥梁。

宣教团的核心成员能够将自己的意识形态标准强加到那些志愿者身上。某一次，我和宣教团一起旅行到另外一个村庄，我们在当地伊玛目的关照下住在那个村子的清真寺。一位第一次加入旅行的年轻志愿者特别想去当地镇上看拳击比赛，因为他的小侄子要参赛。然而对于宣教运动来说，拳击涉及赌博，是世俗的、腐败的世界当中的罪恶之一，宣教团的头领（amir）不允许志愿者前往。志愿者是在宣教团的生活管制下来进行社会养成的，其结果是倾向于改变他们自己的生活。首先，他们改变自己的外观，按照头领定下的模式，穿白色长袍、留胡须、戴穆斯林头巾，有时候还会涂眼影和香水。宣教团造成的最极端的影响是性别关系的重塑。女人们被鼓励蒙面，用全面纱（purdah）把自己遮盖起来。在宣教团看来，女性在伊斯兰教公共领域中的角色非常小，她们要将自己局限在邻里、读经小组和冥想小组当中。女人也随着宣教团上路，但是只在有男性亲属的陪同保护下才可以。作为规矩，女性不像男性那样在清真寺中驻留或者睡觉，而是在事先安排好的人家里。女性可以出现在大众宗教集会上，但是要在一个隐蔽的地方。尽管如此，女性在宣教活动中担当着突出的角色，劝说其他女性屈服于宣教团极端教义主义的管制下。对女性来说，这一运动给她们提供了新空间，允许她们加入全球的伊斯兰共同体乌玛（umma）中。虔敬的女性批评那些富裕女性在仪式生活——特别是围绕着结婚——的奢侈花费。

但是，宣教团尚未能将其规范强加于整个传统穆斯林社会。即便有当地伊玛目的全力支持，但是伊玛目也未必符合宣教团的期待。主要的争论之一是，在死亡时如何处理尸体。对于葬礼的争论，涉及对死者尽责的合适形式，正在让整个马来亚岛上的穆斯林社区发生分化。村民们坚持死者要停灵七夜，在埋葬处读《古兰经》的重要章节，助力死者通往天堂，保护死者免受邪恶鬼灵侵害。

在我滞留村子期间，某一天伊玛目被突然告知村里一位患病的老人去世了。他决定将葬礼推迟到第二天，以便能有时间做些准备，免得让尸体在黑夜中下葬。死者的亲属和邻居，其中一些人是佛教徒，来到死者家中表达哀悼。一位长者也是府级宣教团的领导者之一，他对我说，村民应该马上下葬死者，因为生命已经不复存在，况且在宣教团看来，家人留在墓地就是一笔不必要的花费。不过，伊玛目虽然在修辞上认证了宣教组织的正当性，但在这一个案处理中，他遵守了泰国南部的地方传统。

我待的时间越长，就越意识到人们或者矢口否认，或者隐瞒自己参加传统仪式。只有几个村民敢于公开拒绝新意识形态，但是村民们继续秘密地实践旧传统。对人们来说，撇下死者不管、不给死者提供食物，实在太痛苦，他们无法这样做，因为他们害怕死者的鬼魂会在村里游荡、扰乱村民。比如，在听到上述那位宣教团长者的话之后，我的助手突然提及一个很强大的恶灵，这让我感到迷惑不解。据说这个恶灵是一位在怀孕期间失去胎儿的母亲。伊玛目再次被叫了进来，但是这次是驱逐那个力量强大的恶灵——伊玛目假装自己能看到它。当我问他是否也擅长驱魔时，他说他想帮助有需要的村民，当然也不想无视伊斯兰教的训诫。许多村民依然在墓地供养死者，尽管宣教团投入了很大力量来鼓励村民们停止所有前伊斯兰教时代的仪式，包括那些马来人的仪式。当我问及伊玛目和他的妻子是否会做敬水稻女神的仪式，他们告诉我说，在犹豫一段时间后他们停止这样做了。然而，在新稻中我发现了一些仪式用品——在敬稻神的仪式中使用的篮子和槟榔叶子。

除了有作为社区领袖的素质，瓦哈布伊玛目也是法术方面的专家。他曾经是村里的强人（nakleng）之一，一度有三位妻子，跟她们三位都育有子女，他在表演皮影戏（Wayang Kulit）方面有一些天赋。他说，过去每当"玛诺拉"队伍进入村子，便吸引了大量的佛教徒和穆斯林观众，年轻男女都冲进去，废寝忘食地加入皮影戏或者"玛诺拉"舞蹈。如今，塔萨拉的村民似乎不那么在意传统的娱乐活动，尽管还有一些村里的"强人"继续喂养有利可图的牛和公鸡用于斗牛和斗鸡，这是泰国南方人主要的两种消遣方式。这些消遣也是为了取悦保护神"托克莱"，据说这个神曾经支持他们；但是这让宣教团不高兴，对他们来说，这些娱乐是恶习，只有那些不成熟的穆斯林才会做。

另一方面，并非所有的村民都持有和宣教团同样的看法，有时候他们会激烈反对来自外面的入侵者。由于持续的旅行要求离家长达六个月，村民们谴责那些准备离开自己妻儿的男人毫无教养——即便他们的孩子失踪或者被绑架，他们也可能不会回来。远途旅行被视作一种逃避世俗责任的态度。人们抱怨宣教团的年轻人懒惰，退回到相对容易的虚无世界。其他人，包括那些已经有地位的宗教领袖，对于宣教团根本不尊重长者的传统感到非常失望。因此，一位在宋卡的长者发问，为什么宣教团——这也包括他自己的弟弟——非要去"打扰那些已经有他们自己的伊玛目"的其他社区。这位伊玛目对于宣教团的新意识形态感到如此不解，别人说他已经开始在房子后面建造自己的小清真寺，他要在那里继续教授自己的学生。

国家政策以及泰国民族主义对地方知识的影响

"托克莱"仪式逐渐被代表国家的人接管，这表明国家对于地方认同的影响日益增加。一旦信仰佛教的、有影响的人物把"托"的塑像放进神龛，穆斯林就不可能再加入这个仪式。启用公社（tambon）基金作为国家开发项目，以及通过给和尚提供水泥屋来将佛教僧伽完全融入始祖崇拜，意味着国家对这一多元宗教仪式的接管就绪了。和尚不光陪伴着敬拜活动，用巴利语念诵经文，他们也调适这一崇拜活动，以满足信仰佛教的政治权威的需求。

对这一崇拜的融入，反映了僧伽对于地方宇宙观的态度。僧伽对于地方宇宙观施加的压力比穆斯林要微妙得多，但是仍然非常有效果。核心性的变化是，寺庙从一个举行佛教仪式和禅修的地点变成了一个国家发展的地方。班纳莱的方丈出生在该村的穆斯林居住区，由穆斯林奶妈养大。在他任职方丈期间，他动员支持者扩建寺庙，修建学校，建体育场，修水泥公路。方丈开着自己的私家车，带着自己的司机，去参加府里的僧伽大会。他带着骄傲给我看来访政界要人的合影，包括前摄政王廷素拉暖（Prem Tinsulanonda）和诗丽吉王后。他因为"发展"的努力而获得诸多奖励，他的发展主义做法让方丈声名远播。他的寺庙完全融入地方的和全国的权力和影响流。尽管如此，他坚持关心"他的"社区的精神发展。在校学生当中，有很多来自贫穷穆斯林家庭中的穆斯林儿童，他们接受了佛教教育，包括学习佛法，此外还有一碗白米。方丈是同村伊玛目的好朋友，他接受了伊玛目供奉的鸡蛋和槟榔，因为伊玛目治好了被神灵附体的孩子，他这么评论着，带着开心的笑容。

在帮桑，召唤保护神的精神力量以帮助村民（他们以捕鱼为生）克服经济问题的仪式，是按照佛教方式来进行的，献祭的物品是按照和尚的物质需求来准备的。由于捕鱼无法提供生计基础，很多佛教徒离开村子去寻求更好的生活。但是，所有的村民都在每年十月回到自己的来源地，捧着祖先的照片。在十月的节庆活动中，归来者为祖先诵经，因此建立了活人与死者之间的纽带。在整个马来亚岛上，和尚都被认为是疗愈者。当我访问一个正在开晚斋的穆斯林家庭时，该家庭的父亲告诉我他自从离开泰国军队就一直病得很严重，他去过医院，但是没人能治好他。最后，他去找了一位神医，神医驱了恶灵，治愈了他。当我打听那位疗愈者时，他确认那是一位和尚。

然而，尽管有着这种容忍的态度，在这三个边境府的暴力行为还是上升到一种沙文主义的话语，如今这种话语则是将伊斯兰教妖魔化了。佛教僧侣把伊斯兰教描述为一种极端宗教，为一己之利而推进暴力。那些在中东接受教育的穆斯林被怀疑受到"恐怖分子"的影响。方丈问我："哪种宗教告诉人去杀人，为的是能上天堂？"许多佛教徒认为穆斯林是只会看到自己的利己主义者。穆斯林也被认为是狂热分子，是那种把全部时间都花在祷告上的人。当我问及"塔雅伊"时，一位方丈回答说，当然对祖先的宗教得区别对待，但是在涉及自己的家庭史时，甚至他自己也难画出界线。

在塔莫，富有人格魅力的顺通（Phra Khru Ajarn Sunthorn）正在领导一项佛教徒倡议活动，要提升村民们的南传上座部佛教意识和环保意识。在那座修建在当年穆斯林墓地遗址上的寺庙里，正在举办知识培训课程，佛教徒和穆斯林村民都被请来参加。从华昌村来的穆斯林不在乎参加世俗活动，只要他们不必去敬拜僧侣和佛像（wai phra）。顺通和其他带头的佛教徒村民，给普通村民教授水和森林的重要性、关于天然草药的知识，以及任何与开发项目相关的佛教仪式。在塔莫，和尚与班隆努（Ban Klong Nui）的传统伊玛目有一种特殊关系，作为与死者传统交换体系的一部分。因此，如果在寺庙或清真寺进行修缮工程，和尚就会参与，反之亦然。当在华昌村建立一个伊斯兰教幼儿园时，顺通捐赠了一棵佛教的摇钱树，上面挂着钞票，把它交给伊玛目。佛教与伊斯兰教的特殊关系在那种被称为"两种宗教的仪式"中被象征性地展示出来。在重要的新年仪式，4月15日，塔莫的所有后裔都来参加仪式，传统的伊玛目和佛教徒参加仪式并宣布，塔莫的宗教之间不存在分离。然而，宣教团在来自北大年府的穆斯林移民中的影响，大大地减少了穆斯林对仪式的参与。2005 年，绝大多数参与者都是佛教徒。改宗伊斯兰教的佛教徒总是被欢迎参加寺庙的仪式，那些改宗佛教的穆斯林村民则不允许再进入清真寺。因此，正如在克莱那样，佛教已经成为交换体系中的主导宗教，尤其是在始祖崇拜仪式上，而该仪式敬奉的始祖属于伊斯兰教。在塔莫，宗教领袖们在墓地聚集，敬奉前伊斯兰、印度教、婆罗门教象征生殖力的阳具。

结　语

本文发现了一种仪式知识形式，宋卡湖地区的南传上座部佛教和伊斯兰教追随者们在与死者的交换体系当中承认共同的社会成员身份。这些体系可以被认定为在马塞尔·莫斯意义上的总体制度（total institutions），因为它们组合了宗教、道德、亲属关系、社会、情感和法律上的纽带。然而，这些仪式交换制度目前正遭到两种力量的挤压：来自上面的泰国国家力量和来自下面的极端伊斯兰化的力量。南传上座部佛教——为泰国国家所用——如今主导着许多敬奉祖先的仪式，包括在泰国南方的始祖崇拜，而伊斯兰教则退回到规模巨大的跨国虔敬运动的伊斯兰教网络当中。一些仪式被保留了下来，如传统的穆斯林给死者供奉食物；另外一些则消失了，如有着佛教徒祖先的穆斯林村民的佛教戒规。其他一些仪式发生了改变，比如在克莱的始祖崇拜，或者在塔莫的"两种宗教仪式"清楚表明的那样。显而易见，宗教间的差异并非总是如今天这样重要。祖先被感知为集体的，没有宗教上或者性别上的差异，伟大的祖先可以是佛教的圣人，也可以是伊斯兰教的保护人。在多元宗教的今天，相关的群体充满嫉妒地保留和强化他们自己与宗教他者之间的界线，而不是再生产一种共同的精神。

在我看来，在宋卡湖流域能观察到传统信仰的共存以及国家的、跨国的现代化运动的影响。宗教的含义，换句话说，即什么算是宗教以及为什么，正变得日益激烈。有时候，传统价值与现代理念共存一并体现在同一人身上。因此，本文拒绝本质主义（essentialist）式的文化的解释：那种解释对社会结构和价值的持续强调，让一国的和全球的现代化意识形态的力量都变得可有可无。本文也拒绝后现代主义的方法：它们认为在只有资本主义精神和大众消费的后现代社会里，传统会遭到摧毁和消失。对宋卡湖地区的共存的研究表明，族群表达被框定在特定的地方格局与社会网络当中。这幅复杂的图景是，佛教徒与穆斯林之间有着脆弱的均衡，他们都得日益面对外面的世界，要日渐将彼此分开，通过在那些被象征性地标记出来的领域进行社会养成。在这些空间当中，多元宗教仪式的复兴、反思式转变以及正统宗教的在场，产生出各种矛盾、张力和恐惧。我认为，人为地区分佛教徒和穆斯林祖先会造成了一种撕裂，因为对祖先力量的共同信仰加强了佛教徒和穆斯林之间的社会纽带。在许多社区，这一"宗教渗透"（religious cascading）过程已经造成了彼此不信任和恐惧的情形，而在其他社区，有意识地加强宗教间团结的策略使得社会关系和交换大体上不受影响。加强宗教间团结的策略造成了一种环境，即邻里和村落网络更为清晰、更为严格地维持他们的宗教身份认同的边界线，但是仍然参与那些基于习惯法和地方知识之上的制度性活动，以免有损邻里、社区或者村庄的稳定。佛教徒与穆斯林的生活世界日益分离，在佛教徒和穆斯林自身领域中的家庭和邻里也出现了很深的分歧。在抵抗这一日渐增长的文化分化进程时，机能团结的余温还能维持多久，对此我们仍需拭目以待。

8 双族群共存：三种情形的比较研究

李峻石（Günther Schlee）

在人类学中有一个悠久的传统，那就是对族群（亦被称为"文化"或"社会"）进行比较。曾经有人做过小范围内、对象有限、形式相对容易把握的比较（比如 Nadel，1952），也有人采用统计学的方法、基于"人类关系地区文献"（Human Relations Area Files）的材料做全球的比较研究。这些研究进路既有其薄弱之处，也有其强项。对此，我不打算在这里予以讨论。我在这里提到它们，只为说明本章描述的研究进路与它们有所区别。在这里，我不打算把族群，而是把族群之间的关系当作比较单元。我将比较三个双族群共处状况，尤其是我要将努尔人（Nuer）与阿努亚克人（Anywaa）之间的关系，拿过来与马赛伊人（Masaai）与卡姆巴人（Kamba）之间的关系、布里亚特人（Buryat）与埃文基人（Evenki）之间的关系进行比较。无须说，每一个族群的生活世界都不止于这里所讨论的双族群共居的状况。在卡姆巴人之外，还有其他族群对马赛伊人至关重要；布里亚特人的社会环境中也不光只有埃文基人，诸如此类。尤其是国家以其族群政策，在所有这些双族群共处状况中，作为第三个因素在起作用，将其变为三角关系。如果我们将更多的因素包含进去，就会看到多边形或者多方位的影响因子。我很清楚，聚焦双族群共处状况的做法是一种简化；如果我们要想正确模拟真实情形，那么我就得接着放入更多的复杂性。我之所以聚焦双族共处状况的理由是，如此做法能让我们看到一些舍此便无法看到的东西。况且，在某一时刻非要去处理原本无法处理的复杂性，会于事无补。

对于双族群共处状况的聚焦，我们以此为出发点：两个彼此互动的群体是既有的单元。我们必须考虑到的是，它们之间的边界线可能是第三方（比如，国家）给划定的；对于划定边界一事，不同行动主体会有不同的看法。我们也得考虑重新确定归属的可能性。正如我们在下义将会了解到的那样，布里业特人与埃文基人间的划分，大体上同草原与泰加针叶林带生态划分是重合的。族群上的划分，能够被那些进入另一生态地区的人所打乱吗？

采用"族群的"（ethnic）作为形容词，表明了这类质性的存在。两个"族群意义上的"群体，人们预期他们之间存在某些依照"族群意义上"标准而来的区分，而在一个更高的层面上他们可能是同一的，因为二者都是"族群意义上的"群体。

现代世界中许多相互应对的族群－民族主义，实际上彼此非常相似。他们往往有领土区域，他们倾向于包含语言和一些其他文化因素，它们有很好的外交渠道来交往互动。当开始进行战争以后，它们彼此变得更加相似，因为它们在同类武器上进行军备竞赛，彼此仿效对方的威胁举动（阅兵式、军事演习），回应对方的战术和战略：要想看到他们之间的差异，得仔细去看双方制服上的徽章才行。这些共生共长的族群－民族主义都属于同一类型，这一现象一目了然。

阿努亚克人和努尔人：不同类型的族群性

当阿努亚克人的族群性遇到努尔人族的族群性（反之亦然）之时，人们无法确定二者的"族群性"是否代表了同一类型的现象。让阿努亚克人变得更像阿努亚克人的做法，与那些让努尔人变得更像努尔人的做法差别如此之大，人们会犹豫是否该将"族群性"这一标签贴在这两桩个案中被强化的内容上。这一现象在费伊萨（Dereje Feyissa）的博士学位论文《族群关系与冲突：埃塞俄比亚西部甘贝拉地区阿努亚克人 - 努尔人关系》中展示得非常清楚（Feyissa，2003）。

费伊萨非常令人信服地提出"两种类型的族群"或者"两种类型的族群性"，而不是仅谈两个族群。我们把那些能归纳的内容做一番总结，表 8 - 1 表明阿努亚克人并非只是一个在冲突时强调最小差异性的邻居，而是在这两个个案当中，族群性有着根本不同的运作方式。

表 8 - 1 阿努亚克人与努尔人之间的差异

阿努亚克人	努尔人
祖先	不同源起
双系父母身份	父系，领养
特定地域	流动性
罕见的聘礼珠子	畜群作为聘礼
等级阶序式秩序	"有序的无规矩"
歧视，洁净	同化
特殊主义	普遍主义
就族群生成而言	
在孤立状态	在竞争环境下

阿努亚克人强调这一事实或者自以为如此，他们来源于唯一的阿努亚克人祖先，而努尔人所承认的形式为父系继嗣群体的亚单元实际上有着不同起源。父系血统已经足以让其成为努尔人。这甚至并非前提，因为在这一关系不存在时，也可以很容易通过领养来确立。阿努亚克人计算血统的方法也偏重父系，但与努尔人有所不同的是：他们没有收养；在决定一个人是否有作为阿努亚克人的完全身份时，也会注意到该人母亲的父系情况。如果一个人的母亲不是阿努亚克人，不会被作为有着完全身份的阿努亚克人所接受（父亲不是阿努亚克人则更不可以）。

阿努亚克人的身份认同，与他们在其中耕种、打猎或者有鱼塘的地方紧密关联。当他们不得不在某个新地方住下时，得通过把土块溶解在饮用水中而成为一位阿努亚克人。努尔人更看重游牧业和地域扩张。一个人所属的宗族是否拥有一个特定的地区，意味着该人是否为贵族（diel，带名号的宗族中的成员，按照埃文斯－普里查德的说法，即为"贵族"），但是这不产生什么实际上的后果。

不管在哪里，要想理解族群间关系，聘礼总是颇具意味。阿努亚克人使用一种叫"迪姆伊"（dimui）的珠子作为彩礼。没有人知道这些珠子最初是从哪里来的，在阿努亚克人的地方流传了多少个世纪，从哪里可以得到新的。它们可能会丢失，但是其数量不会增加。如果某人有一位姐姐，他就可以得到其姐姐的彩礼"迪姆伊"，然后他就可以去娶亲。唯一可以积累"迪姆伊"的人就是首领，即那些因为女儿或者姐妹而得到"迪姆伊"，但是用不着拿出去用来娶亲的人。他们可以把"迪姆伊"给那些没有姐妹而想成为新郎的人，借此为自己赢得追随者。另一方面，努尔人的扩张主义和开放，反映在他们用畜群做聘礼。牲畜数量的增长一如其拥有者数量增长一样，部分上反映了饲养者的数量以及人们在牲畜上投放的关照。尽管费心用力，如果一位年轻人依旧没有足够的牲畜来娶亲，也无法从亲属那里得到足够的帮助，他还可以通过袭击他人或者变成务工人员挣钱买牛。牲畜是一种活物，是变通的、可扩展的资源。它们也可以用来让努尔人娶阿努亚克人的新娘，因为阿努亚克人从努尔人的新郎那里接受牲畜，在这些情况下并不坚持要求用"迪姆伊"。不用说，这种结合的后代是努尔人。娶阿努亚克人新娘所需的动物要比娶努尔人新娘时少。此类婚姻也为努尔人提供了一个扩张到阿努亚克人地区的立足点。首领以及他们可以垄断的社会资源（如"迪姆伊"）让我们看到另外一个二元对立：阿努亚克人社会的等级阶序秩序与裂变型的体系，用埃文思－普里查德的话说，就是努尔人的"有序的无规矩"（ordered anarchy）（Evans-Pritchard，1940）。继嗣观念与婚姻实践都加强了阿努亚克人与努尔人之间的反差：前者趋向于强调区分与洁净，而后者则趋向于扩张式同化主义。费伊萨对这一切的总结是，把阿努亚克人归为一种特殊主义，把努尔人归为普遍主义的一种形式。他把不多的证据和颇能令人信服的预设结合在一起，推测阿努亚克人的族群形成应该是在相对孤立的条件下发生的，而努尔人的族群形成则是在一种竞争性的、必须动员人数的环境下发生的。

原生主义与建构主义被用来区分两类关于族群性的学术理论（"客位的"理论，即那些来自分析性的、非参与者视角的理论）。学者往往认为，如果建构主义者是正确的，那么原生主义者一定是错的，反之亦然。费伊萨的研究表明，这种二元对立可以被应用到"主位"理论上（那些从作为研究对象的行动主体视角出发的理论），在那一领域，原生主义与构建主义共存，并面对同样的现实。他称阿努亚克人的族群性为原生主义式的，努尔人的族群性为构建主义式的（Feyissa，2003：xviii）。费伊萨认为，努尔人明确地知道，被纳入更大单元、在最高层次上最终给予其以"努尔人"这一身份的父系继嗣体系，是一种建构。他们与这一建构相安无事，甚至根本不想去寻求更深层的事实。他们也许曾经有过与阿努亚克人类似的关于继嗣或者洁净的理念，但是在资源竞争的压力下他们被迫放弃了——资源竞争压力迫使他们玩数字游戏："群体越大，它就变得越有力量，在对自然资源的竞争中取胜的机会就越大。"他们用"熔炉"的理念，取代了"洁净"的理念体系。①

如今我们清楚地看到，两个互相对立的族群性不能产生一种平衡，或者一个稳定的边界。社会交换是非对称性质的，让努尔人以牺牲阿努亚克人的利益为代价而得以扩张。

费伊萨并没有进入那种通常会毫无建树的理论争论，诸如裂变式宗族体系只是一种人类学的模式，或者是行动主体的模式，或者它是否反映出一种社会真实。他只是将其作为一个描述性的范畴，在实证研究中检验其适用性。他做了一个微型人口统计，计算某一特定居住区当中有多少成员属于署名的父系单元，有多少其他成员是通过姻亲纽带而与该父系单元关联并在下一代当中发展为血亲纽带。

卡姆巴人和马赛伊人：不安的共存

我们来看第二个双族群共处状况，即肯尼亚的马赛伊人

---

① Schlee（1988）曾经就索马里人与伦迪勒人的情况讨论过扩张与自我限制，以及保守式资源使用的对立做法。

和卡姆巴人。我们的材料来自穆提（Pius Mutie）的博士学位论文，题目为《尽管有差异：肯尼亚的卡姆巴人和马赛伊人共存的意义》（2003），该论文于 2013 年正式出版，书名为《跨族群共存的艺术：来自肯尼亚的某些证据》（*The Art of Interethnic Coexistence*：*Some Evidence from Kenya*）（Mutie，2013）。

卡姆巴人和马赛伊人属于不同语族。前者讲班图语，后者讲尼罗－撒哈拉语族中东尼罗语支的语言。他们在语言上的差别再大不过了。他们的生活方式在过去也明确有别，在现代教育和经济进入之前，卡姆巴人完全务农，马赛伊人（或者更精确地说，是那些与卡姆巴人为邻的马赛伊人）则鄙视农耕，并以自己完全依赖牲畜养殖为傲。小型畜群可能起着重要的经济角色，但在文化上则被低看。

当穆提在肯尼亚南部的两个半干旱地区马瓜尼（Makueni）和卡耶亚多（Kajiado）县进行田野调查时，卡姆巴人和马赛伊人共居此地，卡姆巴人在马瓜尼，马赛伊人在卡耶亚多。也有一些卡姆巴人的农民和商人利用机会留在卡耶亚多，在马赛伊人当中享受着岌岌可危的客人身份。

人类学的研究著作已经从各个不同方面考察了跨族群关系。利奇强调，尤其是在看得见的领域——服饰和装饰——被用来在一个更大的整体当中交流（Leach，1954）。小规模的地方社会之间的文化差异被用来在更大范围的社会中相互交流，那是由社会构成的社会，或者说是"元社会"（meta-society）。目前那些由巴斯（Barth，1969a）及其追随者提出来的关于族群性的理论，也强调族群边界线上的互动。边界线由文化上的不连续性标记，正是通过这些不连贯性——对卓越的不同标准和不同的价值观——减少了人们之间的竞争，在边界上形成和平或互补式关系。我们没有理由把互补关系浪漫化为公正和平等的关系，它们通常都并非如此。但是，互补性倾向于减少暴力。因此，族群多样性可以被视为进入更大社会体系的一个整合因素。

流行的理论在很大程度上认为族群差异是冲突的潜在根源，几乎把引发冲突的潜在可能性等同于冲突本身。冲突分析人士，或者至少是其中的人类学家，大多都认为族群性往往是在冲突过程中才出现或者被强调的，并非冲突的真正原因。但是，不可否认的是，冲突中的边界线可能会依循着文化上的不连贯线条而行。或者说，这些界线是被族群化的；也就是说，族群区分沿着那些异见而发展。当然，冲突不是整合的对立面。人们也能以敌意的方式经由共同性和差异性来沟通。人们经常模仿自己的对手。战争也是一个社会体系，人们也能在其中整合。

穆提没有将自己的分析停靠在整合与冲突这对概念上，他选择了第三种说法——共存（coexistence）。这一概念在政治上被广为所用，比如在提及"冷战"之时。德国的《布罗克豪斯百科全书》提到的唯一语境是苏联对"共存"（koexistenz）概念的阐释。在以色列/巴勒斯坦的语境下，则不那么经常出现。在生态学领域里，生物学家会使用这个词。《国际社会科学与行为科学大百科全书》（*The International Encyclopaedia of Social and Behavioral Sciences*）没有"共存"（coexistence）这一词条。这一概念的历史表明，在社会科学当中这并非常用语。

因此，对这一不同寻常之概念的使用，需要做些检视。在穆提的用法中，"共存"这一词语意味着差异，但是没有预先设定关系的一种特殊形式，比如敌意/合作/友好。不过，这的确意味着某种社会距离和至少部分上的分离（Mutie，2003：

1；亦参见 Mutie，2013）。在这一大概念框架下，它可以包含整合的各种矛盾形式，比如，"可控的"武装冲突、政治联盟、经济交换、共有的（沿着某些特征而不是另外一些特征的）身份认同（同上：2）。"共存"往往是一种不安的关系，离暴力冲突不远。穆提的研究与那些分析导致冲突之因素的研究（Wimmer，1997）相辅相成，他考察了让暴力保持在低水准的机制，强调了"在其他情况下，紧张和冲突情形如何被预先清除、避免和防止，尽管有着有争议的边界线、权力争夺、高度的族群差异以及外部的煽动"。（Mutie，2003：6；亦参见Mutie，2013）。

因此，"共存"的特点是族群区分、社会交换、互补与依赖、在某种程度以下的族群敌意和冲突、共享领土和塑造性的外来因素，这些方面塑造了本文所研究的双族群共处状况（Mutie，2003：10，287，290）。许多这些现象也被另外一些人研究，他们采用不同的概念作为出发点，如"整合"或者"接合"（articulation）。不过，穆提也关注到另外一种因素，在不安的关系中与"共存"有着尤其好的组合。这就是他坚持关注"妥协"（compromise）与"让步"（concession）。妥协和让步，与那些强调文化差异之整合性作用的族群理论不符；与那些强调其冲突潜能的理论也不符。如果双方做出妥协和让步，那么这就意味着它们之间的差异既不是整合的手段，也不是冲突的原因。相反，这意味着差异具有消解性的潜力，要获取这些潜力的做法是将差异最小化，或者将差异打包进某种一篮子交易当中，或者通过给某些难以下咽的内容加上一层糖衣，或者接受某种对方不愿意让步的东西。对妥协和让步的强调，也促成了"尽管"这一词出现在标题中（"尽管有差异"）。差异是潜在地消解性质的，但是人们可以处理它们、驯服它们、理顺它们，使它们可以被接受，使它们稳固下来。通过这些手段，人们"尽管有差异"可以共存。

穆提解释说，"共存"建立在保持区别的基础上。两个整合在一起的事物就不再共存，而是作为一体而存在。另一方面，他认为"共存也可以采取共通性或者同一性的形式"（Mutie，2003：289）。这里所指的是，群体区分是某些特征上的差异来标记的，而其他特征则可能是相似的或者同样的，对这些特征中的任何一个都可以根据特定情形做重新安排。卡姆巴人和马赛伊人的共有特征是：

- 在包括聘礼的所有仪式和社会功能方面，其文化和经济上的焦点都在牲畜
- 使用双语言，让他们当中的许多人都能讲对方的语言
- 女性割礼（也被称为女性性器官切割）
- 信仰基督教
- 他们在政治上的归属。2002 年，两个群体都投票给"全国彩虹联盟"（National Rainbow Coalition）
- 两个群体都属于"小部落"，他们采用类似的政治话语与大群体斗争，以便从国家资源中争分一杯羹
- 作为半干旱地的居民，环境上的脆弱性

就努尔人和阿努亚克人之间的相似性，我们也可以列出类似的事项，作为对上文所列的二者之间差异的补充。努尔人和阿努亚克人都被高地上的"红人"称为"黑人"，还被他们贬低为"巴业"（barya，奴隶）；他们都讲尼罗语族的语言，与"高地人"所讲的亚非语系（闪米特语族，库希特语族等）的语言有明确不同；二者在政治上都被帝国体系予以边缘化。在

努尔人和阿努亚克人的个案中，明确的族群政治环境，导致了对这些共通性沟通不足，对差异关注太多。

穆提认为，马赛伊人和卡姆巴人之间的通婚是一种整合或者联结的力量。最为常见的情形是，马赛伊人男性娶卡姆巴人女孩或者女人，后者因为有农耕背景而获得勤劳的好名声，但卡姆巴人在这种交换中也不是输家。通过成为马赛伊人的姻亲，卡姆巴人，或者更确切地说，他们当中有这种关联的人，对他们在马赛伊人地区耕种的土地有更为强大的道德权利。

穆提继续更为深入地探讨"主位的"理论。最为精致的一个是"一个筐子里的斧头"这一说法，这是他的一位访谈对象在一次长谈中提出来的。筐子代表了共有的地域，卡姆巴人和马赛伊人共同所属的大单元、体系和共通性。斧子是这两个群体。在筐子被背在身上时，两把斧子可能会碰撞并发出声音。人们可以在它们之间放上一些绝缘材料来阻止噪音：布、棉花或者润滑剂。通婚就是这种能让接触软化的材料。这是一个非常精致的主位理论，让我们想到了利奇关于社会联盟的著作或者格拉克曼（Max Gluckman）关于横切式纽带（corss-cutting ties）的著作（Gluckman，1965）。

另一个主位的理论是关于"吃饭"的理论，这与最近的社会学著作（Bayart，1989）和生态学理论有共鸣。"稳定性是经由'吃饭'与'同吃者'而生成的。"（同上：16）这种模式堪比 A. J. 庞廷关于"优势环"（dominance ring）的生态学理论：不同物种通过在不同时间获取某种资源的方式来形成共存，从而避免直接竞争（Pontin，1982）。穆提没有进一步说明，肯尼亚政治中的"优势环"状态，是有意妥协达成的结果，还是历史状况的顺延。

布里亚特人与埃文基人：族群与生态边界相遇

这一部分的内容是基于桑塔（Istanv Sántha）对贝加尔湖地区布里亚特人与埃文基人族群间关系的研究（Sántha，2005）。[①]布里亚特人生活在两个不同的生态区（泰加针叶林带和草原），埃文基人只生活在泰加针叶林地区。布里亚特人的生活大多依靠半农半牧业，而对埃文基人来说，狩猎在他们的日常生活以及他们对身份认同的解释上担当着主要的角色。

布里亚特人和埃文基人一直都是外来者形成族群刻板看法的目标。苏联的社会科学家把埃文基人当成"原始社会"的原型，而布里亚特人是更为先进的进化阶段上的代表。埃文基人和布里亚特人在"攀高枝"——寻求沙俄和苏联国家之眷顾——进程中互为对手。不过，为了减少族群间关系中的复杂性，让我们聚焦布里亚特人与埃文基人之间的关系，以及他们如何描述并协商这些关系。

桑塔意在考察族群的刻板看法（主位的理论）。换句话说，一个族群如何设想另一个族群。他的分析包括活动和互动交往的不同领域：语言、信仰体系、土地使用的各种形式及其内涵、掠夺畜群的问题、通婚。接下来的内容要特别讨论牲畜掠夺和通婚的问题，埃文基人是否可以或者如何成为布里亚特人的问题，以及反过来布里亚特人如何成为埃文基人。

在这一地区发生的劫掠牲畜的情形，可能比在东非的规模要小，其发生的方式展示了埃文基人策略上的优势，这些被转化成对通古斯族群以及他们生活之地的刻板印象。生活在草原

---

① 桑塔于 2003～2004 年任职于德国马普社会人类学研究所西伯利亚研究中心。

上的布里亚特人认为泰加针叶林地区在牲畜放牧和追讨牲畜盗贼方面是一个"艰难的地方"（khatuu gazar）。复仇几乎难以实现，不光因为那里的自然环境，也因为在泰加针叶林地区的社会环境，因为泰加针叶林地区的布里亚特人可能会成为埃文基人的盟友来对付生活在草原上的布里亚特人。桑塔以一个事例来描述这一情形：草原布里亚特人群体在雪地里跟踪牲畜窃贼。脚印把他们引到泰加针叶林当中的一个小村子，在这里因为有其他人的脚印，窃贼的踪迹就模糊了。草原布里亚特人向人询问盗贼却一无所获，因为当地林区的布里亚特人和埃文基人都为盗贼打掩护。他们的联盟基于传说中的一位女祖先，她将当地布里亚特人与当地通古斯人联结在一起，尽管两个群体认为彼此在族群上不同。这一例子表明，有时候族群间的团结要比共有的族群认同更为强大。这也在布里亚特人与埃文基人的双族群关系中引入了第三个（或者中间的）因素，即泰加针叶林的布里亚特人。不过，这一中间因素并没有削弱布里亚特人与埃文基人族群间关系的总体特征，前者认为后者不可靠、易怒、不可预测，在很多方面是不折不扣的"他者"。接下来关于通婚和改变族群身份的描述，会给这种对于不折不扣的"他者"的感知增加更多的线索。

一位埃文基人有可能成为布里亚特人吗？如果可以的话，如何做呢？在这里有必要区分草原布里亚特人如何评判这个问题，以及泰加针叶林地区的布里亚特人如何面对这一问题。从草原布里亚特人的观点来看，除非是在非常特殊的情况下，埃文基人从来都不能成为布里亚特人。布里亚特人毫不含糊地将所有混合血统的个人都标记为埃文基人（在布里亚特语中为khamnagan），不管他/她的埃文基先人是来自母系方面还是父系方面。有这样先人的个体，总是必须在他/她生活的社区里主张自己的正当性和权利，因为社区从来不会自动地把有着埃文基先人的个体当作和他们一样的人来对待。

就这一问题而言，女性的位置不像男性那样暧昧不清。对草原布里亚特人来说，一位女性是"布里亚特人"还是"埃文基人"不重要；重要的是这一事实：一般而言，女性"不是我们的人"（kharin，外人），即她们符合外婚制和从夫居的要求，以便有资格成为婚姻配偶。草原布里亚特人把埃文基人视为"外人"，埃文基女人则是双重外人。

与草原布里亚特男人相似，草原布里亚特女人也把那些至少有一位埃文基先人的其他女人标记为埃文基人（khamnagan）。草原布里亚特人经常提到埃文基人狡诈的性格以及"埃文基人的血"（khamnagan shuhan）。

对于具有埃文基血统的男人来说，情形要复杂得多：如果混血人有一位布里亚特人作为父系祖先，他就有权利参与社区的共同祭祀。不过，他经常被排除在社区的日常活动之外。该人可能在社区中占据一个重要的小避风港，在祭祀中或者某些其他仪式中担任首领位置。不过，他作为外来者的地位是无法克服的。

排除在外是重要的，这不光在外婚制层面上（布里亚特人的限制延伸到父系的七代），在这之外亦是如此。女性（不管她们的族群背景如何）和通古斯人都不能成为"传奇的"祖先。排除现在想象的（精神的）和日常的（经验的）层面。实际上，桑塔访谈的草原布里业特人对这两种层面并不予以区分。

草原布里亚特人不允许自己的孩子与埃文基青年密切接触，因为他们担心自己的孩子可能会与埃文基人发生性行为，从而导致布里亚特家族与埃文基人纠缠在一起。

现在我们将简要地考察一下，从泰加针叶林地带的布里亚特人的角度看，一位埃文基人是否能够变成布里亚特人的问题。在布里亚特人的一般看法中，有任何一位埃文基人祖先即意味着一个人具有埃文基人的特征；在泰加林地带的布里亚特人看来，在七代以外这一标准便失去了其重要性（因为外婚制的要求不超过第七代）。有趣的是，在泰加林地带的布里亚特社会当中，不仅通婚模式不对称，对祖先的认可也不对称。在父系祖先方面，被明确地记住和计数的门槛是第七代；而在母系方面，对这一门槛的看法则有所不同。母系的通古斯祖先在第三代与第七代之间被认为是最有力量的、有潜在危险的祖先——"我"继承了他们/她们的力量。

简言之，对一位泰加林地带的布里亚特人来说，有某些埃文基人祖先甚至是有用的。这可能有助于强调一个人正面的性格特征，提升他/她在社区中的地位。在泰加林地带的布里亚特人当中，埃文基人可以在社区的传奇祖先当中占据一个显赫位置。

除了通婚与继嗣，另一个值得一提的现象是空间距离。如果一位布里亚特人的妻子来自遥远的地方，她通常被称为通古斯人。这再次突出了作为"外人"的质性（真正的"他者"）与布里亚特人当中对于埃文基/通古斯族群性设想之间的关联。

因此，补充式的亲缘（在父系社会中的母系祖先）是在阿努亚克人和草原布里亚特人关于血统纯净性的意识形态中重复出现的议题。

现在我们转向一系列学术问题，以及一些可以被应用到上文论及的三个双族群关系中的比较点。

资源竞争的形式：斗争与抢占

资源竞争是对族群冲突的一种普遍性的解释。然而，并非所有的资源冲突都被族群化，也并非所有的族群上的非连续性都是冲突线。埃塞俄比亚的甘贝拉地区的资源冲突，在族群内部层次上的形式经常比族群之间的冲突更为严重："争夺稀缺资源本身并不能解释互为对立的族群性的发展。事实上，争夺稀有资源的竞争在族群内引发的严重冲突要多于在族群之间。"（Feyissa，2003：xix）费伊萨进一步指出，对自然资源的争夺是造成族群内部冲突（努尔人部族内部争斗）的主要原因，并产生了亚族群的利益群体，其中的一些战略性地站位，以便从跨族群间的和平中受益（同上：211）。

但是，在族群间这一层面上也可以确定一些有争议的资源。然而，这并不意味所有的努尔人都站在一起来对抗所有的阿努亚克人。相反，每个群体都有内部分歧。在扩展的个案研究当中可以很清楚地看到，很明显存在一个与双方都有联系的缓冲区。因此，阿努亚克人－努尔人资源冲突这种说法是一种简化。有争议的资源包括河流冲积地，其在总面积中所占的比例最小，但具有突出的农业重要性；有分配权力的国家作为一种资源。特别是1991年以来埃塞俄比亚实施联邦法令，设立甘贝拉地区政府，自从在所有层面上的政治都族群化，政权本身，即政治机构、政府财政以及由政府来管理的教育和卫生设施等，已成为冲突的热点。甘贝拉的族群政治与苏丹南部的内战，以及其人口在西方国家，尤其是美国的散居情况交织在一起（Falge，2015）。

肯尼亚人的那个关于"吃饭"的比喻——穆提不光描述了

这一比喻，也把它用在自己的分析上——在对自然资源的竞争性利用这一领域中还可以进一步发掘。卡姆巴人和马赛伊人是在攫取资源（牧场、木柴、农用地），如同两个人从同一碗中吃饭，吃得快的便是赢家？或者他们在为资源而战（打仗、诉讼、仲裁），如同两个人在争夺一只碗，赢者会把碗拿走？竞争形式似乎不限于这两者。我们从穆提的研究中得知：人们有时候会掩盖他们正在吃东西的事实，有时候分享的根本不是自己的东西。

"抢占"与"争夺"之间的区别，让人想起另一篇文章中"共享"与"划分"资源的区别（Dafinger & Pelican，2002：12－15）。共享的资源（如果稀缺的话）可能成为抢占的对象，而划分的资源（他们给出的个案是喀麦隆西北部划分整齐的农地区和放牧区）可能导致两种情况：如果为双方接受，会出现和平、受到规范的情形；如果有争议，会导致暴力争夺。布里亚特人与埃文基人之间族群划分界线，与草原和泰加针叶林之间的生态界线之间的重合程度，让人寄希望于这是一种和平划分。在生态环境的分界线横跨族群分界线的个案中，竞争就会出现。其形式可能是"抢占"，这可能导致资源的枯竭（过度狩猎、过度放牧），或者争夺（企图武力排斥）。

在阿努亚克人－努尔人关系的个案中，我们似乎遇到了抢占与争夺的组合。努尔人把阿努亚克人从使用某种资源中挤出的方式——从他们的牧场，或者在他们的水域里渔猎——当然都是攫取的形式。不过，暴力争夺也并非没有。努尔人劫掠阿努亚克人的畜群。这是我们下一节要讨论的问题。努尔人说，对努尔人的公开暴力是阿努亚克人做的，其手段是背叛和秘密谋杀生活在他们中间的努尔人。

劫掠的压力

关丁马赛伊人的研究认为，他们有这样的信仰：世上所有的牲群都是神为他们创造的。在前殖民地时代，马赛伊人把肯尼亚中部的讲班图语的人限制在森林高地上。当讲班图语的人扩张到平原并且在牲畜养殖经济中与马赛伊人形成竞争时，他们采取了接受马赛伊人的军事组织（年龄组的形式），连同马赛伊人的武器和饰物。早期的德语文献以极不友好的方式，称马赛伊人为"马赛伊猴子"。这一表述反映了在早期，他们想把马赛伊人当"灵长类"的倾向。不过，马赛伊人大体上还是控制着地势低的开阔地带，并保持垄断地位，其手段是劫掠那些拥有一定数量畜群、不得不采用大范围移动放牧的做法，从而进入马赛伊人武士控制范围的人。他们施加的劫掠压力帮助马赛伊人将自己的放牧地区扩展到其生态边界，并维持这一扩展过的边界，对抗族群上的他者。基库尤人（Kikuyu）和卡姆巴人扩展到马赛伊人居住地这一现象，应该被放在殖民地调和以及后殖民地国家政策这一背景下来看待，后殖民地政权试图在这些中部和南部地区建立起能垄断权力的表面现象。

在努尔人针对阿努亚克人的个案中，我们看到劫掠的压力目前正在发挥效用。抢劫畜群产生了有意或无意的连带效果，让这些人离开特定地区。在这些地区的其他资源，如农耕地，同样也可以被占据。

草原布里亚特人的牲畜多，而埃文基人生活的环境——泰加针叶林地——很容易隐藏牲畜。埃文基人有劫掠布里亚特人的传统，但是因为他们的生存地没有开阔的放牧地，不允许他们保留大规模的畜群，因此他们实行的是"商业劫掠"：他们或者自己消费抢来的牲畜，或者当作战利品卖掉。这种形式的劫掠不会导致地盘的扩张，因为两个群体都留在各自的栖息地：布里亚特人在草原，埃文基人在泰加针叶林地带。

在比较西伯利亚和东非的劫掠时，我们也得考虑到一点：被争夺的资源（畜群）在各自地区内这一层面上含义有所不同，在地区之间这一层面上其含义也有所不同。半农半牧者，尤其是那些生活在东非的牧民，会赋予牲畜以更多的仪式功能和社会功能，而猎民想要的是肉或者金钱。杀人的行为，在非洲可能会与身份提升的仪式连在一起，而在西伯利亚却并非如此。

聘礼、通婚和族群边界变化

在畜群丰富的社会中，聘礼要求的牲畜数量往往更高。[①]在半农半牧的努尔人当中，其牲畜数量比农耕的阿努亚克人多；半农半牧的马赛伊人当中，比农耕的卡姆巴人多；在更为半农半牧的布里亚特人当中，比埃文基人要多，后者主要是狩猎。在跨族群的通婚当中，这就意味着每一双族群组中，首先提到的那个族群中的新郎会认为来自第二个族群的新娘"便宜"。

不过，如果我们比较扩张之动力的话，就会发现这一事实：（从前的）半农半牧者娶非半农半牧女性并非总是带来同样的结果。在马赛伊人当中，那些有卡姆巴人妻子的人留在马赛伊

① 尽管如此，即便在纯粹的半农半牧体系当中，聘礼的形式也多有不同，从敞开式到固定式的体系、可延迟或不可延迟支付等不一而足。对相关题目大多数文献的综述见 Schlee（1989）。聘礼的不同形式与姻亲类型相关，也与协同照料畜群——同那些无亲属关系的人以及姻亲一起——所具有的重要性和质性相关。论文集《谁拥有畜群？对动物的集体财产权和多重财产权》集中讨论了这一议题（Khazanov & Schlee, 2012）。

人的地盘上，不得不面对卡姆巴人的姻亲侵占他们的资源。在努尔人－阿努亚克人中，伴随着通婚的土地侵占发生在相反的方向上。先前的努尔人半农半牧者娶了阿努亚克人女人，而后住在阿努亚克人的地盘上耕种土地。通婚显然是一种潜在的扩张地盘的手段，对于"给妻者"与"受妻者"都有可能，视情况而定。另外一个比较范围，则是通婚与暴力冲突之间的关联。从新几内亚到非洲各地的民族志资料表明，这种关系可以有多种形式。通婚往往是一个消解冲突升级的因素，但也有一些情况是，外婚制规则将潜在的联姻伙伴与潜在的敌人置于同一类别；在另外一些情况下，通婚甚至导致冲突升级，因为当战争开始之后，姻亲纽带会被暴力手段第一个斩断（Harrison，1993；Lang，1977）。

布里亚特人更强调半农半牧业，他们的牲畜比埃文基人多，后者主要靠狩猎为生。对埃文基人来说，很难娶到布里亚特人新娘，因为他没法满足布里亚特人期望的聘礼。另一方面，布里亚特人认为娶埃文基女人有损自己的名声。因此，两个方向的通婚比例都非常低。事实可能并非一直如此。桑塔也考察了不同时期族群间的婚姻，以便发现更多关于不同时期不同族群在社会名望上的差异，以及是否存在明晰的族群等级序列。

结　语

本章由六节组成。其中前三节分别描述了三对彼此相邻的族群，它们来自两个大洲的三个国家。在每一个案中，描述集中在两个族群之间的关系上，并且在交叉提及时对这些关系予以比较。随后的三节讨论族群互动交往的特定方面（资源竞争的形式，劫掠，聘礼、通婚和族群边界变化），并比较这三对族群组。从这些比较中出现了许多有意思的事情（我希望如此），这一事实表明，所有这些个案（它们包含了六个族群群体及其形成的三种双族群关系）都有一定程度上的相似性。

并非要有一定的相似性才可以进行比较。"这些东西太不相同，无法互相比较"这样的惯常说法，在分析意义上是站不住的。任何事物都可以与其他事物相比较。我们可以把"谦虚"与香蕉进行对比。比较的结果是，前者是一种道德态度，后者是一种热带水果，二者之间互不相干。对各方面都极端不同的事物进行比较，其得出的结论是：比较对象之间完全不同。可以说，这样的比较是可行的，也会有结果，只是结果并不很引人入胜而已。

以有限变异为特征的成分之间可以做有趣的比较。在同一性这一背景下，我们可以关注那些独立变化或者彼此协同变化的事物，可以由此获得一种关于事情如何关联在一起的感觉。在同一性的背景下，可以让比较研究富有成果的是如下这些因素（也许还有我可能没有注意到的）：

（1）所有群体的经济都基于农业和畜牧业；

（2）他们都有畜群；

（3）他们互相劫掠牲畜；

（4）他们都在一定程度上通婚；

（5）他们都有支付聘礼制度，作为婚姻的一个组成部分；

（6）多牲畜群体中的男性倾向于从半农半牧取向比较少（农耕者或者狩猎者）的群体中娶妻；

（7）所有这些群体中的继嗣认可都是基于父系，父亲为努尔人的人，是努尔人，有阿努亚克人父亲的，是阿努亚克人；

有布里亚特人为父亲的人，是布里亚特人，等等。

正是在这一共同的背景下（第1条和第4条），我们可以讨论努尔人男性如何娶阿努亚克人女性，而后侵占阿努亚克人的土地，然后比较我们在马赛伊人男性娶卡姆巴人女性的情形下所发现的情况——妻子的血亲会侵占丈夫族群的土地。劫掠压力（第3条）的结果是，阿努亚克人人去地空，努尔人扩展到那里。埃文基人对布里亚特人以及马赛伊人对卡姆巴人的劫掠都没有这类标记性的效果。在埃文基人－布里亚特人的个案中是生态界线（泰加林地／草原），在卡姆巴人－马赛伊人的个案中是行政区划界线（马瓜尼／卡耶亚多），这些界线使得族群地域稳固下来。在这里，我们会再次发现，在共同的背景（劫掠）下我们可以看到不同情况（地域扩张或者不扩张）。通婚（第4，5，6条）会带来族群上混合父母生出来的孩子。所有族群都主要实行父系继嗣认可（第7条），我们可以看到母系先人的角色在每一个案中都有所不同。对于一位阿努亚克人来说，母亲不是阿努亚克人是劣势，而努尔人让一位混血孩子同化而不去追踪其血统（他们甚至能领养完全陌生的孩子）。对草原布里亚特人和泰加林地带的布里亚特人来说，母亲方面的埃文基祖先有着不同的含义，等等。只有当总体上的分类是同样的，特殊的差异性才能以有意义的方式进行讨论。

前面几段所描述的共同性是从观察者角度所见的。这些总结来自对六个族群的访谈资料，我猜测他们自己不会想到在拥有牲畜、聘礼和父系继嗣当中有任何值得一提的东西。要是听说在欧洲有人没有聘礼也能结婚，或者干脆不结婚，他们会觉得那真丢脸。我们感知到的他们之间的相似性，对他们来说如此显而易见、如此寻常，根本不值得注意。

另外一个相似性是，这里所涉的六个群体都是一个"族群"或者代表一个"族群"。要回答这一问题并不那么容易：我们所处理的是一种由外来观察者引入的分类，还是（变成了）在当地人当中共有的分类。我们不想声称这六个族群身份认同都仅仅是殖民地的发明，[1] 但是无可否认的是，殖民地以及后殖民地的肯尼亚，帝国时代、社会主义以及后社会主义时期的埃塞俄比亚，沙俄帝国、苏联以及后社会主义的俄罗斯都有着自己的族群政治，在所有这些政治实体当中成为一个族群的方式都受到这些政策的塑造。自 1991 年以来，埃塞俄比亚的全部政治体系都基于各层次地域单元里的不同族群，其政治代表也沿着族群线进行。努尔人和阿努亚克人在这一领域中相互竞争，耶莫人（Yem）和奥罗莫人（Oromo）也是如此，正如 Popp（2001）描写的那样。肯尼亚经历过省与地区层级的族群清洗浪潮，如今很接近按地域划分的族群分割单元，这是民族国家的缩微版。[2] 斯大林是一位民族学理论家，在把愿景变成现实方面他也毫不犹豫。俄罗斯（和埃塞俄比亚）的族群性概念和族群政策的实践，受他的影响颇多。因此，共同性因素，即所有这些群体都是在现代的、政治化意义上的族群，可能更多地与某一类别的普遍化有关，而并非关乎其原本的普遍性。

不管族群性是否为一个近期引进的概念，族群性的泛化概念及其政治重要性提供了这些族群互动的框架。马赛伊人和卡姆巴人在一场选举中形成合作，努尔人和阿努亚克人在争取他

---

① 关于身份认同的"发明"与"建构"，以及宗教和族群性作为普遍范畴或者被普遍化的范畴，参见 Schlee（2008a）。

② 关于肯尼亚在殖民地与后殖民地时代的部落地域政策，参见 Schlee（1989）。

们在甘贝拉地方政府中的份额，布里亚特人和埃文基人都成为俄联邦下的民族。他们都在进行族群的游戏，依照国家层面上的规则，熟知国际层面上的话语。族群性让事物具有同质性和普遍性，因为它产生了符合某种模式的族群单元。与此同时，它不仅宽容差异，也要求有差异。族群单元是由它们的差异而形成的。这些差异如此之大，在努尔人-阿努亚克人的个案当中，新人加入群体的模式以及所属的形式完全不同，费伊萨甚至提出这一问题：我们面对的到底是不同的族群性，还是不同种类的族群性。

一涉及共同性，我们可以指出这里研究的个案共有的总体特征（上一代的人类学家可能会称之为结构上的特征）。既有共同性又有区分，它们有着中等程度上的变异，将它们予以比较就值得一做。也许我们可以称这类共同性为"方法造就的人为结果"（methodological artefact），因为所选的个案有着中等程度的相似性，这一"人为结果"只有在我们选择的样本中才出现。不过，那些总体特征（上面列出来的 1~7）就摆在那里，被比较群体共有的特征也可以在其他个案中看到。① 抛开这一事实（也就是说，假如我们的观察也是错误的），我们也还可以说，对这些相似性的断言是基于观察者的角度。

---

① 当然，建构性因素也在其中。那些用于找出这些共有因素的概念性工具既不是自然而然的，也非放之四海而皆准的。"父系的"（patrilineal）一词是由人类学家拼造而成的，"经济"（economy）、"农业"（agriculture）和"聘礼"（bridewealth）也都是特定语言中的词，每个词都有自己的历史。尽管如此，我们还是做这样的假定：在相当粗糙的描写层面上，采用同样的观察方法和同样的概念性工具会有同样的发现。提及这类观察时，人们用"客观的"（objective）、"主体间性的"（intersubjective）或者"事实上的"（factual）等说法。

我们在这一点上所遇到的第二类共同性是，所有的个案都涉及"族群性"——它呼应了一个普遍化的理念，即一个"族群"是什么或者应该是什么。这让它变成一个"主位的"（emic）范畴，研究对象的范畴，哪怕它包含了全球性的机构。只有当一个人不接受自己的分析范畴并对其保持批判性的距离时，关于"族群性"的学术著作才有可能。从一位观察者的角度来看，我们可以做这样的民族志观察：谁在多大程度上共有这一概念以及谁不拥有这一概念，但是概念本身则属于被观察者。

在本文提及的民族志学者当中，费伊萨最为精确地展示了主位的视角。在埃塞俄比亚国家的感知当中，努尔人和阿努亚克人都是"族群"，为了在甘贝拉地区政府——他们当中很多人生活在这里——中获得影响力，他们的所作所为与人们对族群的期待相符。在一定程度上，他们没有选择去这样做。尤其是在埃塞俄比亚，族群性可以被视作不得不穿进去的紧身衣。[①]但是，努尔人和阿努亚克人所共有的（总体上埃塞俄比亚人或者甚至是全球的）关于集体身份认同的观念都在这里；在此之外，是特殊的。费伊萨的描述给人的印象是，阿努亚克人和努尔人好像在一起"玩不同的游戏"，阿努亚克人玩的是"纯净性"，努尔人玩的是"扩张"。这也是费伊萨在论文出版时把"游戏"（game）放进书名（Feyissa，2011）的原因。双族群共存是一个有着两种成分的体系，但是与很多人从"体系"一词

---

① 这不光可以应用于族群性上，也可以用于特定的宏观层面的族群范畴。埃塞俄比亚南部和东部的许多小群体如今都不得不来下决心，确定自己到底是"奥罗莫人"或者是"索马里人"。很多人认为自己不属于二者当中的任何一个（Fekadu Adugna，2009；Schlee，2008b）。

中联想到的内容有所不同，在这一特殊系统当中，没有任何东西是平衡的或者稳定的，它的构成部分也不遵守任何全覆盖体系的功能性原则。阿努亚克人像是在固执地下一盘注定要输的棋，努尔人所做的则更像是玩足球——在球靴之下，棋盘的抗拒力不会很大。

9 存异而治：一项关于帝国的比较研究

李峻石（Günther Schlee）

  社会体系不是孤立存在的，而是更大体系中的一部分。后者包含不同规模上（包括全球范围内）的互动，全球范围也包括在内。然而，内部关系的密度有所区分，可以将它们作为大单元下单独的子系统来对待。对这些子系统的研究，除了从它们之间的互动介入，也可以把它们当成是单独的个案，对它们进行互相比较。本章以两种方式看待若干帝国的历史资料：作为具有内在统治逻辑的单独个案，以及作为历史上相互关联的实体——帝国从其前身中取得统治模式。

  本章以印度北部的莫卧儿帝国及其中亚的前身和样板为出发点，考察帝国各构成部分中共同性与差异性之间的关联。另外的个案是奥斯曼土耳其帝国以及在苏丹的英国人。这些个案在历史上是彼此关联的。英国人是莫卧儿帝国族群多样性的一部分，起初是作为莫卧儿帝国的代理人；后来，他们对奥斯曼土耳其帝国及其埃及分支如法炮制，使自己成为领导角色。不过，本章的焦点并非它们的历史关联，而是要对其进行类型比较。作为本章研究对象的这些帝国，它们反复出现的特征包括：其一，在统治精英层成员中抹平族群上的差异，也就是说，领导层的聚合，其手段经常是个人的同化；其二，让统治者与被统治者之间的差异、被统治者人口中的族群差异得以保持，甚至使之形式化和工具化。维护差异与那句著名的"分而治之"的口号有着共鸣，赫希特的"统治者更愿意采取分化其臣民的方式来治理文化上异质的地区"（Hechter，2013：6），这一说法是正确的。然而，族群和宗教的差异性在帝国中的角色远不止于分化其臣民，以便减少他们可能带给统治者的威胁。如果给古老的现象以一个非常新的、某种后现代的名称的话，那么许多历史上的帝国都是非常文化主义式的。他们对待不同的族群和宗教身份认同，干脆泰然处之。他们将文化天然化，他们坚守被费伊萨称为"主位的原生主义"（emic primordialism）的做法（Feyissa，2011）。许多帝国里的族群差异是社会性劳动分工的基础，群体之间的相互作用有着如此复杂的形式，很难说有单一线条的等级阶序，至少人人都认可的等级节序不存在。本章的目的在于开启比较视野并提出问题，并不企图对任何个案下定论。

在下文，我将通过历史上若干帝国的例子，考察在每一个案当中族群多样性是如何被处理的。这种跨越洲际和时代的旅程是一种模式寻求。我现在就可以承诺，我们能找到若干反复出现的模式。

印度的莫卧儿帝国

英语中用来指莫卧儿帝国的词 Moghul 或者 Mughal，是 Mongol（蒙古）的变体。不过，16 世纪印度的莫卧儿帝国统治者在多大程度上是蒙古人，这需要给出一些解释。

在中亚，新民族的形成一再遵循以下模式：讲突厥语的游牧族群，如钦察人征服了讲东伊朗语支语言、居住在农业地区的族群，如粟特人。现代的乌兹别克人就是以这种方式形成的。他们的族名和人口中的一部分来自一支讲突厥语的游牧群体，但现代乌兹别克人主要是来自伊朗语支的农耕群体和其他绿洲上的居民。他们当中很多人还在讲伊朗语支中的一种语言——塔吉克语，而其他人使用的突厥语系 - 葛逻禄语支的方言在发音和词汇上都有改变，反映出伊朗语支的底色（Finke，2006a；Turaeva，2016）。印度莫卧儿王朝的祖先、帖木儿（英语中写为 Timur Leng 或者 Tamerlane）所处的巴鲁剌思部（Barlas）也是这种模式。巴鲁剌思氏是蒙古部落，讲塔吉克语和突厥语的察合台方言。

随着蒙古人在成吉思汗时代的扩张，中亚的许多讲突厥语的族群都整合了源于成吉思汗的贵族成分。在很长时间内，统治权合法性的基础是成吉思汗这位祖先。不幸的是，就这一目的而言，巴鲁剌思部的祖先是属于错误类别的蒙古人（Finke，2006b：112 - 119）。他们不是成吉思汗的后人，甚至也不出身于他所在的博尔济吉特氏（Borjigin）。

帖木儿帝国在中亚被另外一个好战的讲突厥语的前游牧民族——乌兹别克人打败，后者与今天有着同样名字的民族只有部分相同。随后，帖木儿帝国撤回到今天的阿富汗，后来到了印度，在 16 世纪的第二个 25 年里，帖木儿的第五代后裔巴布尔（Babur）在这里建立了莫卧儿帝国。至此时，与成吉思汗贵族血统的关联已经通过联姻和后嗣而建立起来。他们也实行与波斯贵族的通婚。莫卧儿人在文化上采取的折中做法也不亚于他们在血缘谱系上的联姻作为。他们重新回到一种属于波斯语族的语言——不是其祖先的粟特语，而是现代伊朗语（Farsi），一种蓬勃发展的现代文学语言，如果没有俄语入侵中亚①以及近年来英语在南亚的扩张，该语言会发展为伊斯兰世界的统一语

---

① 苏联的语言政策是，在联盟层级上提升俄语的地位；在整个中亚除塔吉克斯坦以外的加盟共和国中，提升不同突厥语的地位。

言。此外，他们也会讲不那么名声显赫的语言如察合台语和印地语。阿拉伯语只用在宗教指示当中（Foltz，1998：4 - 5，14）。

莫卧儿帝国不仅是多语言的，而且也是多族群文化的，在宗教上也是异质的。在军队中有印度穆斯林甚至印度教教徒（Foltz，1998：5），① 而阿克巴苏丹（Akbar，1542 - 1605）在制定其预算计划时，严重依赖一位信奉印度教的掌财巫师（Foltz，1998：15）。印度教徒以及其他印度商人和放债人不光在当地而且在向北通往中亚的整条路上，都是一个主要经济因素（Foltz，1998：62）。那里的文化氛围宽容并允许讨论。莫卧儿人是逊尼派穆斯林，但什叶派波斯文明却受到高度尊重（同上：15）。阿克巴治下的税收政策，对印度教徒和穆斯林没有区别对待（同上：6）。甚至欧洲的学者和艺术家也被莫卧儿人的慷慨所吸引："葡萄牙教士们经常参加宗教辩论，意大利医生关照精英阶层的健康，而圣母和天使都进入了印度的绘画。"（同上：77）

---

① 在北印度伊斯兰教的漫长历史中，我们会发现在莫卧儿王朝之前存在让非穆斯林进入穆斯林军队和官僚机构中的例子，同样我们也能找到对这一做法的批评性观点。"印度前莫卧儿王朝最广为人知的作家之一"（Alam，2000：220）齐亚丁·巴拉尼"建议，非穆斯林在某种程度上要被接受进入国家公职当中。在马哈茂德——北印度的第一位穆斯林征服者——的军队中有非穆斯林士兵，与伊斯兰教的敌人战斗，这个理由足以让他不憎恨他们的存在"（同上：225）。这段引文表明，在前莫卧儿时期也有非穆斯林的整合和隔离，其规范经常是隔离主义式或者纯净主义式的，而实际做法更多是自由式的。当然也可以这样看，规范本身就表明存在着实际行为偏离规范的情形，因为否则便无须规范。前莫卧儿时代的另外 一位作者穆达比（Mudahhir）"建议国家公务机构只给那些信教的、虔敬的、畏惧神的穆斯林"（同上：219）。穆达比建议让统治者与被统治者明确可见地分开，让人联想到在世界上另一部分的奥斯曼土耳其帝国末期的实践行为，"zimma（生活在受穆斯林保护下的非穆斯林）不应该骑在马上，不应该如穆斯林一样穿衣服，或者像穆斯林一样生活"。（同上：219）。

人们可能以为一位莫卧儿皇帝会死在战场上，或者在继承王位时因为与儿子或者兄弟争斗而死，但是皇帝哈马云（Hamayun）之死却是非典型的，他亲历了为学的风险，从图书馆的梯子上跌落而殒命（Kulke & Rothermund，2010/1986：125）。粗略地浏览一下文献，我们就会发现莫卧儿帝国的统治者是多么开明，甚至可以说是现代多元主义以及多元文化主义的先声。我们在下文中会回到莫卧儿帝国的宗教多元性问题上。

我无法从自己能看到的资料中认定，在组成臣民当中的管理单元上，如同在奥斯曼土耳其帝国里的米利特制（millet）一样，族群和宗教群体在多大程度上起了作用。从有限的阅读中我得到的印象是，文化、语言和宗教上的传统因素在个人身上自由地混合，而不是作为工具来构建社会边界和群体间关系。

莫卧儿帝国并非在所有的层面上一直都是多个群体组成的画面，如同我们要讨论的其他帝国那样。然而在其领导层，甚至有一种世界主义的眼光。我们仍需要更深入的审视，以便来回答以下两个问题。

（1）在统治者当中有一个族群的核心吗？毕竟他们为人所知的名字"莫卧儿"与"蒙古人"是对等的。

（2）如何将这一帝国中的族群多样性与现代形式的多元主义和文化多元主义进行比较？

为了回答第一个问题，我们必须像莫卧儿人自己那样去回看历史。对他们来说，成吉思汗是统治者的典范。作为成吉思汗后代的身份给统治者带来了合法性。为了弥补出身巴鲁剌思氏部落而非成吉思汗父系后裔这一缺陷，自从帖木儿时代起，莫卧儿王朝统治者的祖先就娶成吉思汗家族王公的女儿。因此，他们的后代至少可以声称自己有世界统治者的血统，尽管其途径——经由其母亲或者祖母——在父系继嗣以及父系家长制社会中永远都只能是次好的方式。他们（莫卧儿王族）对穆斯林贵族女性（先知的后代）也采取同样的做法。他们娶她们，于是他们的后代就可以声称经由先知的女儿法图麦而有了先知穆罕默德的血统。因此，莫卧儿人从这两个人的血统中衍生出自己的特殊地位。在这两位先人在世之时，哪怕能相遇，莫卧儿人恐怕也不会跟他们来往共处。

假如我们设定莫卧儿人会把成吉思汗当作榜样，那么似乎就该去考察在这一统治者的政治体系当中，部落和族群身份认同的重要性。铁木真，后来的成吉思汗，出生在一个典型的裂变式社会秩序当中，即比较小的父系单元嵌在比较大的单元（Evans-Pritchard，1940；Lewis，1961；Sigrist，1994）。这个体系中最小的居住和血缘单元被称为"格"（ger）。这个词在字面上的含义是"房子"或者"毡帐"，在延伸的血缘谱系意义上，它代表着一个拥有若干毡帐的略大的群体，即一个男人，他的妻子或者多个妻子，他们的未婚子女，他们的已婚儿子们以及他们的妻子和子女，也就是一个父系扩大家庭。若干"格"组成的聚落群，被称为"阿寅勒"（ayil）或者村子。同一个村子里的人被认为是同一氏族"斡孛黑"（oboq），而一个氏族的地盘包括多个村子。

获得中国朝廷封号的蒙古汗王反对这种结构。他们要求对个人尽忠，并实行个人统治，而不是像在裂变式秩序中依照年龄由长者来统治。成吉思汗像他之前的父亲一样，是从一位汗王的封地起家的（Lhamsuren，2011：227）。后来，当他自己有了作为统治者之地位时，他在极大程度上让军队组织对自己忠心，不依赖部族结构以及基于部族的忠诚。在这方面，他比任何人都成功。成吉思汗将他的军事力量分成新的单元"千户"（由"百户"和"十户"组成，各有头领），投靠他的首领会被给予新组建一个"千户"的权利。这样的"千户"可能大多由"千户长"的同氏族成员组成，他们在"千户长"投靠成吉思汗之前已经跟随他。不过，拒绝成吉思汗的氏族或者部落则被分散，他们的分支被重新组合进其他那些不基于成员血缘关系的"千户"当中。① 出色的士兵会被任命为这类单元的首领，无论其出身如何。也有一些情况，氏族首领会被自家的年轻人取代，如果年轻人更愿意合作的话。因此，旧的部落贵族被新的精英阶层取代。如果从前的首领要想被保留在自己的位置上——偶尔会有这样的情形，他们如今就不得不符合新标准（Hesse，1982）。②

当帝国扩张时，它征服了城市和绿洲的居民，迫使他们缴纳贡品以免被毁灭；它也把越来越多的游牧武士纳入战斗力量。在东部，这些人是讲通古斯语言的女真人，③ 但是绝大多数是讲突厥语的人，在蒙古人的军队里他们在数量上占多数（McNeil，1997：308）。因此，新的精英不光是来自不同氏族，也跨族群，甚至没有族群色彩，因为征募新成员以及在新成员中的话语模式并非基于族群性，而是基于"官僚原则"——麦克内尔如此称之，带有非常现代的韦伯式的底调（同上：307）。在定居的臣服民众之间就没有这样的聚合。他们必须跟

---

① 以十为单位进阶的"千户制"，因循的模式是先前克列部（Kereyid）在中华帝国管辖下的统治方式（Lhamsuren，2011：227）。

② 更详细的参考文献，见 Schlee（2005：39 - 42）。

③ 这一语族里的语言分布非常广泛。它们的使用者出现在跨西伯利亚的猎民和饲养驯鹿的牧民当中，1913 年前也出现在北京的紫禁城。清廷中的大臣和后妃都得学习满语。

统治者保持区分，这样就可以清楚地知道谁必须向谁缴纳贡品。

在宗教问题上，蒙古人显得开放和包容。无论是在成吉思汗驻扎地的喀喇昆仑府，还是在其孙忽必烈汗的大都，每一种宗教被展现的方式都让人回想起现代多元社会中的宗教"市场"。然而，那些怀着让人皈依希望的基督教传教士，难免感到失望。这些早期的蒙古统治者似乎热衷于通过咨询各路占卜者和仪式专家来获得保障，而不是把所有的鸡蛋放在一个篮子里，让自己归属为某一个特定的宗教。

在大幅跳跃回到成吉思汗时代之后，我们现在再大步回到印度的莫卧儿人那里。不过我们要在路上短暂驻留，关注一个权力的中间形式，这曾经是莫卧儿人自身的"榜样和参照点"（Foltz，1998：22）①：帖木儿帝国。在这条路上，真正的历史学家会更加小心地拿出更多的细节，但是我的目的是类型比较。因此，有如下的时间就够了。成吉思汗从 1206 年开始统治，直到 1227 年去世。大约一百年后，突厥－蒙古王朝的西部支系已经皈依伊斯兰教。帖木儿自己是穆斯林，他限定自己只有四个妻子，这在当时对一位统治者来说尤为不同寻常。他于 1404 年去世。巴布尔，印度莫卧儿帝国的创始人，是帖木儿的第五代后裔。他是喀布尔的统治者，从那里出发于 1525 年征服印度。莫卧儿的征服绝不是一场穆斯林对印度教徒的战争。若干世纪以来，在印度就有穆斯林，包括穆斯林统治者。不管怎样，在这一语境下"印度教徒"这一类别在当时并没有出现。它只是在后来的英国殖民统治时期才开始使用。莫卧儿帝国最为重要的前

---

① 帖木儿本人对印度的征服时间很短，但是对于莫卧儿的自我形象以及合法性而言仍然非常重要。对此 Foltz（1998：22）也以图像为例予以说明。

身、德里的苏丹王朝，曾经被帖木儿破坏过且被巴布尔长期征服，在其最后的阶段，是由图格拉克（Tughlaq）王朝来统治的。

回到帖木儿：只要儿子倾向于继承父亲的高位，精英层就随着时间的推移发展为贵族层。类似地，军事单元开始表现得如同继嗣群体一样，习惯于招募年长士兵的儿子。经过一段时间以后，这变得如同氏族一样，因为人们身在其中。到了帖木儿的时代，突厥 - 蒙古人的世界，包括帖木儿的所在地乌里雅苏台，已经在相当大的程度上再度采取部族建制了。因此，他不得不重复成吉思汗的做法，来建立一支并不忠于部族，而是只忠于他本人的军队。

乌里雅苏台包括了河中区（英文 Transoxania）以及今天阿富汗北部和东部的很多地区。这里曾经被成吉思汗的第二个儿子察合台的后代统治，但到了公元 14 世纪的帖木儿时代，这些察合台人经常成为那些假装以他们的名义来施行统治的"指挥官"（emirs）的傀儡（Manz，1999/1989：21）。这些真正的统治者未必是靠继嗣线路或者依照资历顺序而获得正当性的部落首领。经常的情况是，与外人的联盟使得这些装模作样的统治者战胜对手。[①] 权力基于发生暴力的潜能。乌里雅苏台内部的权力游戏太过复杂，无法在这里综述，甚至连一个大体上的轮廓也难以描述，因为运势每年在变。不过这一切也表明，这种血的代价要多于实际付出的血酬。对草原游牧民

---

① 参见 Manz（1999/1989：42）。就冲突模式而言，这让人想起新几内亚。马拿姆布人（Manembu）非常不信任那些在村外有重要联系人的同村人，杀死内部对手的外部盟友，是常见的暴力冲突的起始点（Harrison，1993；有关讨论参见 Schlee，2008a：50f）。

族来说，战争是日常事务，但是如果事先就能清楚看到结局的话，他们就根本不必开战。新的安排可能是由那些在战场上有大量追随者的人来指定的（同上：63）。表面上看，这些权力游戏有点儿像民主制度，但是除了数字重要这一点，二者并没有很多的相似性。

这个游戏的名字是让权力基础成为非部落性质的，或者说在部落的影响无法忽视的情况下要小心地保持平衡。要想保持在巴鲁剌思部的位置，帖木儿需要来自氏族内部和外部的追随者。通过姐妹或者子女的婚姻以及他本人的婚姻，与其他部落的强人结成联盟（同上：46）。除了寻求盟友以外，帖木儿还培养了一种完全不同类型的宝贵追随者，即那些没有自己权力基础、完全依赖他的武士（同上：65）。尽管帖木儿的军队的确包含了钦察和其他部落，但并不像从前在乌里雅苏台的军队那样，是一个可以随意加入或者退出的部落联盟。能发号施令的是帖木儿和他的手下，这些手下人不一定是带着自己同部族的人来入伙帖木儿的（同上：104）。就这样，帖木儿以自己的方式重复了成吉思汗创建一支非部族的、其成员对他本人尽忠的军队这一壮举。

征服就是用武力获取财产。对帖木儿来说，要获取财产是城市和绿洲的定居者。帖木儿没有花力气来管理这些人。军队不时地来收取贡品，然后就让这些臣服之民自行其是。

然而，并非所有臣服者都是定居民。也有一些没有加入帖木儿的队伍而被他打败的游牧群体。帖木儿的军队本身就是一支游牧军队，他的士兵一路放牧牲畜提供供给，家庭也和他们在一起游牧。然而，频繁的战斗将畜群消耗殆尽。为了补充牲畜，就得劫掠其他游牧民。帖木儿让这些游牧群体在距离自己很远的地方重新安顿下来，他们在那里不会形成政治上或者军事上的力量，但是如果帖木儿的军队需要补充动物资源，在他们那里还可以找到（Manz，1999/1989：101）。

在考察过印度莫卧儿帝国在中亚的历史轨迹之后，我们现在回到莫卧儿帝国这一话题，提出我们在涉及成吉思汗和帖木儿帝国时已经提出的问题：在莫卧儿军队以及在权力的内核中，族群性担当着什么样的角色？我们已经提到波斯语和突厥语中的察合台方言。在这两种语言中，前者在宫廷中占主导地位，后者则在军队首领当中是主流。两者都是将统治者与被统治者区分开来的语言：被统治者讲印地语和其他印度语言。富尔茨（Foltz）描写了一个宫廷场面，被邀请唱歌首先用波斯语，而后用突厥语（Foltz，1998：38）。这似乎表明两种语言都被归为有较高的地位，并被视为大体相等，波斯语略有优势。随着时间的推移，一种新的语言发展出来，印地语的一个变体，整合进许多阿拉伯－伊斯兰以及波斯的概念：这就是乌尔都语（Urdu）（Kulke & Rothermund，2010/1986：153）。在词源上，"乌尔都"（Urdu）与英语中的"horde"、德语中的"horde"以及突厥语中的"ordu"是同一词。它来自蒙古语的"ordo"，该词所指的是军队营地，即这个词实际上被使用的地方。

这一语言发展反映了一种社会发展。莫卧儿帝国将社会各阶层的印度人——从奴隶到贵族——纳入自己的统治精英阶层。成吉思汗和帖木儿都设法把有着不同族群和部落出身的人整合成一个同质的武士群体，让这一阶层与那些缴纳贡品的臣服者有所区分；而进入统治精英阶层的印度人始终保持区别。此外，他们还经常有自己的地方性权力基础，经常可以保持半独立或者力图随着时间的推移，再度确立一定程度的独立性。

当英国东印度公司（BEIC）在印度站稳脚跟的时候，莫卧儿王朝的总督穆尔希德·库利·汗（Mulihid Quli Khan）对孟加拉的统治"就像他是一个独立的王公一样"（Kulke & Rothermund，2010/1986：161）。他是婆罗门，皈依了伊斯兰教，建立了自己的首都穆希达巴德（Murshidabad），他不仅统治孟加拉邦，还统治自己征服而来的比哈尔邦（Bihar）和奥里萨邦（Orissa）。他是一位进步的统治者，敛税时收现金而不是实物（同上）。

在征敛税收方面他得到了英国人的帮助。英国东印度公司由伊丽莎白女王于 1600 年建立，在 17 世纪以"工厂"（被军事保护的货品库房）网络渗透到南亚次大陆，试图以这种方式垄断印度与欧洲的贸易。除贸易外，公司还发现了另一种收入：包税活动（tax farming）。莫卧儿的王公和总督——穆尔希德是他们当中的一位——经常将某一地区的敛税权出售或者租赁给包税人，东印度公司与他进行这种交易。其结果是，"以相当低的费用购买到在其工厂周围地区敛税的权利，每年带来可观的回报"（Parsons，2010：171）。

让我们暂停片刻，看 -下包税的逻辑。如果一位统治者将敛税的权利外包给包税人，他必须有在这一关系之外的权力基础，因为在这一关系之内，包税人似乎占据了一个强有力的位置。统治者的收入是包税人为获得敛税权而支付的费用。这样一来，统治者依赖包税人来获得这一财政收入。然而，包税人（tax farmers）并不一定需要统治者，显然，在没有统治者的帮助下，他也能让人缴税。包税人把自己收上来的税（其中的一部分）交给政府，并不期待从政府那里得到任何服务。征服国或者帝国不是提供服务的机构，① 除了也许能保护不再遭遇其他这样的国家这一点以外。因此，如果包税人能够避免因为不服从而遭受统治者的惩罚，他们自行其是可能会更自在。他们可以保留税收中的更大份额，即便不得不投入其中的一些来增加力量保护自己的所得不为对手所获。总之，包税人是潜在的叛变者，尤其是当包税人还拥有其他权力时，比如能支配驻军或者如庄园这类财产。

包税制给包税人以很大的自由裁量权。典型的情况是，这种安排被应用在不受中央官僚行政控制的地区。在受到首都官僚行政控制的地方，就没有这种需求。就社会距离而言（在本书的导论中讨论过），税收遵循的是最优逻辑。不必要的低税收情形下，国家、统治者或者包税人流失了潜在的收益。如果是在另外一个极端，税收特别高，逃税就会增加，控制成本也会随之增加。高税收也会引起抵抗，提升与此相关的压迫成本。在帝国边缘地区实行包税制的话，包税人可以采用自己的最优化策略。他可以决定，在不降低劳动生产率的情况下人们最多

① 整体而言，征服国不提供服务，他们的到来是要拿走物品而不是给出什么。但这并不意味着不存在一些"应该如此，否则不行"的规范性理念。在欧洲传统中，关于理想统治者的最早表述可见于古典时期的史诗、历史和哲学著作当中。这些内容又发端于中世纪、名为"王者宝鉴"（speculum principum）这一文类的重要资源（Philipp & Stammen, 1996）。这一类型的文本内容包括一些理论：在改善臣民生活或者指导国家服务于公共利益方面，什么是统治者的正确行为。政治理论家们以这种方式，参考其他地区同类材料建议统治者应该做哪些工作。北印度作家阿布·哈桑·马尔瓦迪（Abul Hasan al-Marwadi, 974-1058）认为，"哈里发的权威是至高无上的，他的重要职责之一就是捍卫伊斯兰教法，依照伊斯兰教法施行公正之义并组织圣战"（Alam, 2000: 217）。即便最为暴力的征服者也可能会认可这种理念，并声称他们以生命捍卫这些理想。当然，提出这些议程的学者是否能制约或者影响统治者，那还是一个实证层面上的问题，是否能找到答案，取决于可利用的资料。

能交出来多少，他可以要求多少才不至于引起向外移民和叛乱；他可以给自己的支持者或者他为开发自己的封地而需要的技能人才免除税赋，可以把惩罚性的税赋强加给那些不受欢迎的人和活动上。因此，用社会学的术语来说，收税本身提供了一个广大的"能动"空间；这是一个行使权力和增加权力的领域。因而，这也是一种权力资源。

英国东印度公司提供的例子，使包税人成为其主子的威胁。孟加拉邦的莫卧儿王朝以及全印度的其他统治者，以成为英国人的傀儡而告终。正如中亚的突厥统治者、莫卧儿王朝的祖先经常利用成吉思汗的部族（在乌里雅苏台，这就是察哈台统治者）作为傀儡一样，印度的莫卧儿王朝如今慢慢地变成了傀儡：外国人以他们的名义在行使真正的权力。这对傀儡本身还是傀儡的牵线人而言都是暧昧不明的处境。一旦进入这种关系，情况就变得非常明朗：合法统治是傀儡的特权，因为没有这一合法性问题就不需要有傀儡。但是，作为傀儡也意味着没有权力来真正地利用统治权，于是统治在很大程度上变成了象征性的事情。对傀儡背后的掌管人来说，面临着另外一个问题：他只能通过运用权力才能进入这一关系。由于需要傀儡，这表明其自身权利的非合法性，因而需要从其他地方衍生出合法性。对莫卧儿王朝而言，成为傀儡始于把包税交给自己的代理人英国。当然，包税不是英国作为殖民地权力在印度兴起的唯一因素，英国人也有海军，也在贸易上有重大盈利，等等。我没有书写印度历史的雄心，在这里我的目的无非是找到帝国之间的某些可比较之处。的确，在论及奥斯曼土耳其帝国时，我们还会回到包税制这一问题上。包税只是帝国采用的一种管理和收税形式。这是一种遥控，以进行低成本、低回报的统治形式，往往是帝国在边缘地区的优先选择。这里蕴含着叛离的风险，帝国之所以采用这种办法是因为没有更好的选择。

也许由于对那些有着不同族群出身的包税人——他们并不像代理人应该做的那样，与主人有身份认同[1]——有依赖，莫卧儿王朝并没能像成吉思汗和帖木儿那样形成一个对统治者忠心耿耿的去族群化、去部族化的精英群体。如果说他们的确也曾为此努力，但或许是出于必需，或许是出于本意，他们接纳的外来人数量之多超出了自身的同化能力。其结果是，他们的统治最后被叛离者终结，包括那些英国人，即统治者的代理人动手把自己变成了统治者，最终成为统治者的统治者。

在很多方面，英国人的做法都与前文描写的理想类型的包税人有所不同。理想的包税人，正如同任何农民一样，会保护自己的资源。像农民一样，他会关心自己的土地肥力，不会让自己的骡马过度劳累到崩溃的地步，不会把牛乳拿走太多以至于让牛犊饿死。一位包税人（如同任何政府或者财政机构一样）对赋税人口的征税程度，要允许他们能够生存下去并保持生产能力，以便他们明年还可以被征税。"公司"（英国东印度公司）的征税造成了孟加拉大饥荒（1769～1770），"公司"员工对稻米的投机行为加剧了这一情形（Dirks，2006：54）。这造成了大约300万人的死亡（Wild，2001：99）。在正常情况下，当纳税人口能够存活并能生产物品时，包税带来了"比孟加拉最赚钱的私人贸易都要更好的投资回报"（Dirks，2006：62），但是过度征税也能产生破坏性的效果，实际上差不多等于杀死了纳税人。1793年，对于那些不能满额缴税的土地所有者

---

① 关于代理人与主人的讨论，参见 Coleman（1990）。

开始实行严厉的惩罚措施，这导致了"在接下来的几十年里50％的地产易手"（Dirks，2006：152）。英国东印度公司不是唯一的包税人。私人身份的英国人以及包括"公司"的职员——他们代表公司并同时进行一些其他活动，作为自己的"私人"业务①——给地方统治者提供贷款，后者和东印度公司一样，名以上都隶属莫卧儿帝国皇权。这些贷款被用于资助战争，而战争的目的又在于进一步服务于"公司"的商业和财务利益。利率之高几乎接近于高利贷，但是除了接受现金还款以外，债权人也接受豪华礼物如黄金和钻石以及收税权利（Dirks，2006：62 - 64）。在税款与军事支出之间存在一种正反馈环（feedback-loop）。纳税变得越有压迫性，就越需要军事力量来强制纳税人缴纳，收缴的税额也就越高（Dirks，2006：145f）。

英国人口头上承认莫卧儿王朝的主权，直到在 1857 年发生了"土兵兵变"（Sepoy Mutiny）的叛乱之后才正式接管。在 1876 年，维多利亚女王作为"印度女皇"的新身份，让她变成英国对印度拥有主权的可见的象征。在整个东印度公司期间——以兵变结束——英国"臣民"与他们莫卧儿主子的认同度很低。他们对自己与生俱来的优越性确信不疑，出来要快速赚钱，而后回到英国购买地产和头衔。他们真正的身份认同问题在英国：作为以可疑手段赚来钱的暴发户，他们被老贵族鄙视，他们急于跻身贵族行列（Dirks，2006）。在英国，他们有

---

① 至少有一位孟加拉邦的东印度公司主管试图取得某一地区的私人包税权，而此前该地区的包税人正是他任职的"公司"（Dirks，2006：57 - 58）。最终，英国的纳税人不得不承担这类雇员对本公司进行掠夺的成本，因为议会"将公司从大量债务当中解救出来"的情况发生了至少一次（Dirks，2006：178）。

着和在印度一样的问题：他们是新来者或者暴发户，缺少老贵族靠时间流逝而获得的合法性，如同金属上的光泽一样。（尽管老贵族的终极起源也不比这些新来者高贵到哪里：这似乎是历史上的规则，在一段时间内的有组织犯罪很可能在后来的时间段里成为贵族。）这些新来者可能会购买议会中的席位，[①] 娶有头衔人士的女儿，但是只要他们获得权力和财富的方法还尚且新鲜，他们就不能完全达到那种地位。

英国贵族之所以对公司代理人的做法及其在英国社会地位的提升感到忧心，只需考虑邻国发生的大事这一背景，就不难理解了。法国大革命以及关于合法性的新理论，如国家契约理论，也让他们自己的地位陷入危境。就地位而言，他们认同的是"有合法性的"印度统治者，而不是自己的国人，即东印度公司的员工。他们相信自己与这些统治者们一样，都享有上帝赋予的合法性（Dirks，2006：2000）。英国贵族在 18 世纪关于英国与印度的合法统治的看法，我们可以从图 9-1 中一目了然。

以上我们讨论了语言与族群上的共同性或者差异性，考察了英国人在 18 世纪的印度——名义上仍为莫卧儿帝国——的角色，指出了英国贵族以及其他阶级的认同感，现在让我们回到 16 世纪来谈及另外一个身份认同轴心：宗教。那些不同信仰之间的对话（假如我们采用后来的说法）的描写，不同宗

---

① 这些英国代理人在公司"服务"后回到英国，经常会成为印度统治者在英国政治中的代理人。"1763~1792 年，议会当中至少有十几个英国人实际上是坐在用印度行政长官（nawabi）的钱买来的席位上"（Dirks，2006：64），这里指的是马德拉斯（Madras）的行政长官穆罕默德·阿里（Muhammed Ali）给他们的钱。印度统治者在英国政治中的利益包括延期债务，并保持他们自身的地位。

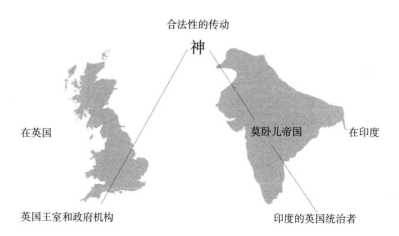

图 9 - 1 18 世纪晚期关于英国与印度的权力合法性之保守观点的简化示意图，基于 Dirks（2006：200 - 207）。（图片版权所有：德国马克斯·普朗克社会人类学研究所）

本图代表了一种意识形态观点，不意味着代表了殖民地主导的现实。这之所以是保守性的看法，因为它包含的思想特征会自动地给旧秩序以特权，保护其不发生改变。其核心理念是，历史进程中有上帝之手，因此历史上流传到我们手上的一切都是上帝使然。

教的代表人物在阿克巴（Akbar）宫廷里的争论，给人以宽容或者甚至是多元主义的宗教态度。这是世俗主义的早期形式吗？如果是的话，这是我们从法国大革命中知道的那种反宗教的世俗主义吗？或者那是美国型的世俗主义——是那些深信宗教者的一种安排，力图让彼此排斥的信仰保留在政治和行政管理范围之外？这可以跟那种人们根据个人品位和喜好自行拿取的现代宗教市场相比吗？莫卧儿人是文化多元主义者和宗教多元主义者吗？

仔细检视的结果表明，所有这些问题都必须以否定作答。阿克巴向各种宗教中的智慧之人请教，以便找到真理，那个唯一的真理。他把自己视作"神圣教"（Din-ul-Lah）的创始人。他力图以宗教共同体来弥合人类的分裂，其途径是将那些他认为在每个宗教中都包含的真理因素组合在一起。

因此，阿克巴不是现代意义上的多元主义者，而是一位与卡斯蒂利亚的智者阿方索相似的"智慧的统治者"。阿方索敞开大门接受外来的影响，对那些难以企及的东西感到兴奋不已：那些隐藏的或者秘密的知识，以及那些来自远方、需要翻译的知识。但我认为可靠的是去假定，他在寻找事物表面之下的那个真理，他不是一个现代意义上的、坚信有多少视角就有多少真理的相对主义者。关于那些我们今天会称之为政治学或者自然科学话题的外来知识，并没有动摇他的基督教信仰，尽管在他的时代，关于犹太人天性乐于探讨世俗世界的知识这一刻板成见已经出现，这可能让他遭到对手的攻击（Nirenberg，2012）。

在某种程度上，阿克巴也让我们想到成吉思汗或忽必烈，正如我们上文所言的那样，他们也在自己所及的范围内追寻真理的因素，或者在所有的宗教和信仰体系中都存在的那些神奇的，或者有预言能力的价值。但与这些人不同（也与阿方索不同），阿克巴有野心将有着异质性起源的因素组合进一个他自己制造的、统一的宗教。

在这方面，他与锡克教徒没有多大差别。锡克教是另外一种力图克服印度教和伊斯兰教分歧的尝试。就像马丁·路德原本想改革教会而不是成立一个新教会一样，锡克教的创始人那纳克上师（Guru Nanak，1469 – 1539）从来没有打算创立一个新宗教。他认为已经有太多的宗教了，他的解决办法是试图否定印度教与伊斯兰教之间的区别：没有印度教徒，也没有穆斯林（Uberoi，1996：61）。他的讯息是"一种共同的语言"，他的目的是抵达真理，是合而为一的神，对印度教徒和穆斯林都一样（同上：62）。这个议程与阿克巴这位"所谓的自由派皇帝"（同上：76）听起来并没有太大差别。后者对锡克教徒的迫害证明，共同性萌生竞争，在这一个案中便是暴力压迫。有时候，如果以差异为手段，和平整合会更容易达成。

1715 年，一个从加尔各答前往德里的英国传教使团见证了对锡克教徒的大规模处决。面对迫害，锡克教徒以炽热、激情以及追求殉道来回应。

> 争先恐后地步入死亡……当屠刑正在进行当中，一名刚刚成年的年轻男性囚犯的母亲……在（莫卧儿）皇帝面前申诉她的儿子的案件。（皇帝）可怜这个女人并（签署）命令豁免这个年轻人。当她带着豁免令到达时，行刑者正在把血淋淋的剑举过年轻人的头颅。当她出示宫廷命令时，年轻人发出抱怨说："我的母亲说错话了：我以全部的心和灵魂加入我的同道者行列来敬奉宗师：快送我去追赶我的同行人。"不用说，他的要求被欣然应允了。 （Uberoi，1996：97f。引自 Macauliffe，1909。）

莫卧儿人对来自远方的宗教，从诺斯替教到佛教的理念都很感兴趣，但是一旦出现可与自己抗衡的宗教宏图，并在自己的地盘上蓬勃发展时，他们就一点儿也不宽宏大量。

综合性宗教总是失败。阿克巴的妥协宗教"神圣教"早已被人遗忘；锡克教仍然存在，拥有数以百万计的追随者，但是它没能成为印度教和伊斯兰教的综合体。它并没有将二者合在一起，而是变成了第三个宗教。

英国人在这个宗教多元性体系中扮演什么角色？他们作为基督徒如何适应这个环境以及如何改变它？早期阶段，他们不得不接受差异。他们无法在身处印度时强化宗教信仰或生活方式。就人数而言，他们是微不足道的少数群体，他们不得不去争取当地人的接受与尊敬，其中最为重要的是当地统治者。在需要减少差异的情况下，他们适应印度习俗，而不是相反。通婚的情况很多。直到很晚，英国人带上妻子同行才成为惯例，那也只是在高地位者当中才实行。跨国婚姻中的一些问题，是英国在印度殖民主义早期历史当中的重要特征。

只是到了后来，在 19 世纪上半叶的进程中，传教士的数量日增。在印度的英国人的总体态度开始转变，从找到当地的处事方式以便赚钱（或者从接受印度统治形式的合法性、并且也认为印度的风俗和信仰为神所许可），转变为如教会人士般的传道热忱，而绝大多数英国人对英国方式的优越性及其带给世界的潜在益处深信不疑。

这一态度的结果是种族分离，不给主张混合的人留下任何空间；基于种族和宗教差异的间接统治与彼此接受相结合的体系崩溃；在血流成河的兵变中，多元社会轰然崩塌，由维多利亚女王作为印度之主的直接殖民统治登场了。

奥斯曼土耳其帝国与殖民地苏丹

另一个拥有穆斯林统治精英的多民族帝国是拥有米利特制的奥斯曼土耳其帝国。可以说，对"和平共生时期"（convivencia）——穆斯林统治西班牙的时期——以及共议这一话题的比较研究，应该包括奥斯曼土耳其帝国作为在西班牙之外的近代平行个案。奥斯曼土耳其帝国除了表现出与西班牙"和平共生时期"的很多平行之处，在许多群体的历史发展中也代表了"和平共生时期"的延续：西班牙的犹太人成了在土耳其的奥斯曼土耳其帝国臣民，西班牙的穆斯林成了北非的奥斯曼臣民。

对于解体后的奥斯曼土耳其帝国，我个人的经验仅限于苏丹，这是在奥斯曼土耳其帝国历史中比较边缘的。作为埃及的一个偏远省份，苏丹是边缘地带的边缘。埃及自身是一个权力中心，而不是置于帝国首都伊斯坦布尔的控制之下。作为帝国的一部分，有时候似乎是遥远轨道上的一颗卫星。不过，在另外一些时候，伊斯坦布尔和埃及则相互靠得太近，并且发生敌对性的冲突。我们首先开始说明中心，而后回到埃及和苏丹。

关于奥斯曼土耳其帝国的历史研究集中在其核心地区的巴尔干和安纳托利亚，在一定程度上，黎凡特和伊拉克也被纳入研究范畴。从一开始，宗教与族群多样化就被建设进奥斯曼土耳其帝国。奥斯曼土耳其帝国的核心与拜占庭这一基督教帝国完全重合，这个东罗马帝国比它的对手西罗马帝国多生存了一千年。[①] 在攻取君士坦丁堡之前和之后，联盟、雇佣、贸易已

---

① 回过头去并从"西方"的视角出发，拜占庭和奥斯曼土耳其帝国的社会病态已经进入俗语，即"拜占庭的宫廷阴谋"以及"博斯普鲁斯海峡的病夫"，指时日迁延的衰落和腐败。然而，采用这种说法的西欧人不应该忘记的是，他们中大多数人身处的国家存在时长还远不如这两个帝国。历史上的这两个帝国似乎都具有引人注目的整合力量，而且作为帝国经营得非常好。现在已经到了将这两个帝国作为成功案例进行分析，并探讨其成功理由的时候了。

经跨越了穆斯林－基督徒的鸿沟。一旦在帝国首都安顿下来，奥斯曼认为他们是"卢姆"（Rum）帝国的继承者，这个名称让人想到了西方的法兰克人（Franks）。凯伦·巴基（Karen Barkey）这样描写这一早期阶段："在迅速扩张和缺乏足够人力的条件下建造的国家必然是一个混合的国家，基督徒与穆斯林一样被需要并受到欢迎"（Barkey，2008：32）。严格僵化和极端的伊斯兰教无容身之地。① 尽管有偶尔爆发的社区暴力以及相对少见的国家暴力，长期的协商过程以及宗教社区的相容共处似乎以劳动分工为结局，尽管其不乏等级阶序的因素（政治统治以及军事力量在穆斯林手上），还是给基督徒和犹太人开启了晋升之路。基督徒和犹太人作为特殊税赋的支付者，有机会获得经济上的成功。让他们保持贫穷或者把他们变得贫穷，会给国家的财政收入带来不利影响。

我对奥斯曼土耳其帝国的讨论，大多依仗巴基的著作《差异帝国：比较视野中的奥斯曼土耳其帝国》（*Empire of Difference*：*The Ottomans in Comparative Perspective*）。她不光将奥斯曼土耳其帝国与其前身罗马和拜占庭帝国进行比较，而且尤其与同时代的哈布斯堡和罗曼诺夫王朝比较。每一个帝国都得找到途径，以安置那些在族群与宗教上异质的人口，每个帝国都有其特殊做法。巴基几乎没有提到西班牙，但是隐晦地与中世纪的西班牙做了比较，她用"和平共存"（convivencia）来描绘奥斯曼土耳其帝国内宗教关系的特征（Barkey，2008：280）。

我们可以注意到，巴基的描述程序与福尔茨所描写的有所

① 从非洲东北部的个案出发，在不同的比较框架中探讨"伊斯兰与非伊斯兰社会中的洁净观念与权力"这一问题，可参见《何故为敌——族群与宗教冲突论纳》的第10章。

不同，后者我在前一节涉及莫卧儿帝国时曾经提到。在描写奥斯曼土耳其帝国与其前身罗马帝国，包括卢姆即拜占庭帝国之间的连续性时，她做了历史学家大多都会做的事情：停留在一个地区，描写了政权的更迭。在比较奥斯曼土耳其帝国与哈布斯堡王朝和罗曼诺夫王朝时，巴基离开了这一地区，但是停留在同样的历史时段。[①] 与此相反，上文对莫卧儿帝国的描述既不限制在一个固定的地区框架当中，也不在固定的历史时期，而是跨越一个大洲来追踪一个政权的祖先，而相比之下对于莫卧儿之前和之后的印度以及同时代的其他帝国都所说甚少。但这两种描述在讨论所涉政权的重要样板时却彼此相似：罗马和拜占庭是奥斯曼土耳其帝国的样板，正如成吉思汗和帖木儿是莫卧儿帝国的样板一样。

正如我们已经讨论了莫卧儿帝国的包税体系，看一下奥斯曼土耳其帝国如何收敛税赋会有比较意义。在奥斯曼土耳其帝国，由国家行政管理机构的直接征税与包税是作为并行体系同时存在的，二者都有优势。只有在直接征税的情况下，国家才能对税收进行微调，改变一个地区的生产力，从而获得良好发展政策的益处。然而，当国家缺乏资金时——这经常发生，因为在边界线上打仗——包税制可获得相当可观的首期付款以及年度费用，这些都是有吸引力的。18世纪之前，包税合同往往是短期的，被分配给出额最高的投标人，因此受到相对灵活和响应式市场机制的约束。不过，在19世纪，长期的包税权分配（这往往是终身的）变得越来越常见（Barkey，2008：230）。包税合同大多扩展到伊斯坦布尔的高官和保护人这一特权群体中

[①]　另外一项可能会带来成果的比较研究，是不同时期俄国与中国的族群政策（Schorkowitz，2017）。

的成员，这些契约的稳定性推进了那些没有依附的、竞争性的"帕夏"（高级文官）和"维齐尔"（高级大臣）家庭的发展（同上：233）。不过，国家也通过让特定的军事阶级获得这一特权以巩固自身与它们的关联（同上：236），因此，这在一定程度上抵消了包税制内在的离心倾向。

国家官僚机构直接征税相较包税制的优势，我们还可以提出更多的比较点。如果税收是在政治领导的直接控制之下，那么税收只能被用于政治，比如减税或者用来资助受大众欢迎的项目。在巴士拉（Basra，位于今天的伊拉克南部），奥斯曼土耳其帝国减轻了萨菲王朝强加给当地人的重税负担，"来表明加入奥斯曼土耳其帝国的好处"（同上：92）。在汉志（Hijaz，今天的沙特阿拉伯的西部），奥斯曼土耳其帝国用征税得来的资金维护圣城并提供供给。伊斯兰统治之所以能在8、9世纪迅速扩展到信奉基督教的人口，其中的一个解释是，伊斯兰统治者比此前的基督教统治者收税低。然而，历史描写经常倾向于去聚焦战斗，而不是那些柔性的权术。

与包税相涉的群体，并非仅限于高级逊尼派穆斯林，即国家权力阶层的成员。希腊人、亚美尼亚人和犹太人银行家经常为购买收税地提供财务帮助，包税者的债权人对此亦有兴趣。一些包税地被细分成许多小份额，或者分化成由次级分包人掌握的部分（同上：234）。所有这些做法都限制了包税人通过摆脱中央政府而自己成为领主的潜在可能，尽管富裕家庭经常将包税与自己掌握可观的土地数量以及其他财富和权力资源结合到一起。

虽然基督徒获得了安全的合法地位，但是作为权力有限的公民，许多基督徒仍然选择通过皈信伊斯兰教跻身帝国的主流社会。在安纳托利亚的黑海沿岸的东部，特拉布宗省的奥弗地区的例子很好地说明了这是如何发生的。这一地区以拥有许多宗教专家以及伊斯兰法律的缜密程度而闻名。"伊斯兰学习中心"尤其集中于高地的西部山谷，那里讲希腊语的人要比土耳其语多。布道是用土耳其语进行的，但也用希腊语（每一次都用阿拉伯语来讲《古兰经》的引文）。讨论《古兰经》文本用土耳其语，但是也常用希腊语（Meeker，2002：165）。主麻日的宣讲"呼图白"用希腊语！经注用希腊语！希腊语作为伊斯兰学说的语言？为什么不呢！这与学者在更大范围的"讲突厥语的地区"中的一个发现是一致的，即"语言并非身份认同的最重要的标准"（Bellér-Hann，2008：20）。① 米柯在他对安纳托利亚东北部的研究著作中，描写了一个源于奥斯曼帝国的多族群，该族群持续下来进入到现代土耳其民族国家的那个帝国式的国族，它更多带有奥斯曼式的而不是凯末尔式的特征：

> 今天，在土耳其东部的沿黑海省份，从阿尔特温（Artvin）到奥尔杜（Ordu），族群性的踪迹——拉齐人的、亚美尼亚人的、希腊人的和突厥人的——都很容易在语言、故事、风俗和服装中找到。然而，与所有这些差异形成反差的是，乡村社会的居民仍然对自己的本地背景和传统缺少强烈的兴趣。除了最近出现的若干作者和著作，在东部沿海地区没有发达的族群文化。相反，社会风俗和关系在一定程度上多少是同质的，直接反映了在广大市场和国家体系中的地方安排，如今是在民族国家当中，而此前在帝

---

① 在更宽泛的框架内，语言与集体身份认同关系的简要类型，参见 Schlee（2008a：99 – 103）。

国里（Meeker，2002：108 f）。

米柯把焦点集中在阿迦（Agha）家族，即当地的尊贵家庭，这些人似乎是早年部落首领的后代，而后被整合进帝国统治精英阶层，但实际这段历史则要复杂得多。至少一些家庭的创始人，最初是帝国聘任的官员，并没有当地的权力基础。一旦进入权力角色，他们就建立了商业伙伴关系和政治联盟，让自己在任期之后仍然拥有一个权力基础。他们以这种方式为自己的后代谋得了特权地位。乍一看是地方部族统治线路，实际上是某些部族化的官僚管理因素。这是一个提醒：那些似乎具有部落性质的东西，并不一定比现代国家这件外套更加年深日久（同上：202 ff）。[1]

安纳托利亚的这一部分并不位于奥斯曼土耳其帝国的真正边缘，而是属于其核心的外层；它显示了帝国社会的典型特征，但并不总是在帝国中心权力的完全控制之下。在这种情况下，当地的权力基础就会出现，正如该地区阿迦家族活动表明的那样：

> 他参与了亚麻和亚麻布的生产和运输……他借钱给村民维持未来生产，以便能够缴纳税款。他收缴资金作为税收转给省府长官，根据自身实力情况留取不同比例的份额。那时他是一个社会寡头，一个企业家，一个放债人，一个收税人，最后是一个省级的帝国官员。（Meeker，2002：214）

奥斯曼土耳其帝国在其核心地域大多实行直接统治的形式。

---

[1] 吉尔吉斯斯坦是突厥语地区另外一个尤为特别的部分，关于其社会中父系继嗣与保护人制度之间相互渗透的近期研究，参见 Ismailbekova（2012，2017）。

但是，正如米柯在安纳托利亚东部的发现所表明的那样，到了权力核心地域的外围以及通向边缘的地区，中央政府就越得找到与地方权力相处的方式。越朝向边缘地区，统治的形式就变得更为间接，正如我们在关于叙利亚的研究著作中所能看到的那样。

路易斯（Lewis）认为，19世纪初期奥斯曼土耳其帝国在叙利亚的统治效果全无。"奥斯曼土耳其帝国力量薄弱，在乡村安全上几乎无计可施"（Lewis，2000：33）。统治权力的分布呈两极分化。在城镇，只要在帝国力量所及之地，有驻军和行政机关并征税。沙漠和草原牧场是贝都因部落的地盘，他们劫掠商队、城镇周围的农民村庄，贝都因人之间也彼此抢劫。力量较弱的部落可以从较强的部落中购买"兄弟情谊"（khuwwa）。这是走出劫掠经济的路。当城镇的权力扩大之后，更大范围内的人就不得不缴税；当贝都因人的权力扩展时，农民、村民和城镇居民就不得不花钱买"兄弟情谊"：这两种抽取财源方式之间的边界一直在不断变化（Toth，2006：49 – 50）。

贝都因人反对征税和征兵，但并不介意在他们自己头领麾下执行军事任务。政府付钱给贝都因人来保护朝圣商队并给他们安排其他任务。至于这是在支付服务，还是在向某种感觉到有威胁的力量而进贡，要回答这一问题，那就得就事论事，考虑到特定时刻的权力差分。经常的情况是，城镇（等同于国家）权力只能在贝都因人的帮助下延伸到农村，这一交易要求定居者与游牧者权力之间的"互相承认"。

> 部落首领（谢赫）会同意这样的让步作为纳税，供给

战斗者或骆驼，并同意维护乡下庄园的安全，通常是针对其他部落。与此同时，地方当局会给予谢赫以半官方的头衔，通过给予金钱或者荣誉性的礼物如长袍、武器和马匹来承认他们的地位。（Toth，2006：57）

尽管在整个 19 世纪，人口增长、农业扩展、社会中的定居民范围在增长，国家权力日益强大，但是作为对立力量的贝都因人一直都是一个需要依赖的因素。当法国人从奥斯曼土耳其帝国手中接管叙利亚之后，他们首先把贝都因人视为"国中之国"。后来，通过大量的激励——其形式为私人土地所有权、议会中的席位、教育补助金以及直接支付现金——才让谢赫们放弃了他们的一些权力（Chatty，2006：739 – 40）。

相邻的伊拉克的历史，赫希特在他的比较分析著作《外来统治》中做了总结（Hechter，2013：65 – 74）。在奥斯曼土耳其帝国统治的大部分时间内，帝国权力在今天的伊拉克地区的实际渗透是非常弱的，其统治形式是间接的。城市居民的阿拉伯人与贝都因阿拉伯人生活在两个世界当中；其情形与在叙利亚一样，对贝都因人的统治只能通过他们自己的谢赫来实现。在城镇和城市，当地的统治者是马穆鲁克（Mameluke），他们对奥斯曼土耳其帝国苏丹的归附大多是象征性的。这种情况在 19 世纪中叶发生了变化。奥斯曼土耳其帝国效仿欧洲民族国家的模式，废除了巴格达、摩苏尔和巴士拉的马穆鲁克领导人，试图在这些地区建立起更为直接的统治形式。在当地的阿拉伯人当中，他们更青睐和自己一样的逊尼派穆斯林。赫希特把今天伊拉克各群体之间关系中的某些敌意追溯到这一时期。当奥斯曼土耳其帝国的统治是遥控的、间接的形式时，它还行得通。

进入 19 世纪以后，当它越接近民族国家的模式，通过优待信奉共同宗教的人（"土耳其化"）来强调共同性时，它就越来越失去其接受度。与间接统治相连的是放松的、长期的包税安排，然而随着控制收紧和更多政府管理的直接形式，包税期间变得更短，控制更加严格（Ceylan，2011：15）。然而，在通行各种税收形式的地区之间，并无整齐的地理分界线。在靠近帝国核心的地区，前奥斯曼土耳其帝国时期的结构还得以保存下来。"总体而言，在巴尔干南部和希腊群岛的爱琴海群岛中，帝国政府依靠拜占庭人和当地基督徒来执行行政任务"（Barkey，2008：89）。"因此，毫不奇怪，奥斯曼土耳其帝国的安纳托利亚和巴尔干半岛的税收制度是复杂且混合的，学者们在文献当中可以发现伊斯兰、蒙古、拜占庭、亚美尼亚以及斯拉夫的赋税体系的因素"（Barkey，2008：89）。被给予政府管理任务的是当地社区的领导人，而不是奥斯曼土耳其帝国的官员或者包税人，前者如果"卷入暴力，不能在社区里以及社区之间维持平静，或者……不能有足够的权威来敛税，他们就会失去自己的生计，更为常见的是丢了脑袋"（同上：147）。

我本人对于从前奥斯曼土耳其帝国南部边缘地区的研究，大多局限于当代社会，但是有必要将这些研究放置在一个历史语境当中，这是我接下来要涉及的问题。今天的苏丹在 1820/1821 年被埃及总督穆罕默德·阿里（Muhammad Ali）征服，并处于埃及的统治之下，直到马赫迪执政时期（1881~1898）。

1841 年，奥斯曼土耳其帝国的中央政权承认穆罕默德·阿里是努比业（Nubia）、达尔富尔（Darfur）、科尔多凡（Kordofan）和西纳尔（Sennar）的终身统治者，这些地方大体上构成了后来的苏丹地区。因此，埃及的统治者，在奥斯曼土耳其帝国的依附者之外，有着另外一种职能，即奥斯曼土耳其帝国以外地区的独立统治者。不过，这并不能阻止苏丹向埃及支付贡品（Gray，1961：3）。换句话说，作为苏丹的主权统治者，穆罕默德·阿里向作为受聘的（时间上不限定）埃及统治者这一身份的自己——这是奥斯曼土耳其帝国的官员——支付贡税。① 当苏丹在名义上被埃及占领，但是实际上被英国军队占领之后，马赫迪时期结束了。从此以后，苏丹成了一个盎格鲁 - 埃及的"共治区"（condominium）（1898～1956），而埃及显然势轻权微。在马哈迪之前的埃及统治时期，以及马哈迪之后的盎格鲁 - 埃及"共治"时期这两个时段都被称为"土耳其"时期——"前段土耳其时期"和"后段土耳其时期"。在早期，这一说法是因为名义上埃及仍然属于奥斯曼土耳其帝国，当时许多军队成员的确来自阿尔巴尼亚、波斯尼亚或者高加索。不过，在 20 世纪，"土耳其人"只是成了习惯上的用词，用来指那些前来统治的浅肤色的外国人。据我所知，只有在这个地方，英国人被普遍称为"土耳其人"。

19 世纪的埃及是一个现代化的区域大国，原本有着其自身的帝国设计，但是后来变得负债累累，最终沦为英国的半殖民地。从一开始，在埃及任职的欧洲军官就是这一演练中的关键

---

① 这种情形让我想到自己的老家德国北部的荷尔斯泰因（Holstein）。1559～1864 年，荷尔斯泰因属于丹麦国王，但是并不属于丹麦。丹麦国王本人同时也是荷尔斯泰因伯爵，名义上属于"德意志神圣罗马帝国"，直到该帝国于 1806 年被拿破仑解散。我认为这一个案展示得非常清晰，难以理解为什么石勒苏益格 - 荷尔斯泰因（Schleswig-Holstein）问题会成为复杂问题的代名词。比如，相传英国首相帕默斯顿勋爵（Lord Palmerstone）曾经说过这段著名的话："只有三个人明白石勒苏益格 - 荷尔斯泰因的问题。第一个是阿尔伯特亲王殿下，他已经辞世；第二个人是一位德国教授，他如今在避难所里；第三个人是我自己——可是我已经忘记答案了。"

性人物。1820 年，由穆罕默德·阿里的儿子伊斯梅尔·帕夏（Ismail Pasha）率领的第一支探险队伍，至少有三名欧洲考古学家和一名后来改宗的美国人，他后来作为军官加入征服军（Holt & Daly，2000：43）。看到军队里的其他白人，这让他们感到大为吃惊：在早年设立的马穆鲁克的军营中驻扎着波斯尼亚人。在占领之后被聘任的最早一批总督当中，有一位是彻尔克斯人（高加索西北地区的部落）（Holt & Daly，2000：51）和一位库尔德人（同上：53）。在无战事地区担任行政职务的科普特基督徒和犹太人被授予"毛拉"（教师）这一称号（同上：47）。在族群文化上，马穆鲁克军队的核心在很大程度上是饮寮人（Qipchak），与我们在上文谈及帖木儿时提到的那个讲突厥语的族群是同一个族群。像英国人一样，他们是另外一个在亚洲和非洲的帝国历史上发挥着重要作用的族群因素。

为奥斯曼土耳其帝国/埃及政权在苏丹服务的军官中有若干英国人，他们当中最广为人知的是查尔斯·戈登将军，也就是戈登帕夏（Gordon Pasha），他于 1885 年在喀土穆沦陷到马赫迪手中时像战士一样阵亡。出身于欧洲的其他军官还包括奥地利人鲁道夫·萨拉提（Rudolf Slatin，当地人仍然称其为"萨拉提因帕夏"）以及意大利人盖西（Romolo Gessi），这只是其中的几个而已。19 世纪在国际政坛大展宏图的人，就其活动的地理范围之广以及不同受命的数量之多，与那些现代发展援助专家们并无不同。不同之处在于，从欧洲人的角度来看，19 世纪的许多人是发现者以及地球上未知领域的探险者。他们写下厚厚的旅行记和自传，来满足热心读者的要求。我要以爱德华·施尼策尔（Eduard Schnitzer），即艾敏帕夏（Emin Pasha）为例，来描述这一事业类型。1840 年，施尼策尔出生于西里西亚的奥

波莱（位于今天波兰的西南部）的一个犹太人家庭。其父亲于
1845 年去世，此后母亲再婚，孩子们受洗，成为基督教新教教
徒。在接受过医疗培训之后，施尼策尔首先在阿尔巴尼亚为奥
斯曼土耳其帝国供职。1876 年，他作为医生出现在喀土穆。那
时，至少在名义上他已经改宗伊斯兰教，并开始使用迈默特·
艾敏（Mehmet Emin）这个名字，或者用阿拉伯语称呼的穆罕
默德·阿明（Muhammad Amin）。戈登任命他在南部的赤道省
担任医务军官，后来埃及总督任命他为该省的长官。

在苏丹的第一个"土耳其时期"，艾敏帕夏可能是诸多欧洲军
官中最具有奥斯曼土耳其帝国特征的人之一。毕竟，他能讲土耳其
语、阿尔巴尼亚语以及一点斯拉夫语，这是他早年在帝国的欧洲部
分供职时学会的。不用说，艾敏帕夏也讲阿拉伯语，显然，他能快
速掌握语言。戈登欣赏他能讲流利的乌干达语，[1] 这在赤道省——
后来扩展到今天的乌干达——非常能派上用场。艾敏帕夏与其他欧
洲军官的不同之处还在于，他皈信了伊斯兰教——这并非供职于奥
斯曼土耳其帝国的必要前提。他之所以这样做，可能是出于自己作
为医生的职业要求。他的婚姻可能是另外一种解释。[2]

那一时期的医生当中有一些臭名昭著的人物。一位法国医生
做了这样一桩兴隆的生意：将身为奴隶的男孩阉割，以便卖入埃
及宫廷。他的外科手术技艺配得上他的收费，因为他显著减少了

---

① 参见维基百科艾敏帕夏词条，信息获取于 2009 年 5 月 21 日。
② Mounteney-Jephson（1891：60）在 1888 年的记事中写道："几年前，帕夏
娶了一位阿比西尼亚女士。"在第二个孩子也是唯一一存活下来的孩子，他
的女儿法丽达出生之时，他成了鳏夫。关于孩子母亲的宗教和婚礼的类
别，则没有任何相关记载。作为一位阿比西尼亚人，艾敏的妻子可能出身
基督教家庭。

这种受到市场需求调节、价值不菲的商品所遭受的死亡率。①

奥斯曼土耳其帝国像沙皇俄国一样，为西方专家提供了大量的就业机会。但是，从英国的角度来看，有许多理由不能把苏丹仅视为另一个国家的殖民地（这个国家即埃及，或者在更大范围上是奥斯曼土耳其帝国）。英国在这个地区也有一个议程，在埃及／奥斯曼供职的英国军官当然需要把对两方面的忠诚组合起来。

对于英国人来说，由于美国内战期间（1861~1865）对英联邦国家的禁运令，埃及作为棉花供应者变得日益重要。而且，新开通的苏伊士运河（1869）对英属印度具有重要的战略意义。在帝国主义者的梦想中，许多英国人看到地图上的每一处——从好望角到开罗——都是英国的红色。由于这些以及其他原因，苏丹虽然名义上是奥斯曼土耳其帝国的，却被英国人视为其利益范围的一部分。

从某种意义上说，英国对于19世纪的苏丹所采取的立场，可以与他们对17世纪的孟加拉的立场相提并论。正如帕森斯（Parsons）指出的那样，英国人是孟加拉总督穆尔希德·库利·汗（Murshid Quli Khan）的"附属国"，后者虽然在官方名义上是德里的大莫卧儿王朝的官员，实际上则是独立的统治者（Parsons，2010：171）。以类似的方式，苏丹的英国人在某种方

---

① 对奴隶男童的阉割是一个尽管在某些方面非常残忍，但是值得关注的以宗教信仰而进行劳动分工的个案。对穆斯林来说，无论对人还是动物（阉割也用于家畜）实行阉割都被禁止的。然而，在埃及和奥斯曼土耳其帝国的其他地区，太监的需求量很大，而太监的买主通常都是穆斯林。为了满足他们的需求，就需要有非穆斯林来从事此类工作。基督徒进入这一行业，即上埃及的科普特人，尤其是他们的牧师与僧侣以精通这一医学技艺而闻名（Meinardus，1969；Mowafi，1981：16）。

式上是奥斯曼土耳其帝国中央政权的间接附属国。他们服务于埃及的统治者，而后者宣誓对奥斯曼土耳其帝国效忠——至少名义上如此。尽管英国本身已经成为殖民大国，但是在同一时期，英国人也必须被视为一个受到其他帝国统治的族群。当英国在美国的殖民权力衰落之后，它在世界其他各地仍然作为殖民国而崛起，那是一些他们有时候给其他帝国做代理人的地方。在那些地方，他们有时候是其他帝国的代理人。

1881 年，苏丹失手于马赫迪，至 1885 年喀土穆沦陷。这是一项严重的挫折，给英国的民族灵魂中留下了无法愈合的创伤。它被认为是一种羞辱，直到 14 年以后的 1898 年，当英国与埃及的联合部队开进苏丹时才得以雪耻。决定性的战斗是在恩图曼（Omdurman），读者可以从温斯顿·丘吉尔（1947）的《我的早期生活》① 中著名的描述得知。这场征服开启了一个被称为"盎格鲁－埃及的苏丹"时期或称"共管"时期（1898～1956）。

征服行动的合法理由是，重新确立合法的前马赫迪时期的统治。所以，至少在名义上，英国人是在以埃及之名行事，而后者在名义上又属于奥斯曼土耳其帝国。② 不过，这是一个相当理论上的考量。实际上，这种远距离的归属并没有让英国军官形成任何忠诚感。当奥斯曼土耳其帝国在第一次世界大战中

---

① 这一描述在涉及苏丹时有不够精准之处，但它展示了一个非常生动的画面，用以描绘英国军人贵族阶层中年轻人的态度。

② 这种关系只有当英国人在第一次世界大战中对奥斯曼土耳其帝国宣战时才正式终结。紧接着他们吞并了埃及和苏丹。埃及在 1922 年（由英国人）宣布多边独立。总督——奥斯曼土耳其帝国的雇员（至少理论上如此，实际上的权力关系是可变的）——由此变成了埃及的"国王"（Woodward，1990：17）。

加入中欧大国德国和奥地利一边、英国以宣布将埃及和苏丹据为己有做出反应之时，双方之间长期互相支持的关系已经冷却。大英帝国与奥斯曼土耳其帝国在从拿破仑军队手中重新夺回埃及（1801）时是盟友，在克里米亚战争（1853）中是盟友，如今在联盟变化之后彼此处于战争状态。在很长一段时间，奥斯曼土耳其都得到了英国的支持，来反抗更为强大的欧陆帝国如俄国和奥匈帝国，这是英国"力量制衡"政治的一部分。

从全球语境中回到苏丹，我们现在可以谈到在马赫迪时期之前与之后的"土耳其时期"两种行政管理模式对待文化、语言、宗教的差异。1821～1881年的早期政府中，库尔德人、阿尔巴尼亚人、切尔克斯人、英国人、奥地利人和意大利人都曾经以埃及之名统治苏丹，而埃及至少在名义上是奥斯曼土耳其帝国的附属国。无论"土耳其的"还是"埃及的"，对这一统治来说都不是适当的名称，现代的族群标签是误导人的。霍尔特（Holt）明确地说："谈及'埃及的征服'易于让人引起时代错乱的联想。讲阿拉伯语的民族国家、有本国军队的埃及，在那时并不存在，奥斯曼土耳其帝国埃及行省的政府掌握在讲土耳其语的奥斯曼土耳其帝国臣民的手中，一个经由复杂的纽带网络与讲阿拉伯语的人口联结在一起的统治精英层"（Holt，1961：37）。包括埃及在内的奥斯曼土耳其帝国，尽管欧洲人对其落后有各种批评，却包含了现代化与全球化的因素。正如我们今天一样，那里曾经有着世界各地最聪明的大脑之间的竞争，无关乎其族群或者宗教的背景，这与横亘在今天与19世纪的现代化帝国之间、民族主义更为盛行的时代正好形成反差。被批评者称为"博斯普鲁斯海峡病夫"的奥斯曼土耳其帝国，并不像被人说的那样病入膏肓。那里曾经有很多腐败，也有很多的改革力量。毕竟，那些最洪亮的批评声，恰是来自帝国内部。在总督以及军官和行政管理者的国际队伍中，当然有着一种多元主义的强大因素，但这种多元主义更多代表的是个人出身的巨大多元性，而不是群体的拼接图景。

如果去看地方性的力量，我们会发现一种不同类型的多元主义。本地的上层人物经常干脆被确认为是统治者，或者被说服加入统治者行列，这些群体被融入新政权，其内在结构大多没有受到冲击。我们可以给出若干群体层面上这种整合类型的例子，它们发生在克什蒂德总督的任期。

在抗击希腊争取独立的斗争之后，1826 年，阿里·克什蒂德·阿加（Ada Khurshid Agha）成为苏丹总督（Holt & Daly，2000：52）。那些曾经与征服军队作战、此时躲在埃塞俄比亚边界深山等偏远地区避难的尼罗河河谷地带的居民，都得到了他的赦免。这有助于重新恢复肥沃的尼罗河谷地村庄里的人口，从而增加国家财政收入。贾阿利人（The Jacali）的谢赫 Idris wad cAdlan 接受了克什蒂德的赦免，他甚至被认定为富吉山（Funj Mountains）的谢赫（酋长）。为了赢得当地知名人士和宗教领袖的支持，克什蒂德免除了他们的税收。阿拉齐人（The Arakiyyin）的谢赫 Ahmad ar-Rayyah 是这些被说服的人当中的一员。他带领数千人回到沿着青尼罗河的村庄。与克什蒂德的善意邀请相伴随的，是威胁要杀死那些不屈从的人（同上：53）。

在这方面，奥斯曼土耳其帝国的高级官员与在古代或中世纪欧洲的国王没有区别，他们往往接受被征服的群体首领作为封臣。其中一个原因可能是，在这种情况下，强行推出一个外来的行政管理机构是非常昂贵的。人们也可以把这视作"间接统治"的前身，这是英国在整个非洲实行的统治理念，在益格鲁－埃及时期也被应用到苏丹。

对"间接统治"的应用，无论采取正统方式还是众多地方形式或者衍生形式，无论是在盎格鲁－埃及的苏丹还是在其他地方，都是基于这一假设：统治者与被统治者在本质上是各不相同的群体。这些当然都有违现代平等观念，尽管它与其他现代观念诸如"本土主义""多元文化主义"能产生共鸣，后者也主张将不同的权利分配给不同的群体。"间接统治"往往被谴责为殖民主义者特别卑鄙的诡计，而殖民主义早已加入"罪恶"的队伍，是人们必须反对的事物之一。所有这一切导致的结果是，如果不想将自己暴露在道德批评之下，就难以对此采取一种分析态度。我也不会让自己去触犯"好人"的众怒，来为殖民主义辩护。殖民主义并非如某些殖民者所描绘的那样，是单纯的人道主义行为。然而，我们仍然不能否认其中的人道主义动机，以及许多殖民地官员个人深层的责任感。高贵的动机与一些在我们今天看来非常不可思议的态度混合在一起，比如明确的优越感以及家长式甚至种族主义态度（Deng & Daly，1989）。我不会试图对殖民主义进行道德评价，但不管人们关于英国人在苏丹的统治会说出什么，哪怕最严厉的批评者也会承认这一点：英国人在苏丹统治的某些方面看起来非常聪明；在整体上，英国人统治期间，不如在英国人之前和之后所发生的事情那么残忍。让我们来听一个苏丹人的声音：

> 人们必须承认，英国的行政管理当局能够以非常惊人的方式了解苏丹人的心态，并巧妙管理了50多年，直到20世纪40年代末期，使任何有组织的民族抵抗都瘫痪。他们操纵当地宗教和政治领导人的影响力，并与两个群体合作，使

其成为互相制衡的力量，以便控制一个群体对另一群体的支配或者任何对抗政府的企图。（Ibrahim，1979：19）

易卜拉欣（Hayder Ibrahim）认为，"地方领导人、知名人士和宗教人士以中央政府的名义来管理地区的简单自治类型"具有必要性，并强调说采用其他手段从来就不可能管理这一巨大而异质的国家（同上：19）。

现代历史学家对"间接统治"则持怀疑态度。他们和前殖民地的教育精英一样，把这种做法描述为一种不让新精英——现代教育之结果——获得权力的手段。权力立足于外国殖民主义者与"传统"权威之间的勾结之上。在提及苏丹时，达里（Daly）认为，"间接统治"在1924年之后的十年达到鼎盛。这种看法立足于"同尼日利亚北部不精确的比较以及卢吉勋爵（Lord Lugard）的伪科学规定"（Daly，1991：5）。

卢吉勋爵与"间接统治"

作为殖民地的行政官员，卢吉勋爵在苏丹历史上只是一个边缘人物。在乌干达的历史上，他更为重要。作为英国东非公司的一名雇员，他非常强烈地要求将乌干达殖民化，导致了公司原本要放弃这一地域的计划被修改了。1890年代，马赫迪的人被赶出了瓦德来（Wadelai），瓦德来也是艾敏帕夏早期在阿尔伯特尼罗河（位于乌干达西北部的尼罗河上游河段）的大本营所在地（Moorehead，1973/1960：322）。此后，苏丹与乌干达之间的边境线一再变换。

卢吉勋爵对苏丹历史最重要的影响是他的文字，特别是他的著作《双重授权》（*The Dual Mandate*），该书展示的管理模

式在他日后成为尼日利亚总督时发扬光大。该书初版于 1922
年，此后有很多不同版本，成了英国殖民主义在非洲的教科书，
与"间接统治"的概念密切相连。

此前，直接统治和间接统治在印度都曾得到尝试。在那里，
有些地域是直接管理的，[①] 而在另外一些地区，当地王公保留
了原来的地位，被纳入殖民地管理。在尼日利亚北部，豪萨国
家（Hausa states）以符合第二种模式即间接统治模式被纳入殖
民地管理。卢吉的语言带有一种进步的光环。

> 大英帝国……只有一个使命：为了自由和自我发展，
> 没有标准化的线路，因而所有人在大英国旗下都要感觉到
> 他们的利益和宗教是安全的。让当地人通过当地的统治者
> 自由地管理自己的事务，才能最好保证这些当地人的自由
> 和自我发展……（Lugard，1965／1922：94）

然而，卢吉引入了"先进"（advancement）这一理念。卢
吉认为不同的人口群体在发展的路径上做出"进步"，达到不
同的阶段，这与进化论和现代化理念相符合——这些理念在当
时根本不会受到质疑。他们需要更多或者更少的指导，但是这
些需求的最终仲裁者是英国人。上段引文接下来是这样的："依
照他们的'先进'程度，在英国工作人员的指导之下，服从殖
民地管理的法律和政策"（同上：94）。

呼吁"自由"和"自我发展"并不意味着所有人都可以自
由地掺和进来；相反，要沿着自己的线路发展，这就要求有所

---

① 正如在非洲一样，印度的殖民地管理首先也是在"东印度公司"手中，只
　是到了后来才归属殖民地局。

区分。这让人想到南非种族隔离政府在几十年之后，还将自由式的群体文化权利与严格的种族隔离组合在一起，这与多元文化主义不无相似之处。

作为 20 世纪上半叶的典型代表，卢吉是一位彻头彻尾的种族主义者。在他看来，只有当不同群体被分开时，他们才各有其优点、能力和成就。他认为，"就社会与种族问题而言"，不同种族代表们的"绝对平等"会成为可能，如果他们"沿循着分别之路，各自都去追求自身继承而来的传统，保存自身的种族纯洁性和种族骄傲。精神事物上的平等，在身体和物质上保持能达成共识的多样性"（Lugard，1965/1922：87）。换句话说，应该尊重非洲人作为一种不同的生物，但不应与之交往，绝不要和他们生混血的孩子。我引用的那段话在页面上的标题上写着"不要有种族歧视"。我相信卢吉在主观上确信自己没有宣扬或实行种族歧视。从今天的角度看，我们无法苟同。然而，在卢吉和他的同时代人那里，这类种族主义如此根深蒂固，以至于没有人能意识到它，这种歧视居然可以不遭受质疑地大行其道。

卢吉把那些欧化的非洲人视作混淆种族区别的、不受欢迎的因素——殖民地政权以及那些先于他们或者跟随他们而至的传教士引进了学校，而欧化的非洲人正是兴办学校造成的结果。这些人难以任职，因为他们不能在欧洲人与未受过教育的非洲人之间进行调和。"欧化的非洲人实际上与其余的人口被一条鸿沟隔开，没有什么种族归属能在其上架起一座桥梁"（同上：81）。卢吉坚守的种族主义观点，把他所不喜欢的人——在这一个案当中是受过教育的非洲人——视作在生物学意义上的低等人。

欧化的非洲人不仅在精神层面上与其他群体不同，而且在体质上也不同。全科医生和牙医告诉我们，这些人变得生殖力衰退，更容易患肺病和其他疾病以及牙齿发育不良。这些残疾，可能是在一个非常有限的阶层内的近亲繁殖所造成的。作者们在当地出版物上说，接受欧洲服饰对非洲人的健康而言是消极和有害的。（Lugard，1965/1922：80）

由于卢吉所写的是第一代受教育的非洲人，很难想象他们如何成为"近缘繁殖"的受害者。当《双重授权》初版之时，这些如此极端的种族化谬论，甚至超过了 1920 年代读者所能认可的逻辑，尽管那时候人们所能接受的种族主义的尺度要比现在大得多。在后来的几十年内，受过教育的非洲人的通婚范围都比未受过教育的人要更广，无论在族群意义上还是地理意义上。这一观察也让人看到，卢吉的说法完全是无稽之谈。

接受欧洲教育的非洲人不受卢吉及其政策的待见，传统的穆斯林统治者却受到卢吉的青睐，伊斯兰教的地位因此获得提升。这并不是因为卢吉对伊斯兰教或者任何其他宗教有好感。相反，他认为伊斯兰教是不得已的恶，容忍伊斯兰教是"间接统治"的副产品。"无论东部的阿拉伯人还是西部的富拉人，他们都是伊斯兰教徒，支持他们的统治就不可避免地会鼓励伊斯兰教的扩张，从纯粹的行政管理角度来看，听任不受政治边界制约的极端主义潮流都是有弊端的。"（同上：210）尽管如此，伊斯兰教的某些方面被认为是有用的。这些方面包括"很好地理解作为'副手'（Wakilo）的权力"、"教育上的优势"，以及穆斯林"伸张正义的先进方法"（Lugard，1965/1922：204）。

因此，传教士对伊斯兰教的干涉是不可取的。总体来说，卢吉相当负面地描述了传教士以及他们开办的学校、他们提出的期望、他们传达的欧洲人形象、他们的热望和不同的讲道。"间接统治"基于群体差异而非皈依和同化。

"间接统治"中的这种反同化主义的因素，可以被视作英国教会和国家代理人对自身产品的过敏反应。"间接统治"是在经历了长时期的皈依和同化之后建立起来的，在这一进程中，欧化的非洲人经常被极为看重，作为同盟者受雇于殖民地的宗主——或者未来殖民地的宗主，如果他们在当地的正式统治还尚未形成。后来，这些欧化的、"穿裤子的"非洲人遭到拒绝，大多是因为他们被认为与欧洲宗主近到危险的程度（共同性而不是差异性导致冲突的一种情况）。无论是在欧洲还是在"老家"，他们经常被嘲笑为"假洋鬼子"。逐渐地，英国人在寻找非洲同盟者时就用传统的统治者取代了"欧化"的非洲人。[①]

接受传统当权者和当地的法律习惯，尊重当地习俗，这不光是英国人对"欧化"非洲人的反应。从一开始，这就是必要的。欧洲人星散在各地。在肯尼亚，他们经常得到果阿人天主教神职人员的帮助，在苏丹得到埃及人的帮助。但是，尽管有这些盟友，欧洲人也从来没有强大得足以自顾实行统治，无须顾及其臣民的统治理念和社会形式。因此，"间接统治"不光是一个自上而下的、强行实行的操纵工具。这是一种去接受现

---

① 英国在非洲统治的很多情形，似乎都可以作如是解。我的这些想法得益于与杰奎琳·科纽尔（Jacqueline Knörr）的个人交流。她主要关注上几内亚海岸地区。关于那些受过教育并讲欧洲语言或者基于欧洲语言的混杂语的非洲人、关于他们"缺少本土性和族群本真性"等问题（Knörr，2010：745），这也是在殖民地与后殖民地权力游戏中他们经常遭受诟病之处。也参见 Cohen（1981）一书，如今该书已经成为经典的参考书。

实权力、已经存在的地方权力的方式，不管它在进入新型国家政权的整合进程中发生了多大改变。

如果说权力的一半来自统治者（他们在军事技术的优胜之势及其有效的行政管理），那么另一半则来自被统治者。他们必须在某一点上接受统治者，统治者也必须寻求他们的接受，因为长期的持续暴力压迫过于昂贵（Spear, 2003）。现存权力各方必须媾和这一事实，有时很可能造成权力各方的同床异梦。无论如何，基督教统治者（到了 20 世纪，可能常常是经过启蒙的、世俗化的以及现代主义的，即"柔和的"基督徒）在安排"间接统治"事宜方面，会感觉到自己与那些穆斯林合作者更为接近，而不是那些基督教传教士。

在思考欧洲国家对待伊斯兰教的态度时，我们应该记住的是，在 21 世纪初，其情形与前文所讨论的时间段即 20 世纪初完全不同。欧洲国家如今屈从于"反恐战争"和抗击"伊斯兰主义的威胁"以取悦美国，[①] 而在一个世纪之前，英国和德国都在竞相争得穆斯林的欢心。德国与奥斯曼土耳其帝国的苏丹（"哈里发"，即先知的继任者）结成联盟；大英帝国有赖于许多归顺的穆斯林人口的认可。因此，毫不奇怪，卢吉勋爵把第一次世界大战视为一场重要的试验，来检验那些假穆斯林上层之手的"间接统治"。

然而，这场战争让这一体系受到严峻的考验。众所周知，英国正在与土耳其作战，而土耳其这个伊斯兰国家与

---

① 关于"反恐战争"以及抗击"伊斯兰主义的威胁"在索马里引发的某些矛盾性后果，参见李峻石《何故为敌——族群与宗教冲突论纲》的第三部分。

塞努西教团（北非的一个政治－宗教性穆兄会成员，在第一次世界大战期间在埃及和苏丹与英国作战）是活跃的联盟，他们的使者从（利比亚的）的黎波里很容易进入尼日利亚。受法国人统治、与尼日利亚北部接壤的广大地区发生了大规模的起义。法国人自己完全认可的报告说，阿加德兹这座沙漠中的都城，落在装备精良、配有大炮的穆斯林军队手中。据说，敌人的军队在快速挺进索科托。法国人向我们求援。我们自己一半的军队，大部分当地人熟悉的军官都已经被调往东非（与德国人战斗）。但是，还用不着对酋长们的忠心有任何怀疑。卡诺的驻军被撤回，被警察取代。边界国家索科托和卡塞纳都在热切地提高本地征兵来帮忙。

每征战一年都需本地财政提供 5 万英镑的费用。去年他们给红十字会基金提交了 11000 英镑。索科托的苏丹认为，他和他的酋长们应该从私人财富中支付这笔费用，而不是从公共财政当中。所有清真寺中每天都有为（英国）国王军队胜利而举行的祈祷活动。（Lugard，1965/1922：222 f.）

结　论

对材料进行比较，需在某个点上适可而止。对地球上 1/4 区域试析，会很快耗尽可资利用的时间和空间。做这样的观察非常引人入胜：多元族群与多元宗教的奥斯曼土耳其帝国最终如何在威尔逊模式的影响下，解体为独立的民族国家；在巴尔干地区，国家教会的形成预示了这一点（Hoffmann，2008；2009）。

尽管我们对苏丹历史的记录戛然而止，但是"间接统治"却没有，以"本地管理"（Native Administration）的名义延续至今。自 1956 年苏丹独立以来，它曾经多次被废除、重新启用以及重新表述。

回到共同性与差异性作为可交替的整合模式这一想法，我们可以从比较中做一项基本区分。这一区分是在统治者和被统治者之间的。在统治者当中，共同性是根本模式，但是在统治者和被统治者之间，在不同的被统治群体当中，差异性是整合的基础。如果我们简短回顾上面讨论的个案，这就会变得更为明晰。

帝国的缔造者不得不超越部落和族群性，去锻造忠诚的追随者队伍以及一个新的帝国统治阶级。那个在征服世界之时被称为蒙古人的群体，实际上已经是一些讲突厥语、蒙古语和通古斯语族群的聚合。晋升是因为对统治者的忠诚以及具有对统治者有用的品性，而不是因为有着代表某一群体的特征。群体间的差异被抹掉了。

不过，被统治者只要缴纳贡赋，便可以自行其是。那些逃脱灭顶之灾的人可以保持自己的语言和宗教。蒙古统治者对于臣民的文化和宗教甚至带有友好的兴趣，可以说是其消费者。在他们看来，各种起源的宗教专门人士可能会在占卜和魔法方面派上用场，那是维持权力的重要技术。臣服之民的文化是让蒙古人生活方式精致化的一种资源。

在我们的历史综述中，可以看到两次类似的"去部落化"（de-tribalization）和去族群化（de-ethnicization）的模式。帖木儿打造的追随者群体是由个人而不是部族组成的，于是为他的许多后来者奠定了军事上成功的基础，包括印度的莫卧儿帝国。

相反，奥斯曼土耳其帝国同化了希腊人、塞尔维亚人、拉齐人等进入统治阶层，即帝国统治阶级：这个阶层和网络当中的受益者对其他成员的忠诚度，会让他们忘掉自己的族群起源。因此，在军事阶级以及统治精英当中，我们会发现：聚合或者同化是整合的主要手段。这些进程的结果是共同性。

然而，对臣服之民的整合模式都是基于差异性——不管他们是被高估的、有生产力的和技术娴熟需要善待的臣民，还是如佃农处境那样要被贬低之人，或者是受奴役之地的居民。他们被排除在核心的军队和政府职能部门之外，尽管某些人能称为管理、贸易或者商业上的重要人物。

也许正是缺少对帝国基本结构的认可，才导致莫卧儿帝国在印度的溃败。莫卧儿帝国可能没有充分注意这一点：或者将外来人同化到有统治地位的突厥－波斯－蒙古人阶层当中，或者将外来人完全排除。他们可能给予那些没有被同化的陌生人（比如婆罗门或者英国人）以太多的权力，而这些人促成了帝国解体。

借用米柯的话说，将统治层聚合为有文化同质的民族帝国这一理想，在越远离中心走向边缘的地带，其能够实现的可能就越低。在这里必须实行“间接统治”的做法，由那些保留其原来地位的地方精英来安排事情，以统治核心的名义行事，但在实践上有着相对自由。

税收形式的差异也遵循这一路线。在奥斯曼土耳其帝国的核心地区，只要在官僚机构触手可及的地方，实行的是直接税收。在此之外，有一个包税带。我们已经讨论了莫卧儿和奥斯曼个案中的包税制度。在整个英属殖民地非洲，政府聘任的酋长是敛税人，他们被要求缴纳一定的数额，但是关于如何收税以及自己保留多少，他们有很大的自由裁量权。

帝国有其前身。奥斯曼土耳其帝国把自己视为拜占庭帝国的后继者，因此也是罗马帝国的后继者。再往西面，法兰克人把自身理解为是古罗马的继承人，正如"德意志神圣罗马帝国"一样，直到拿破仑在 1806 年将其解散。大不列颠（pax Britannica）[1] 这个用词，就是按照罗马人的大帝国（pax Imperica）创造出来的，表明了英国人以为自己与罗马属于同一类型。用同样的方式，我们也可以追溯帝国的传统和王朝的关联，从印度的莫卧儿到帖木儿和成吉思汗。[2]

这些传统链条以及由此衍生而来的名声，会在多大程度上与知识、法律、统治技术或者组织形式的实际传递相关呢？这个问题让人想到人类学传播学派中那些旧有的、尚未找到答案的讨论——他们当中有的人总能发现更早的模式并找到与之的关联，另外一些人则相信人类的原发性，假定在历史进程中同样的工具和生产过程被反复发明出来。当然，历史上帝国之间的某些传承是常识。我们的法律系学生还仍然学习《罗马法律》，在伊斯兰世界中显示为那些并非从伊斯兰法典中衍生出来的法条，包括比如权威法典（qanuun）和条约（baqt）——后者是穆斯林与基督教的努比亚王国（直到 16世纪）之间的条约。因此，在伊斯兰世界也有一种"罗马"法律传统，在奥斯曼土耳其帝国尤其如此。但我必须承认，我读到的研究著作，除了揭示这些明显的关联，并没有更多

---

① 关于这一比喻在肯尼亚的用法，参见 Schlee & Shongolo（2012）。
② 跨越大空间的比较也是可能的。Lhamsuren（2010：272）将蒙古人制定的法典《大札撒》（1640）与《威斯特伐利亚和约》（1648），以及此前的蒙古与神圣罗马帝国的政治秩序进行比较。

的内容。在这个领域，我作为一位研究当代非洲东北部地区、探险闯入这一比较历史研究领域的人类学家，触到了自己的知识天花板。毫无疑问，那些比我更有资质进行这类研究的人，还会发现更多证据来说明国家治理策略是如何在历史上相关的帝国之间进行传承的。

在结束本章之前，我简要地回到这一发现：差异性可以是一种整合的模式。这并不一定意味着统治者对差异性的喜欢程度超过了共同性。早期的奥斯曼土耳其帝国统治者可能更喜欢清一色的穆斯林人口，但犹太人和基督徒碰巧在那里，他们人数太多、经济太强大，不能被驱逐或被同化。这些宗教团体的成员可能已经从漫长的历史过程中了解到，维持和利用自身与统治者的差异对他们来说是一件有利可图的事情。然而，不管可能的情形会是什么，奥斯曼土耳其帝国最终是在跨宗教的安排之上建立起来的。假如是一个由纯穆斯林构成的国家，也会发展出不同形式的税收和劳务分工形式，这会与我们今天所知的奥斯曼土耳其帝国的特征大相径庭。

如果不限定时间和空间，我们可以将个案追随到现在。那么，我们将不得不听闻关于大屠杀和驱逐的悲惨叙述。经由强制，族群混合可以变为不混合，异质人群可以被同质化。这类进程是许多现代民族国家历史中的一部分。但是，这不应该使我们把早期的多元并存理想化或浪漫化。基于群体权利的体系，倾向于限制个人的自由；那些能保证某些人生存甚或繁荣的特定区域，外面的人难以进入，而里面的人也难以离开，一个人的角色取决于其群体归属。归属某种特定的宗教，其结果是有某一社会角色和经济领域；讲一种特定的语言，则必须服从特定的着装标准。让生活成为另外的样子，永远是一个梦想。虽然得到了安全和繁荣，处于穆斯林保护下的非穆斯林团体的活动领域被整齐划一。在这种多元主义下，一名基督徒进入政治内核圈子的雄心壮志，一位犹太小伙子想成为士兵的梦想是无法实现的。

关于差异性的话语、基于这些话语的政策，是一个装着多面镜子的大厅，经常产生各种扭曲的画面。那些自以为在道德评价尺度上相差甚远的人，其立场的表述可能采用的是同样的词汇，有着同样的结果。随着多元主义褪色为分化、多元文化主义褪色为种族隔离之时，对群体身份认同的欢呼可能会导致个人自由的丧失。

结　语

李峻石（Günther Schlee）

郝时亚（Alexander Horstmann）

艾德森（John Eidson）

　　本书意在解构一些关于族群性、族群关系、族群身份认同的某些非常流行而强大的假设。其中之一便是这一假设：族群身份认同由来已久，立足于文化传统和价值观传统之上。对此，我们有必要做批判性的考察。本书最早的雏形是一本以德语出版的论文集（Horstmann & Schlee，2001），该书的诸位作者以及其他学者的许多著作、文章都在尝试着做这项工作：这是一场漫长而艰苦的斗争。

　　目前（2017 年 2 月），我们见证了民粹主义、超级民族主义以及法西斯主义的政策和话语甚嚣尘上，这些政策和话语承诺，把财富重新分配给欧洲单一族群民族国家或者白人定居者所建国家里的白种人居民，按照这些人的看法，只有他们才有资格享有国家的财富。中东那些（不可能有任何赢家）的新战争、（自我制造的）人道灾难以及对穆斯林移民的排斥范围被极端化，这些举动都重创了多元文化主义并导致这类承诺：在重军把守的欧洲和美国边境之内的白种人多数群体，会有一个受到保护的福利社会天堂。这一进程是危险的，因为这直接导致了实行严格的安全措施，打压人权并使得公民社会被边缘化。

这会给我们的教育体系带来巨大影响，正如裁减人文科学预算所显示的那样。认为多元文化主义已寿终正寝的观点，不光来自那些极右势力，欧洲国家的领导人对此亦表认同。

值得注意的是，在民族志描述与历史描述中，与今天对多元文化主义之理解接近的状况都曾经存在过。利奇在其经典研究《缅甸高地诸政治体系》（Leach，1954）中已经表明，多样性并不一定是整合的反面；相反，在他研究的社会若干进程中，整合是借助于多样性或者通过多样性来达成的。在本书的导论中，我们再度提到该书；在其他著作中，对利奇的研究有详细的讨论（Schlee，2008a）。

利奇对缅甸高地上的掸邦和克钦人之关系的分析表明，这两个类别都是殖民地的发明或者重新阐释，是在殖民地调查的语境下引入的，与被占领地区的控制技术相连。这表明，分类可以是从外面强加给某一给定环境下的行动主体的。不过，本书也让人看到，对社会身份认同的选择经常要比原本看起来的那样复杂得多；它们立足于本地关联以及本地的社会支持，对外来观察者而言，这经常是隐而未显的。

尤其是在多元社会出现之前（Furnivall，1931），身份认同在缅甸社会是相当有变通性的。身份的改变可以通过婚姻完成，或者干脆被同化进一个新部族。缅甸中北部的社会一直都是非常异质的，尽管外来移民出于自身利益而不让人看到自己是外来者。最近，马巴塔周围的现代极端派佛教民族主义者煽动对缅甸穆斯林的仇恨——这些人过去一直与曼德勒的佛教徒通婚，在外表上没有差别。简言之，他们整合得很好。

显然，威权政府和现代化日程引入了多数人族群的话语和宗教，因此对当地社会的边界界定产生了重大影响，即当地人就族群边界和资源的谈判（可参见 Reeves，2014）。不过，我们还无须从这里得出结论说，地方社会被外界力量败坏。相反，当地的行动主体也能协商和操纵那些影响他们的政策，他们对于"公共言论"的参与，要多于斯科特所承认的，后者在《不被统治的艺术》一书中描绘的一幅怀旧图景（Scott，2009）。

正如郝时亚在本书第七章所表明的那样，当地社会有自己的工具以及处理差异性的做法。通常情况下，这些做法并不为外界熟知。原因很简单：参与者有自己的交易，没兴趣让交易为人所见。在仇恨和暴力语境下，正如郝时亚的调查地泰国北大年府的边境区，国家与采用暴力的民族主义分裂运动正在发生碰撞，公开展示这些达成整合的本地方式，可能会造成不必要的紧张和冲突，甚至可能是自毁式的，尤其当地方精英的利益被卷入其中。

在现代移民社会中，政府通过确定移民和难民的身份（和义务）以及通过控制他们的搬迁来设定强势的指令。移民们经常组织成移民协会，在同情他们的非政府组织或者文化领域中的机构帮助下，通过重新界定自己的身份而力图获取更大的移动性和搬迁自由。经由差异性达成的整合与同化背道而驰。

非常重要的问题是，本书所描述的这些策略和过程是如何出现的。是由某些人计划的？是头领或者普通人？是有意而为？是源于学习而来？是以某种方式"生发而成"的？如果答案是肯定的，那么又是如何发生的？为了反驳那些认为社会身份认同无非是既定的这种感知，我们就有必要去考察社会身份认同的演变和体系的演变——这些体系基于各种身份认同的共存甚或互动。如果我们假定社会身份认同是既有的，那么就可以把它们当成独立的变量：把"人们在做什么"这个问题通过"谁在做"予以解释。这就是那些流行的偏见是如何运作的：吉卜赛人偷东西，因为他们是吉卜赛人；非洲人懒，是因为他们是非洲人——这是他们的"文化"。阿美尼亚人跟阿塞拜疆人打仗，因为他们一贯如此。派系暴力是巴尔干"心态"的一部分，这是"巴尔干化"的本质，等等诸如此类的推测。要想克服这种文化主义，我们必须把身份认同的"文化"、身份以及指涉身份认同的政治议程当作并非独立的变量。我们得去考察，是什么引起了他们发生改变，它们如何生发而来。"演化"（evolution）马上会引发另外两个概念：变异（variation）与选择（selection）。

本书导论中提出的一个问题便是：选择的单元。如果我们从泛化的达尔文模式出发——这不光可以应用到生物演化上，也可以应用到所有那些聚焦变异与选择的演化类型上，我们就会发现，那些早期的系统选择（在对整个社会体系进行选择的意义上）模型可能不适合用来说明真实历史中的发展速度。这些模型受到早期的功能主义设想以及进化论的启发，采用的是中型和大型规模的人群组织，称之为"文化"或者"社会"，当作内部洽合甚或均衡的自我调节体系，依照他们对于环境的适应程度以及再生产能力，或者存留下来符合现在的民族志文献，或者已经被淘汰、已不再和我们为伍。

社会发展太快，我们难以采用这种模式。要想说明社会发展的速度，我们需要选择那些更为快速消亡的、更小的选择单元。宗教或者政治"市场"上那些有争议的理念和实践可以是这类单元；个体也可以是这类单元：通过比他人长寿或者有大量与自己在某种程度上相似的后代——由于生物学上和文化上的传递过程，或者二者的交织——来传播他们的信仰和实践。

他们也可以采取不同的做法，或者作为附加手段，那就是成为他人——那些观察他们的人——的样板，或者主动去宣传自己信仰的，或者正在做的事情。信仰和实践的多样性在这里代表了变异；其中有些流传下来，有些却没有，那便是选择。

在个体层面也存在变异和选择。本文作者之一李峻石习惯于每天早起先泡个热水澡，在浴缸里他思路驰骋，生发出一些有意义和无意义的想法。从浴缸里出来之后，他冲向电脑，将其中的某些想法记录下来。再往后，经由交流——这也关涉其他人的选择和修正——这些想法中的一部分走进了课堂和出版物。因此，它们成了社会领域以及集体知识的一部分，可以为很多人通过多种途径获取，尽管可获取的人群以及获取的难易程度各有不同。这些想法中的一部分可能会对学术发展的进程或者政治决策产生显著的或者不显著的影响。这些即是在不同层次上的变异和选择。

倾向于选择某一类型或者范畴，会影响其他类型或者范畴的选择。一个明显的例子是性别歧视。对女婴的选择性堕胎在若干亚洲国家实行，其动机在于青睐儿子、期待儿子能"传宗接代"。这在下一代的结果是，许多年轻男性找不到新娘。这些求之难得的女性会有更多的选择；或者，在更为父权家长制的社会里，老人会替她们出谋划策。她们可以拒绝那些不太有吸引力的配偶，会利用机会完成向上的社会流动。很大一部分男性会无子女。男性的选择压力很大，这是不要女婴这一选择带来的结果。在中国，在过去独生子女的政策下，一些父母开始明白，要想增加有孙辈的机会，最可靠的办法是养一个女儿。如果是这样，那么选择性堕胎就会结束，或者在性别歧视方面会有所逆转。

另外的选择程序导致的反应，不会让事情的方向发生反转，而是能在同一方向上加速。让我们以语言选择为例。在一种有多数人语言 A 和少数人语言 B 的环境下，只要有相当大一部分少数人群讲 B 种语言，就会有相当稳定的情形。但是，如果越来越多的人放弃语言 B，在经历一段双语言阶段之后实际上就只讲 A 语言时，那么临界点就来了：那些讲 B 语言的人会快速地学习 A 语言，因为讲 B 语言的人已经不再能形成一个自足的语言社区。换句话说，能回应 B 语言的人已经无法构成日常中的不同类型人。

今天，许多语言正在接近这一临界点。据统计，地球现存的 6909 种语言中，有 20% ~ 50% 在未来一百年内存在濒临灭绝的危险。1999 年时，50 种语言只有一人会说；有 500 种语言，会说的人少于 100 人；有 1000 种语言，会讲的人在 100 ~ 1000 人（Ngure，2015：46 - 47）。世界语言多样性的丧失，其速度正如动物多样性的表失一样。在本书中，我们看到一些因素加速了这一进程，另外一些因素则让这一进程放缓。在民族 - 国家框架下的语言标准化和一体化的情况，已经在本书的导论予以讨论。具体出现在尼泊尔的情况，法弗 - 扎尔内卡的文章对其进行了讨论。近年来，英语的全球化加速了语言多样性丧失的进程。20 世纪 70 年代末，像本书这样的一本论文集，有些文章会用德语写作，带有法语的综述；有些文章是法语的，带有德语综述，是很常见的。如今这本书里只有英语，尽管没有一位作者是英国人或者美国人。

在西非，人们选择学习或者维护一种少数群休的语言，这一方面毫无疑问是由语言与族群特征之间的关联所促成；另一方面，也是因为某些经济行当为特定族群所独占，少数民族语言给使用该语言的人提供了一种内部空间，占据其间的人不光共有语言，也有着共同身份以及一种经济上的专长——有价值的、值得一起捍卫的东西。它也构造着专门技能者与他们的委托人、业务伙伴或者顾客的外在关系。一个人的语言（正如在其他情况下的族群标记）也可以向外界广而告之，比如一个人是与农民或者城镇居民打交道的牧民，或者是一位匠人，依靠不同族群的顾客，诸如此类。

多重的、彼此相关的选择过程，从根本上导致了语言和文化特征的分布和各种集体身份认同——它们经由语言和文化特征表达出来并彼此呼应。

在中型或者大型的人类聚合体，如部落、国家和帝国里，尽管安排差异性与共同性的方式多种多样，但可能还不是系统选择的结果。它们代表了诸多可能性，而这些可以作为未来选择进程的基础。换句话说，国家的、超国家的组织和经济的成败，是作为差异性与共同性在其中扮演的角色所导致的结果。不光在我们的人生历程中世界发生了很大改变，甚至在完成一本书期间也有那么多改变。自本书的前身以德文版于 2001 年出版以来（Horstmann & Schlee, 2001），差异性在我们生活中的角色已经发生了很大改变。

我们曾经希望，在现代民族国家和超国家单元里，一个人是穆斯林还是基督徒（或者是佛教徒，或者在这方面是个不可知论者）在公民共处和文明共处中，会扮演越来越小的角色。比如，在我们身份认同的语法中，穆斯林和德国人这两个特征可以很容易地组合在一起。自从恐怖分子袭击纽约世贸大楼以来，随后那些已宣布的和未宣布的战争，被正确地或者错误地描写为对这些袭击的反应，以及恐怖分子对这些战争的反应。历史因此改变了进程，至少目前如此。走向世俗化和多元化的趋势被反转了。穆斯林中的多数——他们认为民主是组织穆斯林之间以及穆斯林与其他人之间关系的最佳工具——已经进入边缘，从公众的感知中消失了。"神权政治"（theocracy）（以神的名义对威权和专断进行美化，滥用神的名字）取而代之；另一方面，成千上万的"后基督徒"（post-Christians）——他们的行动表明，他们连一丁点儿基督教理念都不具备——发出要抵抗伊斯兰教以捍卫基督教西方的号召。活动中最喧闹的是一个自称"爱国欧洲人反对将西方伊斯兰化"的组织，在德语中的缩写为为"PEGIDA"。自 2008 年的金融危机以来，民族主义以及瓦解趋势在欧盟得到恢复；2016 年，美国这个"自由世界"的领导者，迄今资本主义全球化（喜忧参半）的先锋，却选举出来一个主张排外和保护主义的总统。

　　我们有机会充分利用我们之间的共同性和差异性。比如，在一个民族国家，我们可能会共认一种语言（或者在更为复杂的情况下，两种语言）和一种宪法秩序，并同意在其他方面有所不同，并且富有成果地利用我们自身的多样性。在全球范围内，我们仍然需要学会把人性作为一种普遍共有的身份认同并严肃地对待它。我们共同的人性是最难以调动的集体身份认同。所有其他身份认同都可以被调动起来抵抗他人；但是，当我们在彰显作为人类这一共有的身份认同时，我们能去与谁作对呢？世界的相互依赖性和环境的脆弱性，要求我们这样做。

　　我们可以把大规模的人群整合理解为处理共同性与差异性的方式，这一情形还没能因为整体系统的选择而出现。也许这一程度上的整合会惨遭失败，因为我们在处理共同性与差异性的策略方面，还有很多不足之处。

参考文献

Adams, Laura. 2007. "Uzbekistan's National Holidays," in Jeff Sahadeo and Russell Zanca (eds), *Everyday Life in Central Asia: Past and Present*, Bloomington, IN: Indiana University Press, pp. 198 – 212.

———2010. *The Spectacular State: Culture and National Identity in Uzbekistan Politics, History, and Culture*, Durham, NC: Duke University Press.

Adamu, Mahdi. 1978. *The Hausa Factor in West African History*, Zaria: Ahmadu Bello University Press.

Agier, Michel. 1982. *Commerce et sociabilité: Les négociants soudanais du quartier zongo de Lomé (Togo)*, Paris: Orstom.

Aimé, Marco. 1994a. "Frontiera ed etnie nell'Atakora (Nord Benin)," *Africa* 49 (1): 54 – 74.

———1994b. : "Djougou, una chefferie sulla rotta della cola," *Africa* 49 (4): 481 – 497.

Alam, Muzzaffar. 2000. "*Shari'a* and Governance in the Indo-Islamic Context," in David Gilmartin and Bruce B. Lawrence (eds), *Beyond Turk and Hindu: Re-Thinking Religious Identities in Islamicate South Asia*. Gainsville: University Press of Florida, pp. 216 – 245.

Alff, Henryk, & Schmidt, Mathias. 2011. "Seidenstraße 2. 0?

Handel und Mobilität im Grenzraum Kasachstan-Kirgistan-Xinjiang," *Osteuropa* 61 (11): 63 – 76.

Alff, Henryk. 2013. "Basarökonomie im Wandel: Postsowjetische Perspektiven des Handels in Zentralasien," *Geographische Rundschau* 65 (11): 20 – 25.

——2014a. "Embracing Chinese Modernity? Articulation and Positioning in China-Kazakhstan Trade and Exchange Processes," *Crossroads Asia Working Paper Series No. 21*, University of Bonn: Centre for Development Research.

——2014b. "Post-Soviet Positionalities-Relations, Flows and the Transformation of Bishkek's Dordoy Bazaar," in Henryk Alff and Andreas Benz (eds), *Tracing Connections-Explorations of Spaces and Places in Asian Contexts*, Berlin: WVB, pp. 71 – 90.

——2015. "Profiteers or Moral Entrepreneurs? Bazaars, Traders and Development Discourses in Almaty, Kazakhstan," *International Development Planning Review* 37 (3): 249 – 267.

Alam, Muzzaffar. 2000. "Sharica and Governance in the Indo-Islamic Context," in David Gilmartin and Bruce B. Lawrence (eds), Beyond Turk and Hindu: Re-Thinking Religious Identities in Islamicate South Asia, Gainsville: University Press of Florida, pp. 216 – 245.

Amborn, Hermann. 2009. "Mobility, Knowledge and Power: Craftsmen in the Borderlands," in Günther Schlee and Elizabeth E. Watson (eds), *Changing Identifications and Alliances in North-East Africa*, *Vol. 2*, *Ethiopia and Kenya*, Oxford and New York: Berghahn, pp. 113 – 131.

Amselle, Jean-Loup. 1985. "Ethnies et espaces: pour une anthropologie topologique," in Jean-Loup Amselle and Elikia M'Bokolo (eds), *Au coeur de l'ethnie; ethnies, tribalisme et Etat en Afrique*, Paris: Editions La Découverte, pp. 11 – 48.

Anderson, Benedict. 1983. *Imagined Communities: Reflections on the Origin and Spread of Nationalism*, London: Verso.

Anderson, Kathryn H. & Pomfret, Richard. 2005. "Spatial Inequality and Development in Central Asia," in Anthony Venables, Ravi Kanbur and Guanghua Wan (eds), *Spatial Disparities in Human Development: Perspectives from Asia*, Tokyo and New York: United Nations University Press, pp. 233 – 270.

Appadurai, Arjun. 1995. "The Production of Locality," in Richard Fardon (ed.), *Counter-Works: Managing the Diversity of Knowledge*, London and New York: Routledge, pp. 205 – 225.

——1996. *Modernity at Large: Cultural Dimensions of Globalization*, Minnesota: University of Minneapolis Press.

Arditi, Claude. 1990. "Les Peuls, les Senufo et les vétérinaires: pathologie d'une opération de développement dans le nord de la Côte d'Ivoire," *Cahiers des sciences humaines* 26 (1 – 2): 137 – 153.

Asad, Talal. 1970. *The Kababish Arabs: Power, Authority and Consent in a Nomadic Tribe*, London: Hurst.

Askew, Marc. 2009. "Landscapes of Fear, Horizons of Trust: Villagers Dealing with Danger in Thailand's Insurgent South," *Journal of Southeast Asian Studies* 40 (1): 59 – 86.

Ayupova, Shakhnoza. 2011. "Uzbek Labor Migration to

Russia and Its Impact on Gender Relations," MA thesis. OSCE Academy.

Ba, Ahmadou Mahmadou. 1932. " L'émirat de l'Adrar mauritanien de 1872 – 1908," *Bulletin de Géographie et d'Archéologie de la province d'Oran* 53: 83 – 119 and 263 – 298.

Baberowski, Jörg. 2006. " Selbstbilder und Fremdbilder: Repräsentation Sozialer Ordnungen Im Wandel," in Jörg Baberowski, Hartmut Kaelble and Jürgen Schriewer (eds), *Eigene und fremde Welten*, Frankfurt am Main: Campus, pp. 9 – 13.

Bachabi, Awaou. 1980. *La constitution du groupe Dendi de Zougou-Wangara: approche historique*, Mémoire de Maitrise. Porto-Novo: Université Nationale du Benin, École Nationale Supérieure.

Baier, Stephen & Lovejoy, Paul E. 1977. " The Tuareg of the Central Sudan: Gradations in Servility at the Desert Edge (Niger and Nigeria) ," in Suzanne Miers and Igor Kopytoff (eds), *Slavery in Africa, Historical and Anthropological Perspectives*, Madison: University of Wisconsin Press, pp. 391 – 410.

Bakel, Martin A. & Hagesteijn, Renée R. & van de Velde, Pieter. 1986. " ' Big-man ': From Private Politics to Political Anthropology," in Martin A. Bakel, Renée R. Hagesteijn and Pieter van de Velde (eds), *Private Politics: A Multi-Disciplinary Approach to "Big-Man" Systems*, Leiden, E. J. Brill, pp. 211 – 215.

Bako-Arifari, Nassirou. 1995. " Démocratie et logiques du terroir au Bénin," *Politique Africaine* 59: 7 – 24.

Balmforth, Tom. 2013. "Moscow Police Arrest 1200 Migrant Workers after Murder of Ethnic Russian," *The Guardian 14 October*

2013, Retrieved 02 March 2015 from http://www. theguardian. com/world/2013/oct/14/russia – police – arrest – migrants – nationalist – rioting.

Banton, Michael. 1992. *Racial and Ethnic Competition*, Aldershot: Gregg Revivals.

———2015. *What We Know about Race and Ethnicity*, Oxford, New York: Berghahn.

Barbier, Maurice (ed.). 1984. *Trois Français au Sahara occidental en 1784 – 1786*, Paris: Harmattan.

Barbour, Bernard & Jacobs, Michelle. 1985. "The Mi'raj: A Legal Treatise on Slavery by Ahmad Baba," in John Ralph Willis (ed.), *Slaves and Slavery in Muslim Africa, Vol. 1: Islam and the Ideology of Enslavement*, London: Frank Cass, pp. 125 – 159.

Barkey, Karen. 2008. *Empire of Difference: The Ottomans in Comparative Perspective*, Cambridge: Cambridge University Press.

Barnett, Steve. 1977. "Identity Choice and Caste Ideology in Contemporary South India," in Janet L. Dolgin, David S. Kemnitzer and David M. Schneider (eds), *Symbolic Anthropology: A Reader in the Study of Symbols and Meaning*, New York: Columbia University Press, pp. 270 – 291.

Barnett, Steve & Fruzzetti, Lina & Ostor, Akos. 1976. "Hierarchy Purified: Notes on Dumont and his Critics," *The Journal of Asian Studies* 35 (4): 627 – 646.

Barry, Boubacar. 1972. *Le royaume du Waalo, le Sénégal avant la conquête*, Paris: Maspéro.

Barth, Fredrik (ed.). 1969a. *Ethnic Groups and Boundaries.*

Bergen, Oslo: Universitetsforlaget.

Barth, Fredrik. 1969b. "Introduction," in Fredrik Barth (ed.), *Ethnic Groups and Boundaries*. Bergen, Oslo: Universitetsvorlaget, pp. 9 - 38.

Bassin, Mark, & Kelly, Catriona. 2012. " Introduction: National Subjects," in Mark Bassin and Catriona Kelly (eds), *Soviet and Post-Soviet Identities*, Oxford and New York: Oxford University Press, pp. 3 - 16.

Bayart, Jean-François. 1989. *L'Etat en Afrique: la politique du ventre*, Paris: Fayard.

Bazin, Jean. 1985. "A chacun son Bambara," in Jean-Loup Amselle and Elikia M'Bokolo (eds), *Au coeur de l'ethnie. Ethnies, tribalisme et Etat en Afrique*, Paris: Editions La Découverte, pp. 87 - 127.

Bellér-Hann, Ildikó. 2008. "Introduction," in Ildikó Bellér-Hann (ed.), *The Past as Resource in the Turkic Speaking World*, Würzburg: Ergon, pp. 9 - 22.

Bennigsen, Alexandre. 1979. "Several Nations or One People? Ethnic Consciousness among Soviet Central Asians," *Survey-A Journal of Soviet and East European Studies* 24 (3): 51 - 64.

Bennigsen, Alexandre, and Marie Broxup. 1984. *The Islamic Threat to the Soviet State*, London: Croom Helm.

Bentley, G. Carter. 1991. " Response to Yelvington," *Comparative Studies in Society and History* 29 (1): 24 - 55.

Berger, Peter. 2012. "Theory and Ethnography in the Modern Anthropology of India," *HAU-Journal of Ethnographic Theory* 2 (2):

325 – 357.

Bernus, Edmond. 1960. "Kong et sa région," *Etudes éburnéennes* 8: 239 – 324.

Besteman, Catherine. 2005. "Why I Disagree with Robert Kaplan," in Catherine Bestemen and Hugh Gusterson (eds), *Why America's Top Pundits Are Wrong: Anthropologists Talk Back*, Berkeley: University of California Press, pp. 83 – 101.

Beumers, Birgit. 2012. "National Identity through Visions of the Past: Contemporary Russian Cinema," in Mark Bassin and Catriona Kelly (eds), *Soviet and Post-Soviet Identities*, Oxford and New York: Oxford University Press, pp. 55 – 72, Retrieved 23 July 2015 from http://www.cambridge.org/de/academic/subjects/literature/european – literature/soviet – and – post – soviet – identities.

Bhattachan, Krishna Bahadur. 1995. "Ethnopolitics and Ethnodevelopment: An Emerging Paradigm in Nepal," in Dhruba Kumar (ed.), *State Leadership and Politics in Nepal*, Kathmandu: Tribhuvan University, Centre for Nepal and Asian Studies, pp. 124 – 147.

——1996. "Induced and Indigenous Self-Help Organizations in the Context of Rural Development: A Case Study of the GTZ Supported Self-Help Promotion Programs in Nepal," in Madan K. Dahal and Horst Mund (eds), *Social Economy and National Development Lessons from Nepalese Experience*, Kathmandu: NEFAS.

——1998. "Review Article: Making No Heads and Tails of the Ethnic "Conundrum" by Scholars with European Head and Nepalese Tail," *Contributions to Nepalese Studies* 25 (1): 111 – 130.

Bierschenk, Thomas. 1999. "Herrschaft, Verhandlung und Gewalt in einer afrikanischen Mittelstadt (Parakou, Bénin) ," *Africa spectrum* 34 (3): 321 – 348.

Binger, Louis G. 1892. *Du Niger au golfe de Guinée par le pays de Kong et le Mossi 1887 – 1889*, Paris: Hachette.

Bista, Dor Bahadur. 1991. *Fatalism and Development: Nepal's Struggle for Modernization*, Calcutta: Orient Longman.

Bloch, Maurice. 1992. "What Goes without Saying: The Conceptualization of Zafimaniry Society," in Adam Kuper (ed.), *Conceptualizing Society*, London: Routledge, pp. 127 – 146.

Bluestain, Harvey S. 1977. "Power and Ideology in a Nepalese Village," unpublished manuscript, Yale University.

Bonte, Pierre. 1986. "Une agriculture saharienne: Les grâyr de l'Adrar mauritanien," *Revue de l'occident musulman et de la Méditerranée* 41/42: 378 – 396.

——1988. "Krieger und Reuige: Die Towba und die politische Entwicklung der Maurischen Emirate," in Édouard Conte (ed.), *Macht und Tradition in Westafrika, französische Anthropologie und afrikanische Geschichte*, Frankfurt: Campus, pp. 175 – 202.

Botte, Roger & Boutrais, Jean & Schmitz, Jean (eds). 1999. *Figures peules*, Paris: Éditions Karthala.

Bourdieu, Pierre. 1972. *Esquisse d'une théorie de la pratique: Précédé de trois études d'ethnologie kabyle*, Geneva: Librairie Droz.

——1977. *Outline of a Theory of Practice*, Cambridge: Cambridge University Press.

——1979. *La distinction*, Paris: Éditions de minuit.

Bourgeot, André (ed.). 1999. *Horizons nomads en Afrique sahélienne. Sociétés, développement et démocratie*, Paris: Khartala.

Boym, Svetlana. 2001. *The Future of Nostalgia*, New York: Basic Books.

Brass, Paul (ed.). 1985. *Ethnic Groups and the State*, Totowa, NJ: Barnes and Noble.

Braukämper, Ulrich. 1992. *Migration und ethnischer Wandel. Untersuchungen aus der östlichen Sudanzone*, Stuttgart: Franz Steiner.

Brégand, Denise. 1998. *Commerce caravanier et relations sociales au Bénin. Les Wangara du Borgou*, Paris: L'Harmattan.

Brhane, Meskerem. 1997. "Narratives of the Past, Politics of the Present Identity, Subordination, and the Haratines of Mauritania," Ph. D. dissertation, Chicago: University of Chicago.

——2000. "Histoires de Nouakchott: discours des *hrâtîn* sur le pouvoir et l'identité," in Mariella Villasante-de Beauvais (ed.), *Groupes serviles au Sahara: Approche comparative à partir du cas des arabophones de Mauritanie*, Paris: CNRS, pp. 195 – 234.

Bringa, Tone. 2005. "Haunted by the Imaginations of the Past: Robert Kaplan's *Balkan Ghosts*," in Catherine Besteman and Hugh Gusterson (eds), *Why America's Top Pundits Are Wrong: Anthropologists Talk Back*, Berkeley: University of California Press, pp. 60 – 82.

Brown, Richard H. 1993. "Cultural Representation and Ideological Domination," *Social-Forces* 71 (3): 657 – 676.

Brubaker, Rogers. 2011. "Nationalizing States Revisited: Projects and Processes of Nationalization in Post-Soviet States,"

Ethnic and Racial Studies 34 (11): 1785 – 1814.

Brunarska, Zuzanna. 2014. "Regional out-Migration Patterns in Russia," *Working Paper no. 56*, European University Institute: Migration Policy Center. Retrieved 03 August 2015 from http://cadmus. eui. eu/handle/1814/31382.

Bubandt, Niels & Molnar, Andrea. 2004. "On the Margins of Conflict: An introduction," *Antropologi Indonesia* (special vol.): 1 – 6.

Burghart, Richard. 1984. "The Formation of the Concept of Nation State in Nepal," *Journal of Asian Studies* 64 (1) · 101 – 125.

Burkert, Claire. 1997. "Defining Maithil Identity: Who is in Charge?" in David Gellner, Joanna Pfaff-Czarnecka and John Whelpton (eds), *Nationalism and Ethnicity in a Hindu Kingdom: The Politics of Culture in Contemporary Nepal*, Amsterdam: Harwood, pp. 241 – 274.

Burnham, Philip. 1991. "L'ethnie, la religion et l'Etat: le rôle des Peuls dans la vie politique et sociale du Nord-Cameroun," *Journal des Africanistes* 61 (1): 73 – 102.

——1996. *The Politics of Cultural Difference in Northern Cameroon*, Edinburgh: Edinburgh University Press.

Burr, Angela. 1974. "Buddhism, Islam and Spirit Beliefs and Practices and Their Social Correlates in Two Southern Thai Coastal Fishing Villages," Ph. D. dissertation, London, University of London.

Caillié, Rene. 1830. *Journal d'un voyage de Temboctou à Jenné dans l'Afrique centrale*, Vol. 1. Paris: Imprimerie Royale.

Calhoun, Craig. 1994. "Social Theory and the Politics of

Identity," in Craig Calhoun (ed.), *Social Theory and the Politics of Identity*, Oxford: Blackwell, pp. 9 – 36.

Campbell, Ben. 1997. " The Heavy Loads of Tamang Identity," in David Gellner, Joanna Pfaff-Czarnecka and John Whelpton (eds), *Nationalism and Ethnicity in a Hindu Kingdom: The Politics of Culture in Contemporary Nepal*, Amsterdam: Harwood, pp. 205 – 235.

Capron, Jean. 1973. *Communautés villageoises bwa (Mali-Haute-Volta)*, Paris: Institut d'Ethnologie.

Caratini, Sophie. 1989. *Les Rgaybât (1610 – 1934), tome II, territoire et société*, Paris: L'Harmattan.

Carsten, Janet. 1997. *The Heat of the Hearth: The Process of Kinship in a Malay Fishing Community*, Oxford: Clarendon Press.

Catley, Andy & Lind, Jeremy & Scoones, Ian. 2013. "Development at the Margins: Pastoralism in the Horn of Africa," in Andy Catley, Jeremy Lind, Ian Scoones. (eds), *Pastoralism and Development in Africa: Dynamic Change at the Margins*, Abingdon and New York: Routledge, pp. 1 – 25.

Ceccaldi, Pierrette. 1979. *Essai de nomenclature des populations langues et dialectes de la république populaire du Bénin*, Paris: Centre d'études africaines.

Ceylan, Ebubekir. 2011. *Ottoman Origins of Modern Iraq: Political Reform, Modernization and Development in the Nineteenth-Century Middle East*, London, New York: I. B. Tauris.

Chatty, Dawn. 2006. "Assumptions of Degradation and Misuse: The Bedouin in the Syrian Bādiya," in Dawn Chatty (ed.),

Nomadic Societies in the Middle East and North Africa, Leiden, Boston: Brill, pp. 737 – 758.

Churchill, Winston. 1947. *My Early Life: A Roving Commission*, London: Odhams Press.

Clark, Andrew F. 1998. "The Ties that Bind: Servility and Dependency among the Fulbe Bundu (Senegambia), 1930s to 1980s', " *Slavery and Abolition* 19 (2): 91 – 108.

Cleaveland, Timothy. 1995. "Becoming Walata: A Study of Politics, Kinship, and Social Identity in Pre-Colonial Walata, " Ph. D. dissertation, Evanston: Northwestern University.

Cohen, Abner. 1965. "The Social Organization of Credit in a West African Cattle Market, " *Africa* 35 (1): 8 – 19.

——1969. *Custom and Politics in Urban Africa: A Study of Hausa Migrants in Yoruba Towns*, London: Routledge and Kegan Paul.

——1981. *The Politics of Elite Culture: Explorations in the Dramaturgy of Power in a Modern African Society*, Berkeley, Los Angeles: University of California Press.

Coleman, James S. 1990. *Foundations of Social Theory*, Cambridge: Belknap Press of Harvard University Press.

Colin, G. S. 1960. "Hartani, " in *Encyclopedia of Islam*, Leiden: Brill, pp. 230 – 231.

Collins, Kathleen. 2006. *Clan Politics and Regime Transition in Central Asia*, Cambridge and New York: Cambridge University Press.

Conte, Édouard. 1991. "Entrer dans le sang: Perceptions arabes des origines, " in Pierre Bonte, Édouard Conte, Constant

Hamés and Abdel Wedoud Ould Cheikh (eds), *Al-Ansâb*: *La quête des origines*, *Anthropologie historique de la société tribale arabe*, Paris: Édition Maison de la science de l'homme, pp. 51 – 100.

Cooper, Frederik. 1977. *Plantation Slavery on the East Coast of Africa*, New Haven: Yale University Press.

Cremer, Jean. 1924. *Les Bobo*, Paris: Geuthner.

Cunnison, Ian. 1966. *Baggara Arabs*: *Power and the Lineage in a Sudanese Nomad Tribe*, Oxford: Clarendon Press.

Dafinger, Andreas & Pelican, Michaela. 2002. " Land Rights and the Politics of Integration: Pastoralists' Strategies in a Comparative View," *Max Planck Institute for Social Anthropology Working Paper No. 48*, Halle (Saale) : Max Planck Institute for Social Anthropology.

Dahal, Dilli Ram. 1993. " Anthropology of the Nepal Himalaya: A Critical Appraisal," in Charles Ramble and Martin Brauen (eds), *Anthropology of Tibet and the Himalaya*, Ethnologische Schriften 12, Zürich: Völkerkundemuseum der Universität Zürich, pp. 49 – 59.

Daly, Martin W. 1991. *Imperial Sudan*. *The Anglo-Egyptian Condominium 1934 – 1956*, Cambridge: Cambridge University Press.

Darwin, John 2013. *The Empire Project*: *The Rise and Fall of the British World System 1830 – 1970*, Cambridge: Cambridge University Press.

Davis, Robert W. 1997. *The Evolution of Risk Management Strategies in a Hanging Social and Economic Environment*: *The Case of the Assaba Region of Mauritania*, Baltimore: Johns Hopkins University.

De Waal, Alex. 1997. "Exploiter l'esclavage: Droits de l'homme et enjeux politiques," *Politique Africaine* 66: 49 – 60.

Deng, Francis M. & Daly, Martin W. 1989. *Bonds of Silk: The Human Factor in the British Administration of the Sudan*, East Lansing, Michigan: Michigan State University Press.

Denison, Michael. 2009. "The Art of the Impossible: Political Symbolism, and the Creation of National Identity and Collective Memory in Post-Soviet Turkmenistan," *Europe-Asia Studies* 61 (7): 1167 – 1187.

Desjeux, Dominique. 1994. *Le sens de l' autre: Stratégies, réseaux et cultures en situation interculturelle*, Paris: L' Harmattan.

Diallo, Youssouf. 1996a. "Paysans sénoufo et pasteurs peuls du Nord de la Côte d'Ivoire: les questions de l'accès à la terre et de l'ethnicité," in Thomas Bierschenk, Pierre-Yves Le Meur and Matthias von Oppen (eds), *Institutions and Technologies for Rural Development in West Africa*, Weikersheim: Margraf Verlag, pp. 223 – 232.

——1996b. "Bauern, Viehzüchter und staatliche Intervention im Norden der Elfenbeinküste," in Günther Schlee and Karin Werner (eds), *Inklusion und Exklusion: die Dynamik von Grenzziehungen im Spannungsfeld von Markt, Staat und Ethnizität*, Köln: Köppe Verlag, pp. 87 – 105.

——1997. *Les Fulbe du Boobola. Genèse et évolution de l'Etat de Barani (Burkina Faso)*, Köln: Köppe Verlag.

——1999. "Les dimensions sociales et politiques de l'expansion pastorale dans les savanes ivoiriennes," in Victor Azaria, Mirjam de

Bruijn, Anneke Breedveld and Han van Dijk (eds), *Pastoralists under Pressure? Fulbe Societies Confronting Change in West Africa*, Leiden: Brill, pp. 211 – 236.

Diallo, Youssouf & Schlee, Günther (eds). 2000. *L'ethnicité peule dans des contextes nouveaux*, Paris: Karthala.

Diallo, Youssouf & Guichard, Martine & Schlee, Günther. 2000. "Quelques aspects comparatifs," in Youssouf Diallo and Günther Schlee (eds), *L'ethnicité peule dans Des contextes nouveaux*. Paris: Karthala, pp. 225 – 255.

Dirks, Nicholas B. 2006. *The Scandal of Empire: India and the Creation of Imperial Britain*, Cambridge, MA: The Belknap Press of Harvard University Press.

Dittmer, Kunz. 1975. "Die Obervolta-Provinz," in Hermann Baumann (ed.), *Die Völker Afrikas und ihre traditionellen Kulturen 2 Vols*, Wiesbaden: Franz Steiner, pp. 495 – 542.

Donahoe, Brian et al. 2009. "The Formation and Mobilization of Collective Identities in Situations of Conflict and Integration," *Max-Planck-Institute for Social Anthropology Working Papers No. 116*. Retrieved 14 July 2015 from http: //www. eth. mpg. de/pubs/ wps/pdf/mpi – eth – working – paper – 0116. pdf.

Dorairajoo, Saroja. 2004. "Violence in the South of Thailand," *Inter-Asia Cultural Studies* 5 (3): 465 – 471.

Dramani-Issifou, Zakari. 1981. "Routes de commerce et mise en place des populations de nord du Bénin actuel," in J. P. Chrétien et al. (eds), *Le sol, la parole et l'écrit: 2000 ans d'histoire africaine. Mélanges en hommage à Raymond Mauny 2 Vols*, Paris : Société

Française d 'Histoire d 'Outre-mer and l'Harmattan, pp. 655 – 672.

Dumont, Louis 1979/1966. *Homo Hierarchicus: Le système des castes et ses implications*, Paris: Gallimard.

——1980. *Homo Hierarchicus: The Caste System and its Implications*, Complete revised English edition, Chicago: University of Chicago Press.

Durkheim, Emile. 1998/1893. *De la division du travail social*, Paris: Quadrige.

Eidson, John R. et al, 2017. "From Identification to Framing and Alignment: A New Approach to the Comparative Analysis of Collective Identities," *Current Anthropology*.

El Hamel, Chouki. 1999. "The Transmission of Islamic Knowledge in Moorish Society from the Rise of the Almoravids to the 19th Century, " *Journal of Religion in Africa* 29 (1): 62 – 87.

Elias, Norbert & Scotson, James L. 1990. *Etablierte und Außenseiter*, Frankfurt am Main: Suhrkamp.

Elwert, Georg. 1982. "Probleme der Auslanderintegration – Gesellschaftliche Integration durch Binnenintegration? ," *Kölner Zeitschrift für Soziologie und Sozialpsychologie* 34: 717 – 731.

——1997. "Boundaries, Cohesion and Switching: On We-Groups in Ethnic National and Religious Forms," in Hans Rudolf Wicker (ed.), *Rethinking Nationalism and Ethnicity*, Oxford: Berg, pp. 251 – 271.

Elyas, Khalda. 2014. "Sudan Allocates 100, 000 Acres for Egyptian Farmers," *Sudan Vision. An Independent Daily*, 07

December 2014, http: //news. sudanvisiondaily. com/details. html? rsnpid = 243584, accessed 24 December 2014.

Ennaji, Mohamed. 1994. *Soldats, domestiques et concubines: L'esclavage au Maroc au XIX siécle*, Maroc: Edition Eddif.

Ensel, Remco. 1998. *Saints and Servants: Hierarchical Interdependence between Shurfa and Haratin in the Moroccan Deep South*, Amsterdam: University of Amsterdam.

Esman, Milton J. (ed.). 1977. *Ethnic Conflict in the Western World*, Ithaca: Cornell University Press.

Evans-Pritchard, Edward Evan. 1940. *The Nuer. A Description of the Modes of Livelihood and Political Institutions of a Nilotic People*, Oxford: Clarendon Press.

Evers, Hans-Dieter & Schrader, Heiko (eds). 1994. *The Moral Economy of Trade: Ethnicity and Developing Markets*, London: Routledge.

Evers, Hans-Dieter & Kaiser, Markus. 2001. " Two Continents, One Area: Eurasia," in Peter Preston and Julie Gilson (eds), *The European Union and Pacific Asia: Inter-Regional Linkages in a Changing Global System*, Cheltenham: Edward Elgar Publishing House, pp. 65 – 90.

Evers, Hans-Dieter & Kaiser, Markus. 2004. " Eurasische Transrealitäten-Das Erbe der Seidenstrasse," in Markus Kaiser (ed.), *Auf der Suche nach Eurasien. Politik, Religion und Alltagskultur zwischen Russland und Europa*, Bielefeld: transcript, pp. 36 –78.

Faist, Thomas (ed.). 2000. *Transstaatliche Räume: Politik, Wirtschaft und Kultur in und zwischen Deutschland und der Türkei*,

Bielefeld: transcript.

——2004. "Towards a Political Sociology of Transnationalization. The State of Art in Migration Research," *Archives Européennes de Sociologie* 45 (3): 331 – 366.

Falge, Christiane. 2015. *The Global Nuer: Transnational Life, Religious Movements and War*, Köln: Köppe Verlag.

Fekadu Adugna, 2009. "Negotiating Identity: Politics of Identification among the Borana, Gabra and Garri around the Oromo-Somali Boundary in Southern Ethiopia," Ph. D. dissertation, Halle (Saale): Martin Luther University Halle-Wittenberg.

Fergusson, Niall. 2004. *Empire: How Britain Made the Modern World*, London: Penguin.

Feyissa, Dereje. 2003. "Ethnic Groups and Conflict: The Case of the Anywaa-Nuer Relations in the Gambela Region, Western Ethiopia," Ph. D. dissertation. Halle (Saale): Martin Luther University Halle-Wittenberg.

——2011. *Playing Different Games: The Paradox of Anywaa and Nuer Identification Strategies in the Gambella Region, Ethiopia*, Oxford, New York: Berghahn.

Finke, Peter. 2006a. "Variations on Uzbek Identities: Concepts, Constraints and Local Configurations," habilitation thesis, Leipzig: University of Leipzig.

——2006b. "Competing Ideologies of Statehood and Governance in Central Asia: Turkic Dynasties in Transoxania and Their Legacy in Contemporary Politics," in David Sneath (ed.),

States of Mind: Power, Place and the Subject in Inner Asia, Bellingham, WA: Western Washington University, pp. 109 – 128.

——2014. *Variations on Uzbek Identity: Strategic Choices, Cognitive Schemas and Political Constraints in Identification Processes*, Oxford, New York: Berghahn.

Finley, Moses I. 1968. "Slavery," *International Encyclopaedia of the Social Sciences* 14: 307 – 313.

Fitzpatrick, Sheila. 1999. *Everyday Stalinism: Ordinary Life in Extraordinary Times: Soviet Russia in the 1930s*, New York: Oxford University Press.

Foltz, Richard C. 1998. *Mughal India and Central Asia*, Karachi: Oxford University Press.

Förster, Till. 1997. *Zerrissene Entfaltung*, Köln: Köppe Verlag.

Fortes, Meyer. 1969. *Kinship and the Social Order*, London: Routledge.

Fox, Kate. 2004. *Watching the English*, London: Hodder and Stoughton.

Freitag, Ulrike & von Oppen, Achim (eds) . 2010. *Translocality. The Study of Globalising Processes from a Southern Perspective*, Leiden and Boston: Brill Academic Publishers.

Furnivall, John. S. 1931. *An Introduction to the Political Economy of Burma*, Rangoon: Burma Book Club.

——1944. *Netherlands India: A Study of Plural Economy*, With an introd. by A. C. D. De Graeff, Cambridge: The University Press.

Gaenszle, Martin. 1997. " Changing Conceptions of Ethnic

Identity among the Mewahang Rai," in David Gellner, Joanna Pfaff-Czarnecka and John Whelpton (eds), *Nationalism and Ethnicity in a Hindu Kingdom: The Politics of Culture in Contemporary Nepal*, Amsterdam: Harwood, pp. 351 – 373.

Garlinski, Majan & Bieri, Albin. 1991. *Review of Makai*, Film. Zurich: Makai Connection, Zurich TV UNI Zurich.

Geertz, Clifford. 1973. *The Interpretation of Cultures*, New York: Basic Books.

——1980. *Negara: The Theatre State in Nineteenth-Century Bali*, Princeton, NJ: Princeton Universtiy Press.

Gellner, David. 1999a. *From Cultural Hierarchies to a Hierarchy of Multiculturalisms: The Case of the Newars of Kathmandu Valley*, New Delhi: Oxford University Press.

——. 1999b. *From Group Rights to Individual Rights and Back: Nepalese Struggles over Culture and Equality*, Cambridge: Cambridge University Press.

Gellner, David & Karki, M. B. 2007. "The Sociology of Activism in Nepal: Some Preliminary Considerations," in H. Ishii, David Gellner and K. Nawa (eds), *Political and Social Transformations in North India and Nepal*, New Delhi: Manohar, pp. 361 – 397.

Gellner, David & Pfaff-Czarnecka, Joanna & Whelpton, John (eds) 1997. *Nationalism and Ethnicity in a Hindu Kingdom: The Politics of Culture in Contemporary Nepal*, Amsterdam: Harwood.

Gellner, Ernest. 1983. *Nations and Nationalism*, Ithaca: Cornell University Press.

Gesick, Lorraine M. 1995. *In the Land of Lady White Blood:*

Southern Thailand and the Meaning of History, Ithaca: Southeast Asia Program Publications, Cornell University Press.

Giordano, Christian. 2013. "The Social Organization of Informality: The Rationale Underlying Personalized Relationships and Coalitions," in Christian Giordano and Nicolas Hayoz (eds), *Informality in Eastern Europe: Structures, Political Cultures and Social Practices*, Bern: Peter Lang, pp. 357 - 378.

Giordano, Christian & Hayoz, Nicolas. 2013a. *Informality in Eastern Europe: Structures, Political Cultures and Social Practices*, Bern: Peter Lang.

——2013b. "Introduction," in Christian Giordano and Nicolas Hayoz (eds), *Informality in Eastern Europe: Structures, Political Cultures and Social Practices*, Bern: Peter Lang, pp. 9 - 24.

Glaze, Anita. 1981. *Art and Death in a Senufo Village*, Bloomington: Indiana University Press.

Glazer, Nathan & Moynihan, Daniel P. 1963. *Beyond the Melting Pot: The Negroes, Puerto Ricans, Jews, Italians, and Irish of New York City*, Cambridge: MIT Press.

Gluckman, Max. 1965. *Politics, Law and Ritual in Tribal Society*, Oxford: Blackwell.

Gomes, Alberto, & Kaartinen, Timo & Kortteinen, Timo. 2006. "Introduction: Civility and Social Relations in South and Southeast Asia," *Suomen Antropologi: Journal of the Finnish Anthropological Society* 32 (3): 4 - 11.

Grätz, Tilo. 1998. "Staat, Macht und Gewalt in Tanguiéta. Zur Interpretation gewaltsamer Auseinandersetzungen in Tanguiéta

（Nordbenin），" in Sonja Heyer and Jan Köhler（eds），*Anthropologie der Gewalt*. Berlin：Verlag für Wissenschaft und Forschung.

——2000. "New Local Radio Stations in African Languages and the Process of Political Transformation in the Republic of Benin：The Case of *Radio Rurale Locale Tanguiéta*（Northern Benin），" in Richard Fardon and Graham Furniss（eds），*African Broadcast Cultures*, London：James Currey, pp. 110 – 127.

——2001. "*Les fils（divers）de Tanguiéta*. Politische Geschichte und Identitätsprozesse in einer afrikanischen Kleinstadt," in Alexander Horstmann and Günther Schlee（eds），*Integration durch Verschiedenheit. Lokale und globale Formen interkultureller Prozesse*, Bielefeld：Transcript, pp. 297 - 232.

——2003. "Administration étatique et société locale à Tanguiéta（Nord du Bénin）：Une analyse politique suite à des interprétations des événements de février 1996 à Tanguiéta," *Working Paper of the Institute of Social Anthropology and African Studies* no. 20, Mainz：Johannes Gutenberg University.

——2006. *Tanguiéta. Facettes d'histoire et de la vie politique d'une commune béninoise à la veille de la décentralisation*, Cotonou and Paris：Les Éditions du Flamboyant.

——2016. *Tanguiéta：facettes d'histoire*, Sarrebruck：Editions universitaire européennes.

Gravers, Mikael. 2007. *Exploring Ethnic Diversity in Burma*, Copenhagen：NIAS Press.

Gray, Richard. 1961. *A History of the Southern Sudan 1839 – 1889*, London：Oxford University Press.

Gregory, Joseph R. 1996. "African Slavery 1996," *First Things* 63: 37 – 39.

Guignard, Michel. 1975. *Musique, honneur et plaisir au Sahara, étude psycho-sociologique et musicologique de la société maure*, Paris: Geuthner.

Haberland, Eike. 1993. *Hierarchie und Kaste. Zur Geschichte und politischen Struktur der Dizi in Südwest-Äthiopien*, Stuttgart: Franz Steiner Verlag.

Hamès, Constant. 1979. "L'évolution des émirats maures sous l'effet du capitalisme marchand européen," in Equipe Ecologie (ed.), *Pastoral Production and Society/Production pastorale et société*, Cambridge: Cambridge University Press, pp. 375 – 398.

Hangen, Susan. 2005. "Boycotting Dasain. History, Memory, and Ethnic Politics in Nepal," *Studies in Nepalese History and Society* 10 (1): 105 – 133.

Hannerz, Ulf. 1996. *Transnational Connections: Culture, People, Places*, London: Routledge.

Hansen, Claus Bech. 2013. "The Ambivalent Empire. Soviet Rule in the Uzbek Soviet Socialist Republic, 1945 – 1964," Ph. D. dissertation, European University Institute.

Hanson, John H. 1990. "Generational Conflict in the Umarian Movement after the Jihad: Perspectives from the Futanke Grain Trade at Medine," *Journal of African History* 31 (2): 199 – 215.

Harris, Marvin. 1974. *Cows, Pigs, Wars and Witches: The Riddles of Culture*, New York: Random House.

Harrison, Simon J. 1993. *The Mask of War: Violence, Ritual and the Self in Melanesia*, Manchester: Manchester University Press.

Hechter, Michael. 2013. *Alien Rule*, New York: Cambridge Universtiy Press.

Hegarthy, Steve. 1995. "The Rehabilitation of Temur: Reconstructing National History in Contemporary Uzbekistan," *Central Asia Monitor* 1: 28 – 35.

Hellbeck, Jochen. 2006. *Revolution on My Mind: Writing a Diary under Stalin*, Cambridge, MA: Harvard University Press.

Helmke, Gretchen & Levitsky, Steven. 2004. "Informal Institutions and Comparative Politics: A Research Agenda," *Perspectives on Politics* 2 (4): 725 – 740.

Henn, Alexander & Koepping, Klaus-Peter. 2008. *Rituals in an Unstable World: Contingency-Hybridity-Embodiment*, Frankfurt: Peter Lang.

Hesse, Klaus. 1982. *Abstammung, Weiderecht und Abgabe: zum Problem der konsanguinal-politischen Organisation der Mongolen des 13. bis zum 17. Jahrhundert*, Berlin: Dietrich Reimer Verlag.

Hill, Fiona. 2004. "Eurasia on the Move: The Regional Implications of Mass Labour Migration from Central Asia to Russia," unpublished paper presented at the Kennan Institute, Washington, 27 September 2004. Retrieved 14 July 2015 from http: // www. wilsoncenter. org/event/eurasia – the – move – the – regional – implications – mass – labor – migration – central – asia – to – russia.

Hirsch, Francine. 2005. *Empire of Nations. Ethnographic Knowledge and the Making of the Soviet Union, Culture and Society after Socialism*, Ithaca: Cornell University Press.

Hirschman, Albert Otto. 1992. *Denken gegen die Zukunft: die Rhetorik der Reaktion*, München: Hanser.

Hobart, Mark. 1978. "The Path from the Soul: The Legitimacy of Nature in Balinese Conceptions of Space," in G. Milner (ed.), *Natural Symbols in South East Asia*, London: School of Oriental and African Studies, pp. 5 – 28.

Hobsbawm, J. Eric. 1990. *Nations and Nationalism since 1780: Programme, Myth, Reality*, Cambridge and New York: Cambridge University Press.

Hobsbawm, Eric & Ranger, Terence (eds) . 1983. *The Invention of Tradition*, New York: Columbia University Press.

Höfer, András. 1979. "The Caste Hierarchy and the State in Nepal: A Study of the Muluki Ain of 1854," *in Khumbu Himal*, Innsbruck: Universitätsverlag Wagner.

Hoffmann, Clemens. 2008. "The Balkanization of Ottoman Rule," *Cooperation and Conflict* 43: 373 – 396.

——2009. "Nationalism and the State – Historical Lessons from the Greek Secession from the Ottoman Empire," *Presentation at European Science Foundation Conference on Post-Crisis States Transformation: Rethinking the Foundations of the State, Linköping, 1 – 5 May 2009.*

Holas, Bohumil. 1966. *Les Sénoufo (y compris les Minianka)*, Paris: PUF.

Holliday, Adrian. 2010. "Complexity in Cultural Identity," *Language and Intercultural Communication* 10 (2) : 165 – 177.

Holt, Peter Malcolm. 1961. *A Modern History of the Sudan:*

From the Funj Sultanate to the Present Day, London: Weidenfeld and Nicolson.

Holt, Peter Malcolm, & Daly, Martin W. 2000. *A History of the Sudan from the Coming of Islam to the Present Day*, Harlow: Pearson Education Limited.

Horstmann, Alexander. 2004. "Ethnohistorical Perspectives on Buddhist-Muslim Relations and Coexistence in Southern Thailand: From Shared Cosmos to the Emergence of Hatred?," *Sojourn* 19 (1): 76 – 99.

——2007a. "Violence, Subversion and Social Creativity in the Thai – Malaysian Borderscape," in Prem Kumar Rajaram and Carl Grundy-Warr (eds), *Borderscapes: Hidden Geographies and Politics at Territory's Edge*, Minneapolis: University of Minnesota Press, pp. 137 – 157.

——2007b. "The Inculturation of a Transnational Islamic Missionary Movement: Tablighi Jamaat al-Dawa and Muslim Society in Southern Thailand," *Sojourn* 22 (1): 107 – 130.

——2009. "The Revitalization and Reflexive Transformation of the Manoora Rongkruu Performance and Ritual in southern Thailand: Articulations with Modernity," *Asian Journal of Social Sciences* 37 (6): 918 – 934.

Horstmann, Alexander & Schlee, Günther (eds). 2001. *Integration durch Verschiedenheit: Lokale und globale Formen interkultureller Kommunikation*, Bielefeld: transcript.

Horstmann, Alexander & Seraidari, Katherina. 2006. *Intimacy and Violence: Fragile Transitions in Southeast Asia and Southeast Europe,*

Oxford and New York: Berghahn Books.

Howe, Leo. 1987. "Caste in Bali and India: Levels of Comparison," in Leo Holy (ed.), *Comparative Anthropology*, London: Blackwell, pp. 135 – 152.

Huntington, Samuel P. 1993. "The Clash of Civilizations?," *Foreign Affairs* 72 (3): 22 – 49.

Hunwick, John O. 1992. "Black Slaves in the Mediterranean World: Introduction to a Neglected Aspect of the African Diaspora," in Elizabeth Savage (ed.), *The Human Commodity: Perspectives on the Trans-Saharan Slave Trade*, London: Frank Cass, pp. 5 – 38.

Ibrahim, Hayder. 1979. *The Shaiqiya. The Cultural and Social Change of a Northern Sudanese Reverain People*, Wiesbaden: Franz Steiner Verlag.

Inkeles, Alex & Bauer, Raymond. 1959. *The Soviet Citizen: Daily Life in a Totalitarian Society*, Cambridge, MA: Harvard University Press.

Institut National de la Statistique et de l'Analyse Economique (INSAE). 2014. "Recensement Général de la Population et de l'Habitation au Bénin. Resultats definitifs," retrieved 15 May 2016 from http://www. insae – bj. org/recensement – population. html.

Ismailbekova, Aksana. 2012. " 'The Native Son and Blood Ties': Kinship and Poetics of Patronage in Rural Kyrgyzstan," Ph. D. dissertation, Halle (Saale): Martin Luther University Halle-Wittenberg.

——2017. *Blood Ties and the Native Son: The Poetics of Patronage in Kyrgyzstan*, Bloomington: Indiana University Press.

Jacq-Hergoualc'h, Michel. 2002. *The Malay Peninsula: Crossroads of the Maritime Silk Road* (*100 BC – 1300 AD*), Leiden: Brill.

Jacquesson, Svetlana. 2010. "A Power Play among the Kyrgyz: State versus Descent," in Isabelle Charleux, Gregory Delaplace, Roberte Hamayon and Scott Pearce (eds), *Representing Power in Modern Inner Asia* Vol. 2. Bellingham, WA: Center for East Asian Studies, Western Washington University Press, pp. 221 – 44.

Jacquesson, Svetlana & Beller-Hann, Ildiko. 2012. "Introduction: Local History as an Identity Discipline," *Central Asian Survey* 31 (3): 239 – 249.

James, Wendy. 1988. "Perceptions from an African Slaving Frontier," in Leonie J. Archer (ed.), *Slavery and Other Forms of Unfree Labour*, London: Routledge, pp. 130 – 141.

Jarvie, Ian C. 1984. *Rationality and Relativism: In Search of a Philosophy and History of Anthropology*, London: Routledge.

Jensen, Jürgen. 1999. "Probleme und Möglichkeiten bei der Bildung Kulturen übergreifender Begriffe im Vergleich kultureller Phänomene," in Waltraut Kokot and Dorle Dracklé (eds), *Wozu Ethnologie?* Berlin: Dietrich Reimer, pp. 53 – 73.

Joas, Hans. 2000. *Kriege und Werte: Studien zur Gewaltgeschichte des 20. Jahrhunderts*, Weilerswist: Velbrück.

Johnston, Timothy. 2011. *Being Soviet: Identity, Rumour, and Everyday Life under Stalin 1939 – 1953*, Oxford and New York: Oxford University Press.

Jory, Patrick. 2008. "Luang Pho Thuat and the Integration of Patani," in Michael J. Montesano and Patrick Jory (eds), *Thai South and Malay North: Ethnic Interactions on a Plural Peninsula*, Singapore: NUS Press, pp. 292 - 303.

Kaiser, Markus. 1998a. "Reopening of the Silk Road: International Informal Sector Trade in Post-Soviet Uzbekistan," Ph. D. dissertation, Bielefeld University.

——. 1998b. "Informal Sector Trade in Uzbekistan," *Journal of Central Asian Studies* 2 (2): 2 - 19.

——. 2001. "Formen der Transvergesellschaftung als gegenläufige Prozesse zur Nationsbildung in Zentralasien," in Günther Schlee and Alexander Horstmann, (eds), *Integration durch Verschiedenheit*, Bielefeld: transcript, pp. 113 - 142.

——. 2003. "Forms of Transsociation as Counter-Processes to Nation Building in Central Asia," *Central Asia Survey* 22 (2/3): 315 - 331.

——. 2005. "Cross-Border Traders as Transformers," in Raj Kollmorgen (ed.), *Transformation als Typ sozialen Wandel. Postsozialistische Lektionen, historische und interkulturelle Vergleiche*, Münster: LIT, pp. 191 - 214.

Kalinina, Ekaterina. 2014. "Mediated Post-Soviet Nostalgia," *Södertörn Doctoral Dissertations* Vol. 98, Elanders: Södertörn University. Retrieved 14 July 2015 from http://sh.diva-portal.org/smash/get/diva2: 746181/FULLTEXT01.pdf.

Kaminski, Bartlomiej & Mitra, Saumya. 2010. *Skeins of Silk: Borderless Bazaars and Border Trade in Central Asia*, Washington,

D. C. : World Bank.

Kamp, Marianne Ruth. 2006. *The New Woman in Uzbekistan. Islam, Modernity, and Unveiling under Communism*, Seattle and London: University of Washington Press.

Kaplan, Robert D. 1996. *Balkan Ghosts: A Journey through History*, New York: St. Martin's Press.

Kappeler, Andreas. 2015. "Im Schatten Russlands. Wie die Ukraine aus dem europäischen Bewusstsein verschwand," *Frankfurter Allgemeine Zeitung*, 10 June 2015. Retrieved 14 July 2015 from http://www. faz. net/aktuell/feuilleton/debatten/warum – wir – die – ukraine – noch – immer – unterschaetzen – 13636172. html? printPagedArticle = true#pageIndex_ 2.

Keyes, Charles F. & Tanabe, Shigeharu. 2002. *Cultural Crisis and Social Memory: Modernity and Identity in Thailand and Laos*, London: Routledge Curzon.

Khalid, Adeeb 2007. *Islam after Communism: Religion and Politics in Central Asia*, Berkeley: University of California Press.

Khazanov, Anatoly M. & Schlee, Günther. 2012. *Who Owns the Stock? Collective and Multiple Property Rights in Animals*, Oxford, New York: Berghahn.

Kirmse, B. Stefan. 2013. *Youth and Globalization in Central Asia: Everyday Life Between Religion, Media, and International Donors*, Frankfurt and New York: Campus Verlag.

Kitiarsa, Pattana. 2005. "Beyond Syncretism: Hybridization of Popular Religion in Contemporary Thailand," *Journal of Southeast Asian Studies* 36 (3): 461 – 487.

Klein, Martin A. 1983. "Women in Slavery in the Western Sudan," in Claire C. Robertson and Martin A. Klein (eds), *Women and Slavery in Africa*, Madison: University of Wisconsin Press, pp. 76 – 94.

Knauft, Bruce. 2002. *Critically Modern: Alternatives, Alterities, Anthropologies*, Bloomington and Indianapolis: Indiana University Press.

Knörr, Jacqueline. 2010. "Contemporary Creoleness; or, The World in Pidginization?," *Current Anthropology* 51: 731 – 748.

Koestler, Arthur. 1941. *Darkness at Noon*, New York: Macmillan Co.

Köhler, Florian. 2016. "Transhumant Pastoralists, Translocal Migrants: Space, Place and Identity in a Group of FulBe WoDaaBe in Niger," Ph. D. dissertation, Halle (Saale): Martin Luther University Halle-Wittenberg.

Köhler, Oswald. 1958. "Zur Territorialgeschichte des östlichen Nigerbogens," *Baessler-Archiv* 6 (2): 229 – 260.

Kotkin, Stephen. 1995. *Magnetic Mountain: Stalinism as a Civilization*, Berkeley: University of California Press.

Kraft, Claudia & Lüdtke, Alf & Martschukat, Jürgen. 2010. *Kolonialgeschichten: regionale Perspektiven auf ein globales Phänomen*, Frankfurt am Main, New York: Campus.

Krämer, Karl-Heinz. 1996. *Ethnizität und nationale Integration in Nepal: Eine Untersuchung zur Politisierung der ethnischen Gruppen im modernen Nepal*, Stuttgart: Franz Steiner.

Krauskopff, Gisèle & Lecomte-Tilouine, Marie (eds). 1996.

Célébrer le pouvoir: Dasai, une fête royale au Népal, Paris: Éditions CNRS.

Krylova, Anna. 2000. "The Tenacious Liberal Subject in Soviet Studies," *Kritika: Explorations in Russian and Eurasian History* 1 (1): 1 – 28.

Kuba, Richard. 1996. *Wasangari und Wangara. Borgu und seine Nachbarn in historischer Perspektive*, Hamburg: LIT.

Kudaibergenova, T. Diana. 2014. "National Identity Formation in Post-Soviet Central Asia: The Soviet Legacy, Primordialism, and Patterns of Ideological Development since 1991," in Scvket Akyildiz and Richard Carlson (eds), *Social and Cultural Change in Central Asia: The Soviet Legacy*, London and New York: Routledge, pp. 160 – 173.

Kulke, Hermann, & Rothermund, Dietmar. 2010/1986. *A History of India*, London, New York: Routledge.

Kursad, Aslan. 2008. "Labour Migration and its Potential Consequences for Central Asia," *Central Asia-Caucasus Analyst* 10: 13 – 16.

Labov, William. 2006. *The Social Stratification of English in New York City*, 2nd edn, Cambridge: Cambridge University Press.

Lachenmann, Gudrun. 1992. "Frauen als gesellschaftliche Kraft im sozialen Wandel in Afrika," *Peripherie* 12 (47/48): 74 – 93.

Lang, Hartmut. 1977. *Exogamie und interner Krieg in Gesellschaften ohne Zentralgewalt*, Hohenschäftlarn: Kommissionsverlag Klaus Renner.

Launay, Robert. 1982. *Traders Without Trade: Responses to*

Change in Two Dyula Communities, Cambridge: Cambridge University Press.

——1995. " The Dieli of Korhogo: Identity and Identification," in David C. Conrad and Barbara E. Frank (eds), *Status and Identity in West Africa*, Bloomington: Indiana University Press, pp. 153 – 169.

Le Moal, Guy. 1980. *Les Bobo. Nature et fonction des masques*, Paris: ORSTOM.

——1990. " De la brousse au village: autels de fondation et code sacrificiel chez les Bobo," in Marcel Détienne (ed.), *Traces de fondation*, Paris: Bibliothèque de l'EPHE, pp. 69 – 84.

Leach, Edmund. 1954. *Political Systems of Highland Burma*, London: Athlone Press.

Lentz, Carola. 1993. *Ethnizität und " Tribalismus" in Afrika: Ein Forschungsüberblick*, Berlin: Das Arabische Buch.

Leontyeva, Elvira. 2013. "Corruption Networks in the Sphere of Higher Education: An Example from Russian Mass Universities," in Christian Giordano and Nicolas Hayoz (eds), *Informality in Eastern Europe: Structures, Political Cultures and Social Practices*, Bern: Peter Lang, pp. 357 – 378.

Levinson, Stephen C. 2006. " On the Human " Interaction Engine"," in N. J. Enfield and Stephen C. Levinson (eds), *Roots of Human Sociality: Culture, Cognition and Interaction*, Oxford: Berg, pp. 39 – 69.

Levtzion, Nehemia & J. F. P. Hopkins (eds) . 1981. *Corpus of Early Arabic Sources for West African History*, Cambridge:

Cambridge University Press.

Lewis, Bernard. 1990. *Race and Slavery in the Middle East: A Historical Enquiry*, New York: Oxford University Press.

Lewis, Ioan M. 1961. *A Pastoral Democracy: A Study of Pastoralism and Politics among the Northern Somali of the Horn of Africa*, London: Oxford University Press.

Lewis, Norman. 2000. "The Syrian Steppe During the Last Century of Ottoman Rule: Hawran and the Palmyrena," in Martha Mundy and Basim Musallam (eds), *The Transformation of Nomadic Society in the Arab East*, Cambridge: Cambridge University Press, pp. 33 – 43.

Lhamsuren, Munkh-Erdene. 2010. "The 1640 Great Code: An Inner Asian Parallel to the Treaty of Westphalia," *Central Asian Survey* 29 (3): 269 – 288.

——2011. "Where Did the Mongolian Empire Come From? Medieval Mongol Ideas of People, State and Empire," *Inner Asia* 13: 211 – 237.

Lonsdale, John. 1993. "Staatsgewalt und moralische Ordnung: Die Erfindung des Tribalismus in Afrika," *Der Überblick* 29 (3): 5 – 10.

——1996. "Ethnicité morale et tribalisme politique," *Politique Africaine* 61: 98 – 115.

Lovejoy, Paul E. 1980. *Caravans of Kola: The Hausa Kola Trade*, Zaria: Ahmadu Bello University Press.

——1989. "The Impact of the Atlantic Slave Trade on Africa: A Review of the Literature," *Journal of African History* 30: 365 –

394.

Lugard, Lord F. D. 1965/1922. *The Dual Mandate in British Tropical Africa*, Hamden, CT: Archon Books.

Lukashova, Irina, & Makenbaeva, Irina. 2009. "Impact of the Global Financial Crisis on Labour Migration from Kyrgyzstan to Russia. Qualitative Overview and Quantitative Survey," *Report* by OSCE, ACTED and European Commission, Retrieved 14 July 2015 from http://www. osce. org/bishkek/40540.

Lukes, Steven M. 1974. *Power: A Radical View*, Houndmills, London: Macmillan.

Macauliffe, Max A. 1909. *The Sikh Religion. Its Gurus, Sacred Writings and Authors*, Oxford: Clarendon Press.

Macfarlane, Alan. 1997. "Identity and Change among the Gurungs (Tamu-mai) of Central Nepal," in David Gellner, Joanna Pfaff-Czarnecka and John Whelpton (eds), *Nationalism and Ethnicity in a Hindu Kingdom: The Politics of Culture in Contemporary Nepal*, Amsterdam: Harwood, pp. 185 – 204.

Madmarn, Hasan. 1999. *The* Pondok *and* Madrasah *in Patani*, Bangi: Penerbit University Kebangsaan Malaysia.

Makris, G. P. 1996. "Slavery, Possession and History: The Construction of the Self among Slave Descendants in the Sudan," *Africa. Journal of the International African Institute* 66 (2): 159 – 182.

Manessy, Gabriel. 1975. *Les langues Oti-Volta: Classification généalogique d'un groupe de langues voltaiques*, Paris: SELAF.

Manz, Beatrice Forbes. 1999/1989. *The Rise and Rule of Tamerlane*, Cambridge: Cambridge University Press.

Martin, Terry. 2001. *The Affirmative Action Empire: Nations and Nationalism in the Soviet Union, 1923 – 1939*, Ithaca: Cornell University Press.

Masud, Muhammad Khalid (ed.) . 2000. *Travellers in Faith: Studies of the Tablighi Jama'at as a Transnational Islamic Movement for Faith Renewal*, Leiden: Brill.

McCargo, Duncan. 2008. *Tearing Apart the Land: Islam and Legitimacy in Southern Thailand*, Ithaca: Cornell University Press.

McDougall, E. Ann. 1985a. "The View from Awdaghust: War Trade and Social Change in the Southwestern Sahara from the Eighth to the Fifteenth Century," *Journal of African History* 1: 1 – 30.

——1985b. "Camel Caravans of the Saharan Salt Trade: Traders and Transporters in the Nineteenth Century," in Catherine Coquery-Vidrovitch and Paul. E. Lovejoy (eds) , *The Workers of African Trade*, Beverly Hills: Sage, pp. 99 – 122.

——1988. "A Topsy-Turvy World: Slaves and Freed Slaves in the Mauritanian Adrar 1910 – 1950," in Suzanne Miers and Richard Roberts (eds) , *The End of Slavery in Africa*, Madison: University of Wisconsin Press, pp. 362 – 388.

McNeill, William Hardy. 1997. *A History of the Human Community: Prehistory to the Present*, Upper Saddle River, NJ: Prentice Hall.

Meeker, Michael E. 2002. *A Nation of Empire: The Ottoman Legacy of Turkish Modernity*, Berkeley: University of California Press.

Meillassoux, Claude. 1977/1973. *Terrains et théories*, Paris: Édition Anthropos.

——1986. *Anthropologie de l'esclavage, le ventre de fer et d'argent*, Paris: Presses Universitaires.

Meinardus, Otto. 1969. "The Upper Egyptian Practice of the Making of Eunuchs in the XVIIIth and XIXth Century," *Zeitschrift für Ethnologie* 94: 47 – 58.

Menashri, David (ed.). 1998. *Central Asia Meets the Middle East*, London: Frank Cass.

Mercer, John. 1982. *Slavery in Mauritania Today*, London: Anti-Slavery-Society.

Middleton, John. 1979. *The Central Tribes of the North-eastern Bantu*, London: International African Institute.

Miers, Suzanne, & Kopytoff, Igor. 1977. "Introduction: African 'Slavery' as an Institution of Marginality," in Suzanne Miers and Igor Kopytoff (eds), *Slavery in Africa: Historical and Anthropological Perspectives*. Madison: University of Wisconsin Press, pp. 3 – 81.

Migration Policy Centre. 2013a. "Russia Migration Profile," Retrieved 02 August 2015 from http://www.migrationpolicycentre.eu/docs/fact_ sheets/Factsheet% 20Russia. pdf .

——2013b. "Ukraine Migration Profile," Retrieved 02 August 2015 from http://www.migrationpolicycentre.eu/docs/fact _ sheets/Factsheet% 20Ukraine. pdf.

Ministère de l'Agriculture et des Ressources Animales, 1994. *Terre et Progrès*. Abidjan.

Mohammadou, Eldrige. 1976. *L'histoire des Peuls Férôbé du Diamaré Maraoua et Petté*, Tokyo: ILCAA.

Mohammed. 2014. "Sudan Offers Egypt 100, 00 Acres of Farmland," in *Africa Review*, 08 December 2014, http: //www. africareview. com/News/Sudan – offers – Egypt – farmland/ –/ 979180/2549114/ –/46mtbq/ –/index. html#, accessed 24 December 2014.

Montesano, Michael J. & Jory, Patrick (eds) . 2008. *Thai South and Malay North*: *Ethnic Interactions on a Plural Peninsula*, Singapore: NUS Press.

Moore, Sally Falk. 1978. "Law and Social Change: The Semi-Autonomous Social Field as an Appropriate Subject of Study," in Sally Falk Moore, *Law as a Process*: *An Anthropological Approach*. London: Routledge and Kegan Paul, pp. 54 – 81.

Moorehead, Alan. 1973/1960. *The White Nile*, Harmondsworth: Penguin Books.

Mounteney-Jephson, Arthur J. 1891. *Emin Pasha and the Rebellion at the Ecquator*: *A Story of Nine Month's Experiences in the Last of the Soudan Provinces*, New York: Charles Scribner's Sons.

Mowafi, Reda. 1981. *Slavery*, *Slave Trade and Abolition Attempts in Egypt and the Sudan 1820 – 1882*, Lund: Lunds Universitet.

Müller, Franz-Volker. 1989. "Ethnizität und gesellschaftliche Arbeitsteilung in Westafrika: Beispiele aus der Ethnographie Malis," in Georg Elwert and Peter Waldmann (eds), *Ethnizität im Wandel*. Saarbrücken: Breitenbach, pp. 169 – 186.

Munier, Pierre. 1952. "L'Assabe, essai monographique," *Études Mauritaniennes* 3: 1 – 72.

Münster, Daniel. 2007. *Postkoloniale Traditionen: Eine Ethnographie über Dorf, Kaste und Ritual in Südindien*, Bielefeld: transcript.

Muriuki, Godfrey. 1974. *A History of the Kikuyu: 1500 – 1900*, Nairobi: Oxford University Press.

Mutie, Pius Mutuku. 2003. " ' In Spite of Difference ' : Making Sense of the Co-Existence between the Kamba and the Maasai Peoples in Kenya," Ph. D. dissertation. University of Bielefeld, Faculty of Sociology: Sociology of Development Research Centre.

——2013. *The Art of Interethnic Coexistence: Some Evidence from Kenya*, Saarbrücken: LAP Lambert Academic Publishing.

N'Tia, Roger. 1993. "Géopolitique de l'Atakora précolonial," *Afrika Zamani* 1: 107 – 124.

Nadel, Siegfried F. 1952. "Witchcraft in Four African Societies: An Essay in Comparision," *American Anthropologist* 54 (1): 18 – 29.

Nader, Nada 2014. "10, 000 Sudanese Acres Ready for Egyptian Farmers: Sudanese Investment Minister. Sudan Is Now Adopting the Open Door Policy for Investments," *Daily News Egypt*, 13 December 2014, http://www. dailynewsegypt. com/ 2014/12/13/10000 – sudanese – acres – ready – egyptian – farmers – sudanese – investment – minister/, accessed 24 December 2014.

Nee, Victor. 1992. "Organisational Dynamics of Market Transition: Hybrid Forms, Property Rights, and Mixed Economy in China," *American Sociological Quarterly* 37 (1): 1 – 27.

Ngure, Kenneth Kamuri. 2015. *From Rendille to Samburu : A*

consequence of Compromised Linguistic Fidelity. Köln: Köppe Verlag.

Nicolas, Guy. 1964. *Étude de marchés en pays Hausa (Rep. du Niger)*, Bordeaux: Documents ethnographiques, Université de Bordeaux.

Nikiporets-Takigawa, Galina. 2013. "Memory Events and Memory Wars. Victory Day in L'viv, 2011 through the Prism of Quantitative Analysis," in Ellen Rutten, Julie Fedor and Vera Zvereva (eds), *Memory, Conflict and New Media: Web Wars in Post-Socialist States.* London: Routledge, pp. 48 – 62.

Nirenberg, David. 2012. "Worrying about Cultural Excange in the Court of Alfonso X 'the Wise'," [Preliminary] *Reader.* [Conference on] Globalization of Knowledge in the Mediterrean World of Post-Antiquity. Mechanisms of Transfer and Transformation. Organized by the Max Planck Institute for the History of Science at the Ethnological Museum, Berlin-Dahlem, October 26 – 27, 2012, pp. 115 – 124.

Nishii, Ryoko. 1999. "Coexistence of Religions: Muslim and Buddhist Relationship on the West Coast of Southern Thailand," *Tai Culture: International Review on Tai Cultural Studies* 4 (1): 77 – 92.

Northrop, Douglas. 2004. *Veiled Empire: Gender and Power in Stalinist Central Asia.* Ithaca, NY: Cornell University Press.

Observatory of Economic Complexity. 2015. "OEC: Russia (RUS) Profile of Exports, Imports and Trade Partners," *Observatory of Economic Complexity*, 7 July 2015, Retrieved 14 July 2015 from https: //atlas. media. mit. edu/en/profile/country/rus/.

Olimova, Saodat & Bosc, Igor. 2003. "Labor Migration from Tajikistan," *Tajikistan International Organization for Migration* (*IOM*). Dushanbe.

Orwell, George. 2013. *Nineteen Eighty-Four: The Annotated Edition.* Penguin Books.

Ould Ahmed, Mohamed Lemine. 1983. "L'abolition de l'esclavage en Mauritanie," Master thesis. Dakar University: Faculté des Sciences Juridiques et Economiques 1982 – 1983.

Ould Cheikh, Abdel Wedoud. 1991. "La tribu comme volonté et comme représentation: Le facteur religieux dans l'organisation d'une tribu maure: les Awlad Abyaryi," in Pierre Bonte, Édouard Conte, Constant Hamès and Wedoud Ould Cheikh (eds), *Al Ansâb: La quête des origines, Anthropologie historique de la société tribale arabe*, Paris: Édition Maison de la science de l'homme, pp. 201 – 238.

Ould Hamidoun, Mokhtar. 1952. "Précis sur la Mauritanie," *Études Mauritaniennes* 4: 1 – 71.

Ould Khalifa, Abdallalii Ould Youba. 1991. *Les aspects économiques et sociaux de l'oued Tijigja: de la fondation du ksar l'indépendance* (*1600 – 1960*), Paris: Université de Paris I.

Ould Mohand, Hussein. 1993. "El Med'h, gospels des haratines," *Al Bayane* 64 (9).

Oxby, Clare. 1978. *Sexual Division and Slavery in a Tuareg Community*, London: University of London Press.

Park, Robert E. 1930. "Assimilation, Social," in Edwin R. Seligman and Alvin Johnson (eds), *Encyclopedia of the Social Sciences*,

Vol. 2. New York: Macmillan, pp. 281 – 283.

Parkin, David. 1987. "Comparison as Search for Continuity," in Ladislaw Holy (ed.), *Comparative Anthropology*, London: Blackwell, pp. 52 – 69.

Parsons, Timothy H. 2010. *The Rule of Empires: Those Who Built Them, Those Who Endured Them, and Why They Always Fall*, Oxford: Oxford University Press.

Patterson, Orlando. 1982. *Slavery and Social Death: A Comparative Study*, Cambridge: Harvard University Press.

Paul, Robert A. 1989 *The Sherpas of Nepal in the Tibetan Cultural Context*, New Delhi: Motilal Banarsidass Publishers.

Pautz, Hartwig. 2005. "The Politics of Identity in Germany: the *Leitkultur* Debate," *Race & Class* 46 (4): 39 – 52.

Peleikis, Anja. 2003. *Lebanese in Motion: Gender and the Making of a Translocal Village*, Bielefeld: transcript.

Pfaff-Czarnecka, Joanna. 1989. *Macht und Rituelle Reinheit: Hinduistisches Kastenwesen und ethnische Beziehungen im Entwicklungsprozess Nepals*, Grüsch: Rüegger.

——1997. "Vestiges and Visions: Cultural Change in the Process of Nation-Building in Nepal," in David Gellner, Joanna Pfaff-Czarnecka and John Whelpton (eds), *Nationalism and Ethnicity in a Hindu Kingdom: The Politics of Culture in Contemporary Nepal*. Amsterdam: Harwood, pp. 419 – 470.

——1998. "A Battle of Meanings: Commemorating Goddess Durgā's Victory over Demon Mahisā as a Political Act," *Asiatische Studien* 52 (2): 575 – 610.

——1999. "Debating the State of the Nation: Ethnicization of Politics in Nepal-A Position Paper," in Joanna Pfaff-Czarnecka et al., *Ethnic Futures-The State and Identity: Politics in Asia*, New Delhi: Sage Publications, pp. 41 – 98.

——2012. "F © ictions, Frames and Fragments: Belonging and Ethnic Boundary Making in Nepal's Contested Ritual Communication," in Gabriela Kiliánová, Christian Jahoda and Michaela Ferencová (eds), *Ritual Conflict and Consensus: Case Studies from Asia and Europe*, Wien: Verlag der Österreichischen Akademie der Wissenschaften, pp. 15 – 30.

Pfaff-Czarnecka, Joanna & Büschges, Christian & Hecker, Friso & Kaltmeier, Olaf. 2007. "Ethnisierung und De-Ethnisierung des Politischen: Aushandlungen um Inklusion und Exklusion im andinen und im südasiatischen Raum, " in Christian Büschges and Joanna Pfaff-Czarnecka (eds), *Die Ethnisierung des Politischen. Identitätspolitiken in Lateinamerika, Asien und den USA*, Frankfurt: Campus, pp. 19 – 63.

Philipp, Michael & Stammen, Theo. 1996. "Fürstenspiegel," in Gert Ueding (ed.), *Historisches Wörterbuch der Rhetorik* Vol. 3. Tübingen: Max Niemeyer Verlag, pp. 495 – 507.

Platenkamp, Josephus M. 2004. "From Partial Persons to Completed Societies," *Zeitschrift für Ethnologie* 129: 1 – 28.

Popp, Wossen Marion. 2001. "Yem, Janjero oder Oromo? Die Konstruktion ethnischer Identität im sozialen Wandel," in Alexander Horstmann and Günther Schlee (eds), Integration durch Verschiedenheit. Bielefeld: transcript, pp. 367 – 403.

Pontin, A. J. 1982. *Competition and Coexistence of Species*, Boston: Pitman Advanced Publication Programm.

Pries, Ludger. 1999. "New Migration in Transnational Space," in Ludger Pries (ed.), *Migration and Transnational Social Spaces*. Aldershot: Ashgate, pp. 1 – 35.

Quigley, Declan. 1997. "Deconstructing Colonial Fictions? Some Conjuring Tricks in the Recent Sociology of India," in Alison James, Jenny Hockey and Andrew Dawson (eds), *After Writing Culture*. London: Routledge, pp. 103 – 121.

Rahmonova-Schwarz, Delia. 2012. *Family and Transnational Mobility in Post-Soviet Central Asia. Labor Migration from Kyrgyzstan, Tajikistan and Uzbekistan to Russia*, Baden-Baden: Nomos.

Ramble, Charles. 1997. "Tibetan Pride of Place; or, why Nepal's Bhotiyas are not an Ethnic Group," in David Gellner, Joanna Pfaff-Czarnecka and John Whelpton (eds), *Nationalism and Ethnicity in a Hindu Kingdom: The Politics of Culture in Contemporary Nepal*. Amsterdam: Harwood, pp. 379 – 413.

Rapport, Nigel. 2012. *Anyone: The Cosmopolitan Subject of Anthropology*, New York, Oxford: Berghahn.

Rasanayagam, Johan. 2011. *Islam in Post-Soviet Uzbekistan: The Morality of Experience*, Cambridge: Cambridge University Press.

Redfield, Robert & Linton, Ralph & Herskovits, Melville J.. 1936. "Memorandum for the Study of Acculturation," *American Anthropologist (New Series)* 38 (1): 149 – 152.

Reeves, Madeleine. 2007. "Unstable Objects: Corpses, Checkpoints and ' Chessboard Borders ' in the Ferghana Valley,"

Anthropology of East Europe Review 25 （1）: 72 – 84.

——2008. "Materializing Borders," *Anthropology News* 49 （5）: 12 – 13.

——2011. "Staying Put? Towards a Relational Politics of Mobility at a Time of Migration," *Central Asian Survey* 30 （3 – 4）: 555 – 576.

——2014. *Border Work. Spatial Lives of the State in Rural Central Asia*, Ithaca, NY: Cornell University Press.

Regmi, Mahesh Chandra. 1972. *A Study in Nepali Economic History, 1768 – 1846*, New Delhi: Manjusri Publishing House.

——1978. *Thatched Huts and Stucco Palaces: Peasants and Landlords in 19th-Century Nepal*, New Delhi: Vikas Publishing House.

Roberts, Richard. 1988. "The End of Slavery in the French Soudan, 1905 – 1914," in Suzanne Miers and Richard Roberts （eds）, *The End of Slavery in Africa*, Madison: Wisconsin University Press, pp. 282 – 307.

Roberts, Sean R. 2007. "Everyday Negotiations of Islam in Central Asia: Practicing Religion in the Uyghur Neighborhood of Zarya Vostoka in Almaty, Kazakhstan," in Jeff Sahadeo and Russell Zanca （eds）, *Everyday Life in Central Asia. Past and Present*, Bloomington: Indiana University Press, pp. 339 – 354.

Robinne, François & Sadan, Mandy. 2007. *Social Dynamics in the Highlands of Southeast Asia: Reconsidering Political Systems of Highland Burma by E. R. Leach*, Leiden: Brill.

Roche, Sophie & Hohmann, Sophie. 2011. "Wedding Rituals

and the Struggle over National Identities," *Central Asian Survey* 30 (1): 113 – 128.

Röhner, Irene. 2007. "National and International Labour Migration. A Case Study in the Province of Batken, Kyrgyzstan," *NCCR North-South IP6 Working Paper No. 8*, University of Zürich: Development Study Group.

Rolf, Malte. 2006. *Das sowjetische Massenfest*, Hamburg: Hamburger Edition, HIS Verlag.

Rothman, Jay. 2000. "The "Aria ' Approach to Conflict', *Pegasus Communications*," Retrieved 17 April 2013 from http: // www. pegasuscom. com.

Roussel, Louis. 1965. *Région de Korhogo. Etude de développement socio-économique*, Rapport sociologique.

Ruf, Urs Peter. 1995. *Mobil Sesshafte, Sedentarisierung und Geschichte der Nomaden in Mauretanien*, Bielefelder Studien zur Entwicklungssoziologie 61, Saarbrücken: Verlag für Entwicklungspolitik.

——1999. *Ending Slavery: Hierarchy, Dependency and Gender in Central Mauritania*, Bielefeld: transcript.

Russell, Andrew. 1997. "Identity Management and Cultural Change: The Yakha of East Nepal," in David Gellner, Joanna Pfaff-Czarnecka and John Whelpton (eds), *Nationalism and Ethnicity in a Hindu Kingdom: The Politics of Culture in Contemporary Nepal*, Amsterdam: Harwood, pp. 325 – 350.

Russian Federation Federal Statistics Service. 2013. "Demograficheskiyi Ezhegodnik Rossii 2013," Retrieved 07 July 2015 from http://www. gks. ru/wps/wcm/connect/rosstat main/rosstat/ru/statistics/publications/catalog/doc_ 1137674209312. Saarbrücken: LAP LAMBERT Academic Publishing.

Sahlins, Marshall. 1963. "Poor Man, Rich Man, Big Man, Chief: Political Types in Melanesia and Polynesia," *Comparative Studies in Society and History* 5: 285 – 303.

Sántha, István. 2005. "Somewhere in Between: Social Ties on the Borderland between Taiga and Steppe to the West of Lake Baikal," in Erich Kasten (ed.), *Rebuilding Identities: Pathways to Reform in Post-Soviet Siberia*, Berlin: Reimer, pp. 173 – 196.

Sardan, Jean-Pierre Olivier de. 1976. *Quand nos pères étaient captifs*, Paris: Nubia.

Sasunkevich, Olga. 2013. "'Business as Casual'. Shuttle Trade on the Belarus-Lithuanian Border," in Jeremy Morris and Abel Polese (eds), *The Informal Post-Socialist Economy: Embedded Practices and Livelihoods*. London and New York: Routledge, pp. 135 – 151.

Saugnier & Brisson. 1969/1792. *Voyages to the Coast of Africa*, Reprinted edition, New York: Negro University Press.

Schatz, Edward. 2014. *Modern Clan Politics: The Power of "Blood" in Kazakhstan and Beyond*, Seattle and London: University of Washington Press.

Schatz, Merle. 2014. *Sprache und Identität der Mongolen Chinas heute*, Köln: Köppe Verlag.

Schetter, Conrad. 2012. "Translocal Lives. Patterns of Migration in Afghanistan," *Crossroads Asia Working Paper No. 2*. University of Bonn: Centre for Development Research.

Schlee, Günther. 1988. "Camel Management Strategies and

Attitudes towards Camels in the Horn," in Jeffery C. Stone (ed.), *The Exploitation of Animals in Africa*, Aberdeen: University African Studies Group, pp. 143 – 154.

———. 1989. "The Orientation of Progress: Conflicting Aims and Strategies of Pastoral Nomads and Development Agents in East Africa. A Problem Survey," in Elisabeth F. Linnebuhr (ed.), *Transition and Continuity in East Africa and Beyond. In Memoriam David Miller, Bayreuth African Studies Series: Special Issue*, Bayreuth: E. Breitinger, pp. 397 – 450.

——— 1994a/1989. *Identities on the Move: Clanship and Pastoralism in Northern Kenya*, Nairobi: Gideon S. Were.

——— 1994b. "Ethnicity Emblems, Diacritical Features, Identity Markers," in David Brokensha (ed.), *A River of Blessings: Essays in Honour of Paul Baxter*, Syracuse, New York: Maxwell School of Citizenship and Public Affairs, Syracuse University, pp. 129 – 143.

———1998. "Gada Systems on the Meta-ethnic Level: Gabbra/ Boran/Garre Interactions in the Kenyan/Ethiopian Borderland," in Eisei Kurimoto und Simon Simonse (eds), *Conflict, Age & Power in North East Africa*, Oxford: James Currey, pp. 121 – 146.

——— (ed.) . 2004. *Ethnizität und Markt*, Köln: Köppe Verlag.

———2005. "Forms of Pastoralism," in Stefan Leder and Bernhard Streck (eds), *Shifts and Drifts in Nomad-Sedentary Relations*. Wiesbaden: Reichert, pp. 17 – 54.

———2008a. *How Enemies are Made*, Oxford and New York: Berghahn.

———2008b. "Ethnopolitics and Gabra Origins," *Max Planck*

Institute for Social Anthropology Working Paper no. 103, Halle (Saale): Max Planck Institute for Social Anthropology.

——2009. Tackling Ethnicity from Different Sides. Marc Howard Ross "Work on Culture and Conflict", *Anthropos* 104: 571 – 78.

——2010. "The Information Economics of Identification," *Max Planck Institute for Social Anthropology Report 2008 – 2009*, Vol. I. Halle (Saale): Max Planck Institute for Social Anthropology, pp. 19 – 25. www. eth. mpg. de.

——2013. "Why States Still Destroy Pastoralism and How They Can Learn That in Their Own Interest They Should Not," *Nomadic Peoples* 17 (2): 6 – 19.

Schlee, Günther and Abdullahi A. Shongolo. 2012. *Pastoralism and Politics in Northern Kenya and Southern Ethiopia*, Woodbridge: James Currey.

Schlee, Günther with Abdullahi A. Shongolo. 2012. *Islam and Ethnicity in Northern Kenya and Southern Ethiopia*, Woodbridge: James Currey.

Schlee, Günther & Werner, Karin. 1996. "Inklusion und Exklusion: Einführung," in Günther Schlee and Karin Werner (eds), *Inklusion und Exklusion*, Köln: Köppe Verlag, pp. 9 – 36.

Schlee, Günther & Werner, Karin (eds). 1996. *Inklusion und Exklusion: Die Dynamik von Grenzziehungen im Spannungsfeld von Markt, Staat und Ethnizität.* Köln: Rüdiger Köppe.

Schorkowitz, Dittmar. 2015. "Imperial Formations and Ethnic Diversity: Institutions, Practices, and *longue durée* Illustrated by the

Example of Russia," *Max Planck Institute for Social Anthropology Working Paper* Nr. 48. Halle (Saale): Max Planck Institute for Social Anthropology.

—— 2017. "Dealing with Nationalities in Imperial Formations: How Russian and Chinese Agencies Managed Ethnic Diversity in the 17th to 20th Centuries," in Dittmar Schorkowitz and Chia Ning (eds), Managing Frontiers *in Qing China: The Lifanyuan and Libu Revisited.* Leiden: Brill, pp. 389 – 434.

Scott, James C. 1976. *The Moral Economy of the Peasant: Rebellion and Subsistence in Southeast Asia,* New Haven: Yale University Press.

Scott, James. 1998. *Seeing Like a State: How Certain Schemes to Improve the Human Condition Have Failed,* New Haven: Yale University Press.

——2009. *The Art of Not Being Governed: An Anarchist History of Upland Southeast Asia,* New Haven: Yale University Press.

Sharma, Prayag Raj. 1992. "How to Tend this Garden," *Himal* 5 (3): 7 – 9.

Sharma, Ursula. 1994. "Berreman Revisited: Caste and the Comparative Method," in Mary Searle-Chatterjee and Ursula Sharma (eds), *Contextualising Caste.* Oxford: Blackwell, pp. 72 – 91.

Shildkrout, Enid. 1974. "Ethnicity and Generational Differences Among Urban Immigrants in Ghana," in Abner Cohen (ed.), *Urban Ethnicity.* London: Routledge, pp. 187 – 222.

——1978. *People of the Zongo: Transformation of Ethnic Identities in Ghana.* Cambridge: Cambridge University Press.

Sigrist, Christian. 1994. *Regulierte Anarchie: Untersuchungen zum Fehlen und zur Entstehung politischer Herrschaft in segmentären Gesellschaften Afrikas.* Hamburg: Europäische Verlagsanstalt.

Sik, Endre. 1994a. "Network Capital in Capitalist, Communist and Post-Communist Societies," *International Contributions to Labour Studies* 4: 73 – 93.

——1994b: "From Multicoloured to Black and White Economy: The Hungarian Second Economy and the Transformation," *International Journal of Urban and Regional Research* 18 (1): 46 – 70.

Simon, Gerhard. 1991. *Nationalism and Policy Toward the Nationalities in the Soviet Union: From Totalitarian Dictatorship to Post-Stalinist Society*, Boulder: Westview Press.

Smith, D. Anthony. 1987. *The Ethnic Origins of Nations*, Oxford and New York: Blackwell.

Smith, Jeremy. 1999. *The Bolsheviks and the National Question, 1917 – 23*, Studies in Russia and East Europe, New York: St. Martin's Press.

Soja, W. Edward. 2009. "Taking Space Personally," in Barney Warf and Santa Arias (eds), *The Spatial Turn: Interdisciplinary Perspectives*, London and New York: Routledge, pp. 11 – 35.

Solzhenitsyn, Alexander I. 1974. *The Gulag Archipelago, 1918 – 1956: An Experiment in Literary Investigation*, New York: Harper and Row.

Sørbø, Gunnar M. 1985. *Tenants and Nomads in Eastern Sudan- A Study of Economic Adaptations in the New Halfa Scheme*, Uppsala: The Nordic Africa Institute.

Spear, Thomas. 2003. "Neo-Traditionalism and the Limits of Invention in British Colonial Africa," *Journal of African History* 44: 3 – 27.

Steenberg, Rune. 2014. "Network or Community? Two Tropes for Analysing Social Relations among Uyghur Traders in Kyrgyzstan," *Crossroads Asia Working Paper Series No. 18*, University of Bonn: Centre for Development Research.

Stichweh, Rudolf. 1992. "Der Fremde-Zur Evolution der Weltgesellschaft," *Rechtshistorisches Journal* 11: 295 – 316.

Suny, Ronald Grigor. 1995. *The Revenge of the Past: Nationalism, Revolution, and the Collapse of the Soviet Union*, Stanford: Stanford University Press.

——1999. "Provisional Stabilities: The Politics of Identities in Post-Soviet Eurasia," *International Security* 24 (3): 139 – 178.

Sureau, Timm. 2016. ' "The Last Bullet": South Sudan's Emerging State', Ph. D. dissertation, Halle (Saale): Martin Luther University Halle-Wittenberg.

Tauzin, Aline. 1984. "Statuts féminins dans une société pastorale: les Maures de Mauritanie," *Production Pastorale et Société* 14: 79 – 91.

——1993. *Contes arabes de Mauritanie*, Paris: Karthala.

Taylor, Raymond M. 1996. *Of Disciples and Sultans: Power, Authority and Society in the Nineteenth Century Mauritanian Gebla*, Urbana: University of Illinois at Urbana-Champaign.

Tiando, Emmanuel. 1993. "L'historiographie de l'Atakora," *Afrika Zamani* 1: 95 – 106.

Tilly, Charles. 1985. "War Making and State Making as Organized Crime," in Peter Evans, Dietrich Rueschemeyer and Theda Skocpol (eds), *Bringing the State Back In*, Cambridge: Cambridge University Press, pp. 169 – 87.

Tlostanova, Madina. 2015. "Postcolonial Post-Soviet Trajectories," *Balticworlds*, Retrieved 20 May 2015 from http: // balticworlds. com/postcolonial – post – soviet – trajectories/.

Todorova, Maria. 2010. "Introduction. From Utopia to Propaganda and Back," in Mariia Nikolaeva Todorova and Zsuzsa Gille (eds), *Post-Communist Nostalgia*, Oxford and New York: Berghahn, pp. 1 – 12.

Tonah, Steve. 1993. "The Development of Agropastoral Households in Ghana: Policy Analysis, Project Appraisal and Future Perspectives," *Bielefelder Studien zur Entwicklungssoziologie* 56. Saarbrücken: Verlag für Entwicklungspolitik.

Toth, Anthony B. 2006. "Last Battles of the Bedouin and the Rise of Modern States in Northern Arabia: 1850 – 1950," in Dawn Chatty (ed.), *Nomadic Societies in the Middle East and North Africa*. Leiden, Boston: Brill, pp. 49 – 77.

Toupet, Charles. 1958. "La vallée de Tamourt en Naaj (Tagant), problèmes d'aménagement," *Bulletin de l'IFAN* série B 20 (1 – 2): 68 – 110.

Trimingham, J. Spencer. 1970. *A History of Islam in West Africa*, Oxford: Oxford University Press.

Tule, Philipus. 2004. *Longing for the House of God. Dwelling in the House of the Ancestors*, Sankt Augustin (Studia Instituti Anthropos

50）：Academic Press Fribourg Switzerland.

Turaeva, Rano. 2016. *Migration and Identity in Central Asia：The Uzbek Experience.* London, New York：Routledge, Taylor and Francis Group.

Uberoi, J. P. Singh. 1996. *Religion, Civil Society, and the State：A Study of Sikhism.* Delhi, Oxford：Oxford University Press.

van der Veer, Peter. 1988. *Gods on Earth：The Management of Religious Experience and Identity in a North Indian Pilgrimage Centre,* London and Atlantic Highlands：The Athlone Press.

Vertovec, Steven. 2007. "Super-Diversity and Its Implications," *Ethnic and Racial Studies* 30（6）：1024 – 54. doi：10.1080/01419870701599465.

Walsh, Lorena S. 1997. *From Calabar to Carter's Grove：The History of a Virginia Slave Community,* Colonial Williamsburg Studies in Chesapeake History and Culture, Charlottesville：University Press of Virginia.

Warms, Richard L. 1994. "Commerce and Community：Paths to Success for Malian Merchants," *African Studies Review* 37（2）：97 – 120.

Weber, Eugen. 1976. *Peasants into Frenchmen：The Modernization of Rural France；1870 – 1914,* Stanford：Stanford University Press.

Weber, Max. 1968. *Economy and Society：An Outline of Interpretive Sociology,* Edited by Günther Roth and Claus Wittich. New York：Bedminster Press.

Wegren, Stephen et al. 2010. "Rural Reform and the Gender Gap in Post-Soviet Russia," *Slavic Review* 69（1）：65 – 93.

Werbner, Pnina. 1997. "Essentialising Essentialism, Essentialising Silence: Ambivalence and Multiplicity in the Constructions of Racism and Ethnicity," in Pnina Werbner and Tariq Modood (eds), *Debating Cultural Hybridity.* London, New Jersey: Zed Books, pp. 226 – 254.

Wheatley, Jonathan. 2013. "Informal and Formal Institutions in the Former Soviet Union," in Christian Giordano and Nicolas Hayoz (eds), *Informality in Eastern Europe: Structures, Political Cultures and Social Practices,* Bern: Peter Lang, pp. 319 – 335.

Whelpton, John & Gellner, David N. & Pfaff-Czarnecka, Joanna. 2008. ' New Nepal, New Ethnicities: Changes since the mid-1990s', in David N. Gellner, John Whelpton and Joanna Pfaff-Czarnecka (eds) *Nationalism and Ethnicity in Nepal,* Kathmandu: Vajra Publishers, pp. i – xxxiii.

Wild, Anthony. 2001. *The East India Company: Trade and Conquest from 1600,* London: Harper Collins Illustrated.

Wilk, Richard R. & Cligget, Lisa C.. 2007/1996. *Economies and Cultures: Foundations of Economic Anthropology,* Boulder, CO: Westview Press.

Williams, H. James. 2014. (Re) *Constructing Memory: School Textbooks and the Imagination of the Nation,* Rotterdam: Sense Publishers.

Wimmer, Andreas. 1995. "Interethnische Konflikte: Ein Beitrag zur Integration aktueller Forschungsansätze," *Kölner Zeitschrift für Soziologie und Sozialpsychologie* 47 (3): 464 – 93.

——1997. " Who owns the State? Understanding Ethnic

Conflict in Postcolonial Societies," *Nations and Nationalisms* 3 (4): 631 – 65.

Wimmer, Andreas & Glick Schiller, Nina. 2003. "Methodological Nationalism, the Social Sciences, and the Study of Migration: An Essay in Historical Epistemology," *International Migration Review* 37 (3): 576 – 610.

Witsenburg, Karen & Zaal, Fred. 2012. *Spaces of Insecurity: Human Agency in Violent Conflicts in Kenya*, Leiden: African Studies Centre.

Woodward, Peter. 1990. *Sudan, 1898 – 1989: The Unstable State*, Boulder: Lynne Rienner Publishers.

Yurchak, Alexei. 2006. *Everything Was Forever, Until It Was No More: The Last Soviet Generation.* Princeton: Princeton University Press.

Zahir Musa Abdal-Kareem. 2016. "Group Identification and Resources Conflicts in Gedaref State, Eastern Sudan," Ph. D. dissertation, Halle (Saale): Martin Luther University Halle-Wittenberg.

Zentralasien-Analysen. 2010. *Arbeitsmigration* 29. Retrieved 1 June 2016 from http: //www. laender-analysen. de/zentralasien/pdf/ZentralasienAnalysen29. pdf.

Zima, Peter. 1994. *Lexique Dendi (Songhay)*, Köln: Köppe Verlag.

Zinovyev, Aleksandr. 1986. *Homo Sovieticus*, London : Paladin.

Zitelmann, Thomas. 1999. "Des Teufels Lustgarten: Themen und Tabus der politischen Anthropologie Nordostafrikas," habilitation thesis, Berlin: Free University of Berlin.

图书在版编目（CIP）数据

再造异同：人类学视域下的整合模式／（德）李峻石，（德）郝时亚主编；吴秀杰译 . -- 北京：社会科学文献出版社，2020.1（2022.4 重印）

书名原文：Difference and Sameness as Modes of Integration：Anthropological Perspectives

ISBN 978 - 7 - 5201 - 4546 - 6

Ⅰ.①再⋯ Ⅱ.①李⋯ ②郝⋯ ③吴⋯ Ⅲ.①民族学 - 文集 Ⅳ.①C95 - 53

中国版本图书馆 CIP 数据核字（2019）第 050265 号

再造异同：人类学视域下的整合模式

主　　编／〔德〕李峻石（Günther Schlee）
　　　　　〔德〕郝时亚（Alexander Horstmann）
译　　者／吴秀杰

出 版 人／王利民
组稿编辑／宋月华
责任编辑／孙美子
责任印制／王京美

出　　版／社会科学文献出版社·人文分社（010）59367215
　　　　　地址：北京市北三环中路甲 29 号院华龙大厦　邮编：100029
　　　　　网址：www. ssap. com. cn
发　　行／社会科学文献出版社（010）59367028
印　　装／三河市东方印刷有限公司

规　　格／开本：889mm × 1194mm　1/32
　　　　　印张：12.125　字数：282 千字
版　　次／2020 年 1 月第 1 版　2022 年 4 月第 2 次印刷
书　　号／ISBN 978 - 7 - 5201 - 4546 - 6
著作权合同
登 记 号　／图字 01 - 2019 - 7746 号
定　　价／69.00 元

读者服务电话：4008918866